课　　题：河北省社科基金项目
课题编号：HB19GL017
课题名称：全域旅游推进太行山一路三带协调发展建设路径研究

全域旅游推进
区域农旅产业融合发展研究

周福芹　张海燕　付　豪◎著

中国纺织出版社有限公司

内 容 提 要

本书以河北省社科基金项目“全域旅游推进太行山一路三带协调发展建设路径研究”（项目编号：HB19GL017）为依托，以乡村振兴战略实施为背景，阐明全域旅游在新时代发展的重要意义。重点分析农业与旅游业融合发展的经济意义和动力需求，以及基于全域旅游视域下农旅产业融合的相关理论，阐述了全域旅游视域下旅游公共服务优化。深入探讨农旅产业融合的模式，探寻促进乡村振兴的新力量，系统论述了全域旅游视域下农旅产业融合与互动以及农旅产业融合的路径。对于构建现代产业融合体系、生产体系和经营体系，转变农业发展方式等具有重要的现实意义。

图书在版编目（CIP）数据

全域旅游推进区域农旅产业融合发展研究/周福芹，张海燕，付豪著. --北京：中国纺织出版社有限公司，2024. 6

ISBN 978-7-5229-1787-0

Ⅰ. ①全… Ⅱ. ①周… ②张… ③付… Ⅲ. ①观光农业—旅游业发展—研究—中国 Ⅳ. ①F592. 68

中国国家版本馆 CIP 数据核字（2024）第 102942 号

责任编辑：顾文卓　向连英　　特约编辑：武亭立
责任校对：寇晨晨　　责任印制：储志伟

中国纺织出版社有限公司出版发行
地址：北京市朝阳区百子湾东里 A407 号楼　邮政编码：100124
销售电话：010—67004422　传真：010—87155801
http://www.c-textilep.com
中国纺织出版社天猫旗舰店
官方微博 http://weibo.com/2119887771
三河市宏盛印务有限公司印刷　各地新华书店经销
2024 年 6 月第 1 版第 1 次印刷
开本：787×1092　1/16　印张：21. 25
字数：300 千字　定价：88. 00 元

前言

从农业产业宏观环境来看，我国对“三农”问题的重视由来已久。特别是近年来，中共中央、国务院越来越强调农业产业融合在“三农”工作中的重要性。中央一号文件多次提出推进农村产业融合发展，国务院办公厅《关于加快转变农业发展方式的意见》中也指出，要推进一二三产业融合发展，延伸农业产业链，实现农业农村现代化。

全域旅游为农业与旅游业的融合发展提供了良好的条件。全域旅游是一种全新的旅游思维，是全域性整合思维、改革性创新思维、融合性系统思维、优质化品质思维、参与性共享思维。全域旅游是一种全新的区域性资源整合模式、创新驱动模式、产业融合模式、共建共享模式和关联带动模式。不仅追求旅游产业规模的增长、布局的优化，更关注与相关产业融合效率和效益的综合提升，是一种高质量融合发展模式。

目前，在国家全域旅游发展政策及相关规范的引导下，各级政府和社会各界高度重视并大力推进全域旅游发展，全域旅游以其强产业关联性和高带动性，与区域各产业、各要素、各部门之间，形成良好的联动效应和综合发展，尤其是全域旅游示范区建设所取得的显著成效，使其与其它产业融合发展已形成良好的基础。

本书以河北省社科基金项目“全域旅游推进太行山一路三带协调发展建设路径研究”（项目编号：HB19GL017）为依托，对接乡村振兴和美丽乡村建设等国家战略，分析了全域旅游对全面深化农业农村改革的作用，以及新时代全域旅游推进农旅产业融合发展的重要性和紧迫性，旨在分析农业与旅游业融合发展的经济意义、动力需求和可行路径。同时，也基于全域旅游视域下农旅产业融合的相关理论，探寻促进乡村振兴的新力量。本书系统阐述了全域旅游视域下农旅产业融合的机理、模式、互动效应及路径，对于构建现代产业融合体系，优化区域产业结构及布局，转变农旅产业发展方式，以及探索中国特色农业农村现代化道路具有重要的现实指导意义。

本书由河北科技工程职业技术大学周福芹、邢台学院张海燕、河北科技工程职业技术大学付豪担任主编。具体分工如下：周福芹编写第七、八、九、十、十一章约17万字，张海燕负责前言后记、第六章约2万字，并负责全书稿件统筹工作，付豪编写第一、二、三、四、五章约11万字。

本书撰写过程中参考了许多相关著作，在此向这些学者致以诚挚的谢意。鉴于时间仓促，作者专业水平有限，书中难免存在疏漏与不足之处，望广大读者给予批评、指正。

周福芹

2024年3月

目录

第一章

绪论

全域旅游是实现旅游引领全面深化改革的重要手段。通过发展全域旅游，逐步突破束缚旅游业发展的体制机制困境；以全域旅游为旅游改革发展主线，通过体制机制改革，构建新的旅游治理体系。一方面是旅游内部供给产品和服务的改革，如市场公共服务等；另一方面是从全局角度看，由于旅游业的内部制约为“零”，旅游业的内部改革，如体制机制、旅游用地等尽管是旅游业内部的问题，但具有全局性。通过对旅游业的改革，探索让旅游市场在资源分配中发挥决定性作用的方法，必将带动对外部制约的突破，为全面深化改革再次贡献旅游业的力量。

第一节　全域旅游的发展历程

全域旅游是近几年在实践工作中形成和发展的新战略。2016 年 1 月，国家旅游局组织召开全国旅游工作会议，提出全域旅游的发展方向。随后国家旅游局积极开展国家全域旅游示范区的创建活动，公布了 506 家全域旅游示范区创建单位，全域旅游上升为国家旅游发展战略，全域旅游的发展关乎全面深化改革，对于今后中国经济的发展模式具有重要的探索价值。

2019 年 3 月，文化和旅游部办公厅关于印发《国家全域旅游示范区验收、认定和管理实施办法(试行)》和《国家全域旅游示范区验收标准(试行)》的通知，规范国家全域旅游示范区验收、认定和管理工作，开始验收一批国家全域旅游示范区，发挥国家全域旅游示范区的引领作用。5 月，文化和旅游部公布了 96 家全域旅游示范区入围名单。9 月，首批 71 家国家全域旅游示范区通过验收，通过率约为 74%。文化和旅游部会同财政部对国家全域旅游示范区建设给予了 11.18 亿元的资金扶持。9~11 月，文化和旅游部先后在贵州盘州、山西洪洞、河南新县召开了三期全国全域旅游培训班。11 月，文化和旅游部召开全国全域旅游推进会，提升国家全域旅游示范区创建水平，促进全域旅游向纵深发展。2020 年 12 月，北京市昌平区等 97 家全域旅游示范区创建单位验收通过，成为第二批国家全域旅游示范区。截至 2020 年，全国国家全域旅游示范区共有168家。

第二节 全域旅游对全面深化改革的作用

全域旅游坚持了旅游业的整体性原则，强调以改革创新为动力，全面调整所有不适应旅游业发展的法律法规和体制机制，让市场在资源分配中发挥决定性作用，形成新的发展理念和模式。全域旅游充分调动了基层的活力，强调在区域内通过发展旅游业带动经济社会的整体发展，对于具有较好旅游发展基础和较大潜力的地区来说具有很大的价值。

一、全域旅游有助于推进旅游体制机制改革

发展全域旅游可以通过旅游领域体制机制的改革创新，打破旅游发展的管理障碍，带动其他领域管理改革；强调依法治旅，不断完善旅游治理体系，健全旅游业可持续发展的法治环境，提高现代旅游治理能力。

二、全域旅游有助于创新旅游用地政策

在发展全域旅游的过程中，各地努力保障旅游用地，创新旅游用地政策。在土地政策方面的先行先试，有利于解决旅游发展用地矛盾关系，打破土地政策的束缚，促进全域旅游大发展。全域旅游发展中的用地政策创新实践，也为其他产业领域用地政策的创新改革提供借鉴，推动土地资源配置的市场化。

三、全域旅游有助于创新旅游投资体系

资本是全域旅游发展的核心要素，完善的旅游投融资体制是促进全域旅游发展的重要基础。在全域旅游的发展过程中，各地不断创新财政、税收、金融等支持政策，探索投融资政策和市场化运作模式，先行先试，形成适应全域旅游发展的市场投资环境，为全域旅游发展提供了有力保障。

四、全域旅游有助于加快门票价格改革

全域旅游理念中很重要的一点，就是要实现从门票经济向产业经济的转变。当前，门票价格居高不下的一个重要因素在于现有景区经营模式的滞后，导致其过度依赖景区门票作为景区收入的主要来源。在发展全域旅游的过程中，各级各地政府积极创新，推动景区门票价格的改革，健全适应全域旅游发展的景区门票价格的市场化机制。

五、全域旅游有助于优化旅游公共服务

旅游公共服务是旅游业发展不可或缺的基本要素，也是发展全域旅游的核心内容和基本保障。发展全域旅游，一方面能够适应游客旅游需求，促进区域旅游业发展；另一方面，可以通过旅游公共服务建设适当超前发展，引领社会公共服务发展，优化全域旅游发展环境，带动地区经济社会发展。

六、全域旅游有助于创新旅游规划体系

旅游规划引领着旅游业的发展，全域旅游带动了旅游规划的转型升级。全域旅游规划是全域旅游发展的先导内容；如何充分发挥规划对全域旅游发展的引领与统筹作用、为全域旅游科学健康可持续发展提供规制、确保全域旅游正确发展方向、降低全域旅游发展风险，是全域旅游发展需要解决的首要问题。面对社会经济发展新阶段和全面深化改革的新要求，全域旅游规划应围绕全面深化改革的主要内容和要求，突出全域旅游规划特点，转变规划观念、创新规划模式、提高规划质量，使旅游规划更好地促进全域旅游发展，更好地体现全面深化改革的要求，更好地服务全面深化改革，引领全面深化改革。

七、全域旅游有助于创新扶贫新模式

旅游扶贫是我国扶贫攻坚的最有效途径之一，是旅游功能在新领域的拓

展与延伸，是国家脱贫攻坚战略的重要组成部分，是产业扶贫的主要方式。全域旅游作为一种全新的旅游发展模式，通过旅游发展的全域化、旅游供给的品质化、旅游治理的规范化、旅游效益的最大化带动区域经济社会发展，是推动旅游扶贫一个突破口和重要抓手(图 1-1)。在全域旅游发展过程中，各地大力实施旅游扶贫工程，各地充分发挥旅游的扶贫带动功能，提高旅游扶贫的精准性，真正让贫困人口稳定受益脱贫。对于非贫困地区，不断提高旅游富民的受益面，让老百姓从旅游发展中获得更多实惠。

图 1-1　云南梯田助力乡村旅游

第三节　新时代发展全域旅游的重要性和紧迫性

一、全域旅游是落实全面深化改革、推进旅游高质量发展的突破口

经过多年发展，可以说，我国旅游业发展“有没有”的问题已经基本解决，但“好不好”的问题越来越突出；旅游产业结构与市场需求不适应，低端

供给过剩与中高端供给不足并存，适应群众需要的优质旅游产品不足，景区收入过多依靠门票，旅游产业链不够长，国内旅游的便利度、舒适性、体验感有待提升，文化和旅游融合发展力度、广度、深度还不够。这背后的深层原因在于，我国体制机制创新不够充分、政策支撑不够有力、公共服务不够完善、市场管理不够到位，对旅游发展形成了制约。要解决这些问题，推动旅游业高质量发展是必由之路。要推动旅游业高质量发展，需要推进全面深化改革，破除我国旅游业发展在资源、用地、能源、融资、规划等多方面的体制机制障碍。

全域旅游是落实全面深化改革、推进旅游业高质量发展的重要突破口。在国家改革大背景下，旅游业与相关产业的融合度、关联度高，对社会经济文化生态各个领域的辐射性、渗透性越来越广，在全面深化改革进程中具有重要的战略性作用。《中共中央关于全面深化改革若干重大问题的决定》涉及56类改革大项、336个改革小项，其中共有25类改革大项、156个改革小项涉及旅游业。旅游业的改革，是终端式的消费联动改革，是集群式的产业联动改革，是前沿式的破除障碍改革。推动旅游业深化改革是落实国家改革部署的战略需要。

旅游产业实现转型升级、把握重大发展机遇的关键就是破除阻碍要素自由流动的体制机制障碍，充分发挥市场作用。

从总体上来看，首先，应建立有效的综合性工作机制，整合行政资源，统筹产业发展，减少地方行政部门各自为政、利益多头管理、旅游资源监管分散的情况。其次，加快市场化改革，推动旅游资源管理权和经营权相互分离，减少行政力量对价格的管制约束，让旅游产品、服务和生产要素的价格更多由市场决定、有序流动。最后，鼓励地方进行旅游业发展的差异化、首创性探索，尤其在生产要素市场化配置等方面先行先试。

从具体生产要素角度来看，对于土地要素，应有更为灵活的制度政策安排。在旅游业为优势产业的地区，土地利用规划应充分考虑旅游需求，土地指标适当向旅游用地倾斜；在旅游用地紧张的城镇探索空间上下延伸、建设空间共享、区域腾笼换鸟、以土地租用代替土地开发等多元化的土地供给方式；在乡村旅游发展地区，缜密制定乡村旅游用地规划，鼓励农民土地入股或利用乡村空间开展旅游经营，创新土地流转方法与模式。

对于资本要素来说，首先需要发挥政府作用，加大扶持力度，实现政策和体制创新，构建地方旅游投融资平台和旅游集团，引导金融机构、银行业、保险业等各类资本创新金融产品，为旅游业发展提供支持(图 1-2)。其次要充分激发各市场主体活力，破除旅游资源管理体制障碍，为资本进出创造便利条件；还可通过相互股权投资、IPO 等方式灵活运用社会资金，提升市场主体旅游投资开发的积极性。

图 1-2　政策支持产业发展脱贫攻坚

对于数据要素来说，既要积极推进旅游新基建，也要减少大数据中心等的重复建设，尤其注重打破数据孤岛效应，破除数据封闭，引导不同省份以及省内各地区旅游大数据的共享和流动。要与具有数据收集、利用、分析优势的企业加强合作，充分发挥数据对其他要素的倍增作用。

发展全域旅游就是要在以旅游业为优势产业的区域，通过旅游业改革创新，先行先试，启动基层改革活力，创新旅游管理新模式和新方式，改革不适应旅游业发展的体制机制，破除全域旅游发展的障碍，以旅游业改革创新引领和促进经济社会领域改革，发挥旅游业对全面深化改革的窗口效应和示范带动作用。

发展全域旅游就是要突出改革，就是要坚定不移地走深化改革的道路，针对旅游发展的重大问题，创新旅游体制和治理体系。推进交通、土地、金融、规划等旅游相关的配套改革，解决长期制约旅游发展的瓶颈。解决旅游有效供给不足的结构性、体制性问题，推进旅游业治理体系和治理能力现代化，促进旅游要素的自由流动，释放旅游业发展的红利，提高旅游供给体系质量和效率，提升旅游全要素生产率，推动旅游业向高质量发展阶段迈进，探索出一条以旅游业带动和促进经济社会协调发展的一种新的区域协调发展新理念和新模式。如果以旅游业为优势产业的地区能够围绕旅游业建立起新的符合旅游市场的体制机制和发展模式，那么以其他产业为优势产业的地区就可以学习旅游业的做法，这样就能推动全面深化改革在全国各处的全面探索。

二、全域旅游是满足人民美好生活需要的重要载体

党的十八届五中全会进一步提出了“坚持以人民为中心的发展思想”，落实以人民为中心的发展思想要坚持人民主体地位，顺应人民群众对美好生活的向往，不断实现好、维护好、发展好最广大人民根本利益，做到发展为了人民、发展依靠人民、发展成果由人民共享。

进入新时代，旅游已成为人们的刚性需求和常态化的消费选择，是人们美好生活需要的重要组成部分。旅游是人民生活水平提高的一个重要指标，是人们幸福感和获得感的重要来源。全域旅游就是要顺应人民美好生活需要，夯实旅游幸福产业基石，这是新时代解决我国旅游业发展不平衡不充分矛盾、满足人民美好生活需要的重要载体。发展全域旅游，就是要坚持以人民为中心，将其融入“六保”“六稳”工作中，丰富产品供给，坚持共享发展理念，共建基础设施、公共服务和社会环境，共享美好生活，建立更优质、更便利、

更普惠的旅游业，有效解决游客反映强烈、社会关注度高的热点难点问题，保障人民群众的旅游权利和度假权利，使游客出行更便利、更舒适、更满意，更加自由地享受到旅游乐趣；发展全域旅游，就是要推动旅游发展成果的普惠与共享，落实旅游惠民富民工程，增进民生福祉，放大旅游民生效应，让本地居民和游客更有获得感、安全感和幸福感(图 1-3)。

图 1-3　共建美好乡村 共享美好生活

三、全域旅游是提升社会治理体系和治理能力现代化的需要

全域旅游是以旅游带动经济社会发展的新模式，以全域旅游促进全域经济、全域公共服务、全域社会治理方式的全面升级。全域旅游涉及面广、综合性强，是探索旅游业治理体系和治理能力现代化的生动实践。当前，旅游主体多元化、旅游时空全域化、旅游产业融合化、旅游活动社会化特征明显，全域旅游关系到经济社会发展与旅游工作的协同、旅游产业与其他产业融合、旅游环境与市场秩序的多部门共同治理和本地居民与外来游客的有效管理，是最能体现一个地区社会治理体系和治理能力水平的领域。

发展全域旅游是提升社会治理体系和治理能力现代化的重要抓手。推进全域旅游就是要完善旅游治理机制，实现多主体间的共建共治共享，充分发挥政府不同机构社会组织、行业协会、社会大众、旅游者等不同主体的作用，建立现代化、社会化的旅游治理体系，提升旅游治理能力，并通过旅游治理体系和治理能力的现代化，促进社会治理体系和治理能力的现代化。通过全域旅游，有助于强化旅游部门综合协调职能形成与公安、工商、交通等相关联动的联合治理机制，实现多部门联动管理、多主体共治共管的治理新格局。通过全域旅游，能增强全社会参与意识，形成全民共建共享主客互动的氛围，调动全民参与到本地社会治理中，实现政府治理和居民自治的良性互动。通过发展全域旅游，能健全旅游行业协会自律监督机制、消费者权益保护机制、社会信用体系等制度，建立行业协会、社会组织、企业、媒体、公众之间的有效治理结构，完善旅游治理的社会支撑体系，推进社会治理创新。

四、全域旅游是打造“双循环”新发展格局的重要支点

当前，世界经济形势严峻，保护主义抬头、全球市场萎缩，国内国际经济呈现出前所未有的复杂格局。在这种背景下，2020 年 5 月 14 日中央政治局常委会会议提出，要充分发挥我国超大规模市场优势和内需潜力，构建国内国际双循环相互促进的新发展格局。7 月 30 日中央政治局会议再次强调要加快形成以国内大循环为主体、国内国际双循环相互促进的新发展格局。“双循环”新发展格局已成为我国经济发展的新战略，被纳入“十四五”和 2035 年远景规划，为今后一个时期国内经济社会发展工作提供了根本遵循和重要指引。

“双循环”新发展格局，意味着要牢牢把握扩大内需这个战略基点，把满足国内需求作为发展的出发点和落脚点，进一步促进消费。2020 年 2 月中共中央政治局会议部署统筹做好疫情防控和经济社会发展工作，强调要“积极扩大有效需求，促进消费回补和潜力释放”。无论是着眼长期高质量发展，还是实现当前国民经济发展规划目标，都需要努力扩大内需，发挥消费对经济发展的促进作用。

发展全域旅游是扩大内需、促消费、稳增长的重要抓手，是打造“双循环”新发展格局的重要支点和突破口，是实现“外需”转为“内需”的重要策略。旅游业具有“软硬兼备、融合度高、覆盖面广、综合带动强”的特性，在“双循环”新发展格局将发挥全局性、战略性的作用。旅游业是综合性产业，是拉动经济发展的重要动力，是发展经济、增加就业的有效手段。在扩大内需方面，旅游业孕育着巨大的潜力与活力，旅游消费是最终消费需求，是多层次、多样化、可重复的消费，能辐射到其他产业领域，为其他领域发展带来活力，对于扩大内需有重要的作用。2019 年国内游客达 60.1 亿人次，国内旅游收入 57251 亿元，旅游消费占国民消费比重达 3.46%，旅游综合最终消费占同期国民经济最终消费总额的比重超过 14%，旅游消费对住宿业的贡献率超过 90%，对民航和铁路客运业的贡献率超过 80%，对文化娱乐业的贡献率超过 50%，对餐饮业和商业的贡献率超过 40%，其中我国国内旅游市场做出了巨大贡献。我国拥有包括 4 亿多中等收入群体在内的 14 亿人口所形成的超大规模内需市场，2019 年我国人均 GDP 超过 1 万美元，居民人均可支配收入突破 3 万元人民币，旅游消费市场仍将继续保持较快的增长态势。而且，我国旅游业主要以国内市场为主，旅游消费需求内化特征日益凸显，我国居民出境旅游消费需求正在向国内旅游市场转化，这将为我国经济的内部循环注入新动力。

当前我国需求的快速发展与供给的不畅使得中国出境游高端消费呈现出明显的回流趋势，这对我国构建以国内大循环为主体、国内国际双循环相互促进的新发展格局也至关重要。首先，出境旅游总体上是高端消费，出境游人群的消费回流，不仅带来了消费人次的增加，还会提升国内游的人均消费水平，在刺激国内旅游需求扩大的同时也带来更强的乘数效应，助推餐饮、交通、娱乐等其他生活服务相关产业的复苏与发展，为内循环提供动能。其次，出境游的回流，尤其是向中西部贫困地区旅游目的地的流动，本质上是一个财富转移的过程，即高收入群体通过旅游消费，提高贫困地区居民旅游收入，进而弥合收入两极分化、降低区域发展不均衡水平，在扩大内需的同时促进社会公平。

随着出境消费回流，一批重大机遇地区及重大机遇产业业态逐渐显现。一些机构的研究表明，暑期及国庆假期，一些传统非热门旅游目的地的旅游需求迅速增加，其中宁夏、青海、甘肃、新疆等西北部省份，内蒙古、黑龙江、吉林等北部和东北部省份表现出极高的旅游发展潜力，可能成为重大机遇地区。乡村旅游、温泉度假、房车沙漠、游轮、潜水等产业业态热度持续上升，可能成为重大机遇产业。

因此，发展全域旅游，更关键的是要注重供给侧改革，破除体制机制障碍，完善旅游基础设施及公共服务水平，促进国内旅游消费的增长以及行业的整体复苏，实现外需向内需的转变，为内循环提供动能，为双循环格局的构建做出贡献。

五、全域旅游是助力乡村振兴战略的重要抓手

发展全域旅游是落实乡村振兴战略、推进新型城镇化、统筹城乡融合的重要抓手。实施乡村振兴战略，就是要推动乡村产业、生态、文化、社会、生活的全面振兴。全域旅游发展目标也与乡村振兴战略的要求契合。通过全域旅游，借助资源整合等有效方式发展乡村旅游，有助于推动乡村全面振兴。2019 年休闲农业接待游客 32 亿人次，营业收入超过 8500 亿元，已成为推动乡村发展的重要产业(图 1–4)。

发展全域旅游能够推动乡村自然资源与人文景观得到优化开发，让产区变景区、农田变公园、劳作变体验、农房变客房，培育乡村新业态，带动乡村产业结构提质升级，助力“产业兴旺”；发展全域旅游有利于加强乡村资源环境保护，推进乡村人居环境整治，开展“三边”净化、绿化、美化，实行改厨、改厕、改客房，助力“生态宜居”；发展全域旅游注重深入挖掘历史文化、地域特色文化、传统农耕文化等，有助于提高乡村社会文明程度，助力“乡风文明”建设；发展全域旅游，有助于推动党委领导、政府负责、社会协同、公众参与、法治保障的现代乡村社会治理体制，能极大提高乡村治理能

图 1-4 推动乡村旅游 助力乡村振兴战略

力，实现“治理有效”；发展全域旅游，能促进就业、增加农民收入，带动扶贫富民，实现“生活富裕”；发展全域旅游能够推动乡村基础设施和公共服务建设，推动城乡公共资源进一步均衡配置，带动资本、科技、创意和人才要素的“上山下乡”，建立健全城乡融合发展体制机制和政策体系，助力新型城镇化，促进城乡一体化。

六、全域旅游是探索“两山理论”转化路径的重要体现

2005 年 8 月，习近平同志到浙江安吉考察时指出“绿水青山就是金山银山”。近 20 年来，“绿水青山就是金山银山”已经成为全党全社会的共识，成为新发展理念的重要组成部分，为新时代经济社会建设提供了行动指南。

绿水青山是发展全域旅游的先决条件，是旅游业的“聚宝盆”，全域旅游是绿水青山的“保护伞”。

一方面，绿水青山本身就有含金量。绿色生态是最大财富、最大优势、最大品牌。生态本身就是经济、保护生态就是发展生产力。要坚定走可持续发展之路，在保护好生态的前提下，积极发展多种经营，把生态效益更好地转化为经济效益、社会效益。

另一方面，旅游业是典型的绿色产业，是“环境友好型、资源节约型”产

业，全域旅游是条“金扁担”，一头挑着“绿水青山”，一头挑着“金山银山”。发展全域旅游，就是要探索“两山”理论的转化路径，打通“绿水青山”向“金山银山”转化的重要通道。通过全域旅游，加强对自然生态、田园风光、传统村落等资源的保护和利用，推动旅游与生态的深度融合，既保护绿水青山，把绿水青山建得更美，也促进生态资源优势向产业资源优势转化，带动居民致富增收，实现更多的经济效益，带来更优质的生活环境，把金山银山做得更大，形成旅游发展、生态良好、生活富裕的人与自然和谐共生旅游发展新格局，探索生态美、产业兴、百姓富的可持续发展之路，助力生态文明建设。

第二章

全域旅游的基本理论与实践发展

全域旅游作为一种新的发展理念、发展模式和发展路径，在新发展阶段仍需得到进一步完善。作为新时期的旅游发展战略，全域旅游自提出以来在全国范围迅速掀起了发展全域旅游和创建国家全域旅游示范区的高潮。国务院印发的《"十四五"旅游业发展规划》提出要"加强典型示范、创新引领、动态管理，推进国家全域旅游示范区建设工作，完善协调机制，提升发展质量"，在新发展阶段，全域旅游仍然是值得关注的理论问题和实践课题。

第一节　全域旅游的基本概念

"全域旅游"是我国旅游产业发展到一定阶段产生的特定概念。现代旅游起源于欧美地区发达国家，虽然国外学者没有专门对全域旅游进行概念界定，但其旅游业的发展契合了全域旅游的理念，学者们也进行了相应的研究。

自2016年初我国国家旅游局(2018年国家机构调整、职责整合，变更为中华人民共和国文化和旅游部)提出全域旅游以来，我国政府部门、相关学者对全域旅游进行了广泛的研究，其中具有代表性的概念是北京第二外国语学院厉新建教授提出的。他认为，全域旅游是指各行业积极融入其中，各部门齐抓共管，全城居民共同参与，充分利用目的地全部的吸引物，为前来旅游的游客提供全过程、全时空的体验产品，从而全面地满足游客的全方位体验需求的旅游模式。另外，曾博伟对全域旅游的概念解析为：全域旅游是指将一定区域作为完整旅游目的地，以旅游业为优势产业，进行统一规划布局、公共服务优化、综合统筹管理、整体营销推广，努力实现旅游业现代化、集约化、品质化、国际化，最大限度地满足大众旅游时代人民群众消费需求的发展新模式。

全域旅游，重点在"域"。从字面意义来看，"域"是指在一定范围内的地方。简单地说，全域旅游就是在一个"域"去打造"全域"，实现该地区的全地域、全领域、全要素、全方位、全过程、全行业、全时间、全社会、全产业、全空间的旅游发展。

从其内涵和发展诉求来看，全域旅游依托“域”去打造“域”的目的不仅仅是发展旅游产业，而是以旅游业作为优势产业去带动和促进当地经济社会协调发展的新的发展理念和模式。该模式以产业融合为基础、以资源整合为手段、以充分发挥旅游业的优势地位为构建桥梁、以实现空间统筹和产业联动发展为主要目标，突破空间限制、时间限制、行业限制，最终实现该地区的整体发展。

从其本身的价值属性来看，可以引用两句话来对其进行诠释：“世界不只有眼前的苟且，还有诗歌与远方。”“要么读书、要么旅行，身体和灵魂，总有一个在路上。”对于远方的渴求、远行的愿望，在物质生活日渐丰富的今日，早已从少数人的奢侈品变成了多数人生活的一部分。所以全域旅游追求的，不仅是旅游人数的增长，而是旅游对于人们生活品质的提升，强调旅游与生活的真正融合，即“景区”是“家园”、“游子”是“主人”的全方位休闲体验。

从实践探索来看，目前全域旅游已有实践大体可以分为三类：第一类是以北京、大连、重庆渝中区为代表的国际旅游目的地建设，主要是丰富旅游目的地建设内涵、提升其服务质量等；第二类是以沈阳市南部临空旅游区、杭州桐庐县委代表的城乡统筹建设，主要是发挥旅游业在促进城乡统筹、美丽乡村建设中的积极作用；第三类是以都江堰市、汶川县等为代表的灾后重建，主要是突出旅游业在灾后重建中的主导和先导作用。

可以看出，全域旅游在对接以往成熟旅游点转型中成为良好的载体，也是旅游落后发展地区的旅游业发展方向；在国家推动文化创意产业发展的进程中，全域旅游除了实现旅游跨越发展和区域整体进步外，对于文化创意产业的发展实现也起到了积极作用。

一、全域旅游的本质

准确把握全域旅游的本质是科学推行全域旅游发展理念，有效落实全域旅游战略目标的基本前提。

全域旅游这一新的发展模式，它的本质特征主要是指资源的整合以及产业的带动。

（一）资源的整合

全域旅游的本质特征之一，就是“域”的整合实现。而要真正实现“域”的整合，核心还是资源的重新整合，即把不同特色的旅游产品或业态集群分布在各个空间板块，在不同的时间、空间打造不同特色的旅游产品；除此之外，还要对现有资源进行重新开发和“洗牌”。

随着旅游业的深入发展和不断变化，满足现代旅游需要的资源已经不局限于自然资源和人文资源，还包括相应的特色资源、城市资源、创意资源等。那么，真正实现全域旅游，就是要把每一个有价值的要素都转换成旅客的兴趣点或者旅游产业的创新差异点。把这些点作为突破口，在满足市场需要的同时，重新找到该资源的其余价值属性，把能够挖掘的优势资源进行整合，把能够培育到的产业要素进行整合。

（二）产业的带动

旅游经济系统包括旅游者的消费活动和旅游产业的经营活动。以往的景点旅游经济主要是门票经济，而真正的旅游活动是一种移动空间的消费，从出发地到目的地再返回出发地的整个消费全过程都应纳入旅游活动中。因此，除了门票经济之外，受到旅游消费的影响，旅游业虽然难以像制造业那样在该空间产生规模经济效应，但是却可以通过旅游消费细带的衔接、要素的配置、点线的突破，分级别、分系统地逐步带动该地区的整体经济发展。而在整个带动过程中，旅游业的催化作用非常重要，通过以旅游为中心的核心服务业的发展、旅游周边产业的集聚开发和差异落地，促进地方包括农业和工业在内的相关产业的迅速发展和特色化建设。

二、全域旅游的核心

我国已经到了“工业化”和“城镇化”的中后期，旅游在带动多种行业发展、产业创新、作为“十三五”规划中被上升的战略性支柱产业的同时，如何能让人民变得更幸福？全域旅游的核心到底是什么？

从游者的角色来看，旅游的本质在于追寻文化差异所带来的心灵触动。所以全域旅游的核心还是在“文化”二字。文化是旅游的灵魂，也是旅游产业的支柱。旅游文化不是旅游与文化的简单相加，而是一种全新的文化形态，它是指人类通过旅游活动改造自然和环境自身的过程中所形成的价值观念、行为模式、物质成果和社会关系的总和，以一般文化的内在价值为依据，以食、住、行、游、购、娱六大要素为依托。

从主观上来看，旅游文化反映了旅游者在选择旅游目的地时的主观需要和动机。著名心理学家马斯洛则将人类需求分为五种，分别是：生理需求、安全需求、社交需求、尊重需求和自我实现需求。在寒冷的冬季北方居民通常喜欢去海南度假、“驴友”俱乐部作为一个陌生却熟悉的和谐交往群体越来越被推崇，这都体现了旅游者在旅游过程中的生理需求以及社交需求；进行登山、滑翔、跳伞、潜水、徒步等旅游活动，或者在特色小镇以居民即镇长的身份实现一个人的居住梦想，抑或在灵山精舍禅修，则无一不是自我实现需求的充分体现。而自我实现需求的满足过程，其实就是一种建立文化认同的过程。

从客观上来看，旅游文化是旅游资源最重要的内涵。旅游资源大体可以分为两种，一种是自然资源，一种是人文资源。海南省作为 2016 年全域旅游示范地区，具有丰富的自然资源。据统计，海南省主要旅游资源仍然以自然景观为主，有各类景区、景点近 70 个，比如蜈支洲岛、天涯海角、大东海、槟榔谷等。海南省是 20 多个民族的聚集地，由于这些民族文化承载着丰厚漫长的文化底蕴，在保持这种文化的原生态的基础上，海南省将其独特的生态文化、民族文化与旅游资源相结合，深入开发，增加了文化旅游的娱乐性和游客的参与性。因地制宜、差异发展，最终在海南形成了品牌效应。

云南作为旅游大省，有丰富的自然资源与少数民族文化资源。在文化与旅游融合发展的目标指引下，也收获了极其丰富的经验。比如《太阳女》《印象丽江》等大型舞台文化作品对于少数民族文化的成功表达；对除丽江、大理古镇之外的特色旅游文化小镇的大力开发，以及对村寨文化的大力挖掘、对民族文化载体的加强保护，都在给云南旅游加分。所以，文化的多元、传承、特殊、差异，这些才是旅游的魂(图 2-1)。

图 2-1　云南建水古城

旅游文化是全域旅游的支柱。作为我国供给侧改革的重要载体、“十三五”规划的战略性支柱产业的旅游业，无论从境内还是境外，此地还是彼时，独具特色并且招徕游客最重要的因素就是文化。对于国外游客来说，人文古迹、民族遗产是令他们流连忘返的重要原因；对于国内游客来说，踏古访今也该是他们最重要的旅行哲学。甚至可以说，旅游资源是在文化基础之上形成的经济载体。我们可以看到，在新的旅游产品开发过程中，全部都汇集着文化的要素。目前，文化旅游方兴未艾，并且这也是今后旅游的发展方向。因此，旅游以及相关行业，必须在不断丰富其文化内涵的基础上增加特色元素，对旅游产品进行多元开发，实现经济与社会效益的全面增值。

第二节　全域旅游的理论阐释

全域旅游就是将旅游业与全面深化改革有机结合的旅游业发展理念和模式。所谓全域旅游，是指在一定区域内，以旅游业为优势产业，通过对区域内经济社会资源尤其是旅游资源、相关产业、生态环境、公共服务、体制机制、政策法规、文明素质等进行全方位、系统化的优化提升，实现区域资源有机整合、产业融合发展、社会共建共享，以旅游业带动和促进经济社会协调发展的一种新的区域协调发展理念和模式全域旅游坚持了旅游业的整体性，强调以改革创新为动力，全面调整改革所有不适应旅游业发展的法律法规和体制机制，围绕旅游产业"让市场在资源分配中发挥决定性作用"，形成新的发展理念和模式。通过发展全域旅游，充分调动基层的活力，强调在一定区域内通过发展旅游业带动经济社会的整体发展，对于具有较好旅游发展基础和较大潜力的地区来说具有很大的积极性。

一、全域旅游的整体性

全域旅游涉及经济社会发展的各个领域，以发展旅游为抓手，促进区域内经济社会资源，包括旅游资源、相关产业、生态环境、公共服务、体制机制、政策法规文明素质等进行全方位、系统化的优化提升，实现区域资源有机整合、产业融合发展、社会共建共享。全域旅游既涉及旅游自身发展的方方面面，也关涉整个区域发展的各个领域。理解全域旅游，必须坚持整体性、系统性的观点，将全域旅游放在一个区域发展中来整体考虑。

近年来，各地对全域旅游的理解也更加深入，越来越多的地方将全域旅游作为县域发展和县域善治的关键纽带，将全域旅游作为一种发展理念和模式，在全域旅游发展过程中，突出整体而系统的发展理念，使全域旅游对地方经济社会发展发挥出更大的作用，成为促进基层治理体系和治理能力转变的重要路径、统领县域经济社会发展的重要抓手和创建破解县域治理难题的重要方式。

二、全域旅游的立体性："硬币模型"的阐释

全域旅游既是新发展格局下旅游发展模式和理念的创新，也是经济社会发展的重要内容，是带动区域经济社会发展的重要抓手。要完整理解全域旅游的概念，既需要从旅游业发展本身角度来理解全域旅游，也需要将全域旅游放置在经济社会发展的大格局中来考量。

全域旅游，一方面涉及新发展格局中的旅游业如何建设、如何发展、如何适应新的发展需求和发展要求，另一方面，也涉及如何处理旅游发展呈现的新格局所带来的新问题、如何能够实现旅游的创新发展、怎么解决好旅游业与经济社会发展的相关互动和交叉问题。全域旅游要在这些互动、交叉、沟通过程中，既推动旅游业的创新发展、实现旅游业发展目标，也要带动和影响经济社会发展的相关重大命题的破解，进而促进区域经济社会发展，实现以旅游业带动经济社会突破发展的重要目标。

从这个角度看，全域旅游的实质是旅游业内外、上下同时推进的改革，是整体、系统的旅游发展模式。对全域旅游的理解，可以从两个"硬币模型"来阐释。对全域旅游的解释可以比喻为两个硬币的四个面，全域旅游的内容既包括了旅游业的建设、拓展和发展内容，也包括了与之相关的经济社会改革创新的内容，两者加在一起才是全域旅游的全部内容。如果把旅游业自身的建设和发展看成第二个硬币的一面，那么另一面就是旅游业的改革创新和对制约的突破。这两个硬币的四个方面合在一起才是全域旅游的全部。

比如，一个地方要发展旅游业，就要进行游客服务中心的建设，游客服务中心建设本身是旅游业的硬件建设；如果要让游客服务中心正常运作，必须建立起一套行之有效的管理制度，两者缺一不可，犹如一个硬币的两面；同时，游客服务中心的建设必然牵扯到规划、土地、资金等一系列问题，很多是地方旅游部门自己难以解决的问题，甚至有些还是长期制约旅游业发展的瓶颈问题，这便是第二个硬币的另一面。

（一）第一个“硬币”：全域旅游的建设发展

全域旅游首先涉及的是在新发展格局中如何推进旅游业发展、如何打造旅游发展新格局的问题，也即旅游业内部自身的建设、拓展和发展问题，包括旅游业内部的硬件建设和软件建设。硬币的正面是旅游业的硬件建设，硬币的反面则是旅游业的软件建设。发展全域旅游就是要通过新的发展路径和模式、通过旅游业的软件和硬件建设，促进旅游业的全面发展，塑造旅游发展的新格局。

1.“建设发展硬币”是建设全域旅游的核心内容

从全域旅游建设发展这个硬币面来看，全域旅游之所以会成为新时代旅游业发展的新战略，就在于需要通过全域旅游回应旅游发展的新需求、适应旅游产业转型升级的需要，由此需要全面升级旅游业的发展理念。

第一，当前旅游资源发生了新变化。

经过 40 多年的发展，传统的旅游业进入了成熟期，以往的景点建设开始步入老化和更新周期，相应的一些新的旅游资源开始涌现出来，旅游资源日渐呈现出泛在化、社会化和生活化的特征。因此，对于旅游发展的理解，也就需要跳出传统的模式和框架体系。

第二，旅游市场出现新需求、新变化。

一是旅游市场需求将快速扩张。随着经济的持续发展、城乡居民消费收入稳定增长，国内消费需求将不断升级，旅游消费市场仍将继续保持较快的增长态势，迎来一个拥有巨大发展潜力的消费市场，开始迈入大众旅游时代。中国有 14 亿人口，各群体均有巨大的消费需求；“50 后”进入老年阶段，老龄消费需求（养老、医疗健康、家庭服务等）快速增长；“60 后”关注生活品质改善，对健康养生、休闲娱乐等服务的需求更突出；“80 后”是教育培训、文化娱乐和家庭服务等需求的主力。加上工业化、城镇化进程加快，带来了新的城市消费需求。而且，居民休闲时间不断增多，为居民消费创造了更多的时间。

二是旅游市场需求面临转型升级。首先是品质化趋势。人民群众对旅游服务的要求正在从“有没有”“缺不缺”向“好不好”“精不精”转变，需求品质化日益显露，游客追求更优质的旅游产品和服务，对基础设施、公共服务、生态环境的要求越来越高；旅游消费目的也从观光看景到体验目的地品质生活，休闲度假需求趋势更加明显；关注对象从单一的交通、住宿和著名景区点延伸到目的地生活环境。这要求旅游业要回应市场的旅游诉求，发展优质旅游，在供给端进一步改革创新，创新产品和提升服务质量。其次是个性化趋势。游客服务需求从标准化向个性化服务转变，不断求新求变；旅游业要重视长尾市场发展，创新旅游服务模式，满足游客个性化的旅游需求。最后是民生需求。进入大众旅游时代，旅游已从少数人的奢侈品发展成为人民群众的日常消费，是人民生活水平提升的重要标志，如何提供满意的旅游服务已成为关系国民基本需求的民生问题。这些需求的不断扩大和升级，要求旅游业发展要顺应社会主要矛盾变化，围绕人民美好生活需要，改善消费环境，培育新的消费热点，不断创造新产品、新技术、新业态，为居民提供更加新颖、多样化、个性化的消费产品及服务，充分释放居民消费潜力以促进消费结构转型升级。

第三，区域发展格局出现了新变化。

近年来，交通的快速发展，特别是高铁的兴起，压缩了时空距离，游客的出游行为发生了变化。空间格局发生变化，需要全域旅游跳出传统的点和线的思维，更多围绕社会经济大背景和旅游活动大环境，去提升旅游者所面对的旅游生态环境、设施环境、服务环境。

从这个角度来看，全域旅游是应对大众旅游规模化需求的新理念、新模式和新战略。通过全域旅游的软硬件建设，可以解决旅游有效供给不足、市场秩序不规范、服务水平不高等问题，并且可以改善消费环境，培育新的消费热点，不断创造新产品、新技术、新业态，充分释放居民消费潜力以促进消费结构转型升级。为此，全域旅游首先需要解决的是旅游产业自身层面如何能够实现旅游业现代化、品质化国际化的问题，以及如何能够最大限度满足大众旅游时代人民的旅游需求的问题。全域旅游是旅游发展走向成熟的标志，是旅游业提质增效和可持续发展的客观要求，代表着现代旅游发展的新方向。

2. 全域旅游建设发展的主要内容

从全域旅游的建设发展这个硬币面来看，全域旅游涉及的是旅游业内部的发展建设内容，这也是国家全域旅游示范区的建设要求。创建国家全域旅游示范区的首要任务就是要进行硬件建设和软件建设，打造一个完善的旅游目的地。

第一，旅游发展的硬件建设。

一是要完善旅游供给体系。要推动旅游产品、旅游业态、旅游产业创新，打造一批全域旅游的新产品、新业态、新产业。首先，要完善旅游供给要素，食、行、游、购、娱各要素布局合理，高、中、低档次结构良好，既有城市旅游业态，也有乡村旅游业态，能够适应游客多元需求。其次，要推动与相关产业的深度融合发展，推动旅游与文化、工业、交通、环保、国土、气象、科技、教育、卫生、体育等深度融合，形成一批高水平的产业融合业态和产业集聚区，并具有较好的市场成长性和可持续性。再次，要大力发展休闲度假产业，发展旅游度假区、旅游小镇、乡村度假、研学旅游基地、养老旅游基地等新业态，形成观光、休闲、度假业态协调发展的新格局。从次，要建设核心旅游吸引物，建设国家5A级旅游景区、国家级旅游度假区等具有市场影响力的核心旅游品牌，推动其他产业要素的建设和不断完善，形成多要素、多产业共生的目的地供给体系。最后，要促进城市和乡村作为旅游吸引物品牌的建设，强化城市历史文化街区、城市休闲街区、古城、古镇、古村、古寨等作为旅游吸引物的吸引能力，发挥区域旅游产业对社会经济发展的带动作用。

二是要完善旅游公共服务体系。旅游公共服务是旅游发展不可或缺的基本要素，也是发展全域旅游的核心内容。区域旅游发展质量越来越取决于整个区域的综合环境，并体现在旅游公共服务环节上。要通过旅游公共服务建设的适当超前发展，引领社会公共服务发展，优化全域旅游发展环境，最终带动地区经济社会发展。重点是要围绕游客需求从全域整体优化旅游环境，有选择性地推进旅游公共服务建设，优先推进“快进”“慢游”综合旅游交通网络、城市和乡村旅游交通配套设施（包括旅游集散中心、咨询服务中心、停车场、旅游标识系统、公路服务区）、旅游厕所、智慧旅游公共服务平台等建设。

第二，旅游发展的软件服务提升。

一是要完善旅游市场秩序，提供高品质服务。这是保障游客合法权益、提升旅游竞争力的重要内容，也是全域旅游发展的基本要求之一。这要求改革创新旅游综合监管制度，建立健全旅游与公安、工商、质检、食药监、物价、司法等部门的联合执法新机制；健全旅游投诉处理机制，建立 12301 智慧旅游服务平台、12345 政府服务热线以及手机 App、微信公众号、热线电话、咨询中心等多种投诉平台，形成线上线下联动、高效便捷畅通的旅游投诉受理、处理、反馈机制；加强事中和事后的监管力度，加强对旅行社、导游人员的日常监管，完善旅游领域社会信用体系，不断提高游客满意度。

二是要打造良好的旅游发展环境。要严格保护好地方自然和人文资源，为旅游发展营造良好的整体环境，促进城乡人居环境改善和资源环境可持续发展。重点促进旅游发展的整体环境、城乡建设水平、景观质量、卫生环境治理工作、社会环境的提升与优化。

三是要坚守旅游安全底线，完善旅游安全管理机制，保障游客合法权益。一方面要加强旅游安全制度建设，建立旅游、公安、交通、安监、卫生、食药监等有关部门联动安全监管体系；另一方面，要求加强日常旅游安全风险管理，确保旅游景区、旅行社、饭店等重点领域及环节的安全监管，同时完善旅游救援和旅游保险制度，营造安全、舒适、和谐的旅游环境。

四是要加强旅游服务标准化管理，制定推出旅游公共服务建设规范和质量服务标准，提高旅游公共服务标准覆盖率，完善旅游公共服务质量保障体系。强化旅游公共服务标准宣传和推广培训，开展标准化试点和示范工作，加强绩效评估，提升旅游公共服务标准化水平，积极探索并推进旅游服务个性化和差异化，全面提升旅游服务品质。比如：完善旅游业标准体系，扩大旅游标准覆盖范围，强化标准实施与监督，加强涉旅行业从业人员培训，增强从业人员服务意识与服务能力，树立友善好客的旅游服务形象；实施旅游服务质量标杆引领计划，鼓励企业实行旅游服务规范和承诺，建立优质旅游服务商目录，推出优质旅游服务品牌；开展以游客评价为主的旅游目的地评价不断提高游客满意度；以旅游服务智慧化为主要保障，建立服务工作站，制定管理制度，开展志愿服务公益行动，提供文明引导、游览讲解、信息咨询和应急救援等服务，打造旅游志愿服务品牌。

对于地方政府来说，发展全域旅游的核心任务就是建设高品质的旅游目的地，就是要关注旅游业发展的软件和硬件建设，创新旅游目的地的服务供给模式提高旅游服务供给能力，以全域旅游模式促进旅游产业高质量发展。

（二）第二个“硬币”：全域旅游的改革创新

全域旅游的发展建设需要进一步融入经济社会发展的大环境中，需要延伸到经济社会发展的界面里面，这涉及如何与经济社会发展的其他领域进行沟通。为了实现旅游业软硬件建设的目标，需要去突破这些经济社会发展大格局中存在的外部制约和障碍，也即需要改革创新突破。

“全域旅游的改革创新硬币”一面是旅游业的软硬件建设（全域旅游的建设发展的内容），另一面则是改革创新，这是全域旅游发展的灵魂所在。

1.“改革创新硬币”是全域旅游的灵魂

从旅游自身的发展逻辑来看，在旅游业发展早期，由于游客行为能力和旅游开发能力有限，使得旅游的开发、经营和游览活动被限制在一定的区域，形成了一个相对固定的旅游空间，旅游业的活动包括游客和产业活动都局限在旅游景点景区之内，经济社会外部环境会形成一个对于旅游业发展的限制和管理规范，此时相应的旅游业与经济社会发展的交叉沟通的界面空间比较小。随着旅游业发展到定阶段，特别是产业化后，旅游活动的空间和边界迅速扩大，延伸到更广阔的区域之外。

由此，一方面，旅游业与区域经济社会发展交叉沟通界面空间会随着旅游业的延伸扩展不断扩大，交叉互动的面和深度都会提高；另一方面，在初期发展阶段形成的一些对于旅游业发展的限制和管理规范在很长时间内仍然会保持在较为稳定的状态，难以跟上旅游业的发展步伐。这些外部的制度、规范、条例就会形成对旅游业进步发展的障碍，会制约旅游业的发展。

在这之下，旅游业要想进一步发展，就需要打破这些障碍，进行改革创新。而旅游业的改革创新，也会随着旅游业与区域经济社会发展交叉沟通界面空间扩大，更深度地反馈给经济社会发展、影响整体的经济社会的改革创新，进而释放出更大的改革创新效应。

(1)全域旅游是改革创新的要求。

随着旅游所涉及的人群、产业越来越广，对旅游治理的要求也在提升。但是地方政府和旅游行政主管部门在现有体制下难以施展拳脚。从这个角度来看，全域旅游是旅游治理模式的新升级，由此，如何推动体制机制的改革创新，建立现代旅游治理体系就成为全域旅游发展的关键问题。

为此，发展全域旅游的重点是要去掉行业门槛、割除行业藩篱、打破行业边界，要打破传统旅游模式中经营与社会割裂的局面，突破资源框架限制和资源价值限制；要突破旅游生产要素的景区障碍、行业障碍、部门障碍、区域障碍等，实现资源在全域范围内的自由流动和优化配置；要建立与全域旅游发展适应的上层体制，就要促进部门之间的协调改革，要求政府各个部门都能全面了解和支持全域旅游发展的旅游管理新体制，形成主客共享的现代旅游治理体系。

从实际发展来看，随着中国旅游业的发展，中国旅游业的发展面临高负荷(即产业发展在资源、用地、能源、融资等多方面仍然面临高成本的问题)、多限制(在游客、资本和人才的流入流出上仍有较多不畅的环节)等多方面问题，旅游业在资源用地、融资、规划、环境等方面仍受到体制性障碍的约束，亟待改革破题。而且，旅游业将面临城镇化、乡村振兴、大都市圈成长、区域重构等政策的一系列改革，旅游业与区域、城乡等诸多宏观发展环境的关系都非常紧密，在这些改革中发挥的作用大小将决定旅游业发展的层次和深度。

全域旅游的不断发展，会进一步影响经济社会发展的领域，倒逼一些不再适合改革发展的部门法律法规、文件、办法做出调整，实现旅游业对整个社会经济和区域的引领和带动，用旅游促进全域公共服务、全域社会治理方式的优化。

(2)全域旅游是全面深化改革的要求。

党的十九大报告明确提出，从十九大到二十大，是“两个一百年”奋斗目标的历史交汇期，在第一个一百年要全面建成小康社会，第二个一百年要乘势而上开启全面建设社会主义现代化国家新征程。新征程提出了两个阶段的战略目标，第一个阶段“在全面建成小康社会的基础上，再奋斗十五年，基本实现社会主义现代化”，第二个阶段“在基本实现现代化的基础上，再奋斗十五年，把我国建成富强民主文明和谐美丽的社会主义现代化强国”。在此基础上，国家形成了全新的战略发展框架，旅游业与此框架中的诸多重大倡议、战略、举措、都有很大的响应空间和支撑能力。旅游业在推动社会进步、生态文明，以及乡村振兴、扶贫攻坚、刺激消费、投资不振、就业带动、消化库存、利用产能和树立核心价值观的红色旅游等诸多方面都做出了特殊的贡献。国际层面的“一带一路”倡议推进、新的经贸关系的构建、国际关系的重整，国内区域层面的京津冀协同发展、长三角一体化、长江经济带构建、粤港澳大湾区发展、三区三州旅游扶贫等，以及改革层面综合改革的推进，消费层面新的消费经济格局的确立，文化层面的文旅融合，民生层面的助力全面建成小康社会目标的实现等，旅游业都有其立足点和发力点。

全域旅游通过资源有机整合、产业融合发展、社会共建共享等，充分发挥旅游业的综合带动作用，有利于以旅游业改革促进相关产业和相关部门的全面深化改革。而且，全域旅游的最终目标是通过旅游业的发展促进社会经济的全面可持续发展，这完全符合“五位一体”总体布局和“四个全面”战略布局的要求。

为此，如何依托旅游业的高质量转型，就需要站在更高起点推进力度更大、要求更高、举措更实的旅游业综合改革，推进交通、土地、金融、规划等旅游相关的配套改革，破解旅游业发展的体制机制障碍，落实国家战略，推动我国从旅游大国向旅游强国的转变，将成为关系旅游产业发展的重要方面。

2. 全域旅游改革创新的主要内容

全域旅游改革创新的主要内容包括两个方面。

第一，解决旅游发展瓶颈问题。要从实际出发，敢于突破，大胆实践，绕开现有不合理的体制限制，找到能够解决地方长期发展问题的突破性、实质性的措施并取得显著成效。比如，某地在现有土地法规下，对旅游用地增减挂钩、旅游用地招拍挂、点状供地等方面进行探索实践，解决旅游用地难点和瓶颈问题。

第二，改革创新。鼓励国家全域旅游示范区通过不断的创新实践，确立发展全域旅游示范区的创新举措，包括旅游管理体制、市场监管、公共服务、产品开发产业融合、营销推广、全域旅游政策支持、旅游数据统计等方面，成效显著、在全国产生了重要影响，为其他地区发展全域旅游提供参考。比如，某地设立旅游产业促进基金，以政府资金引导社会资本投资旅游业，创新旅游投融资渠道；某市通过“资源变资产，资金变股金、农民变股东”的三变改革，形成全域旅游、全民参与、共建共享的发展格局，带动乡村振兴和脱贫致富，成为全国示范性的新模式；某地创新旅游与交通部门合作机制建设高速公路旅游服务区，形成交通、生态、旅游等一体化的复合型特色化公路服务区。

发展全域旅游就要进一步深化改革，去除创新的障碍，建立高流动的基本要素体系、低负荷的产业运行机制、双牵引的产业动力机制、快替代的综合升级机制、绿色化的均衡发展机制，引导旅游业从投入依赖型的增长模式转为全要素增长型的发展模式；注重政府层面的制度创新、政策创新、治理创新，要进行旅游领导、旅游管理和旅游执法、旅游社会化管理等方面的体制、机制和政策创新，构建现代旅游治理体系；通过新的开放机制和区域联动机制，改革创新旅游业发展引导机制、放宽市场，放开政策，放活主体，优化土地、财税、资源、金融、人才、技术等资源要素配置措施；建立游客、资本、人才、要素国内国际充分流动的要素体系；要通过综合改革，切实降低中国旅游业面临的高负荷问题，建立低负荷的产业运行机制；完善创新创业的知识产权保护制度，营造有利于创新创业的政策环境、制度环境和公共服务体系；加大旅游产业发展的金融支持，支持旅游企业通过 PPP 模式、旅游项目资产证券化等方式扩大融资渠道。

三、全域旅游的三个维度

从两个硬币的四个面来理解全域旅游会发现，全域旅游可以被分解为三个维度，这三个维度是有机一体的，它们共同构成了全域旅游的全部和全域旅游示范区创建的打分标准。

(一)第一个维度：旅游者需求下的全域旅游

旅游者是产业服务的对象，发展全域旅游，就要为旅游者提供更优质的旅游服务，提高旅游者的满意度和幸福感。当前，我国人均 GDP 超过 10000 美元，城镇化率超过 50%，居民收入持续增加，国民旅游价值观念和旅游需求方式发生巨大转变，旅游日渐成为人们基本生活方式和人们追求美好生活的一种表现。而且，人民群众休闲度假需求快速增长，对基础设施、公共服务、生态环境的要求越来越高，对个性化、特色化旅游产品和服务的要求越来越高，旅游需求的品质化和中高端化趋势日益明显，传统的景点旅游越来越难以满足游客的旅游需求，游客更多关注的是景点之外的旅游活动和旅游需求。这一旅游方式的变革，促使旅游业进入全域旅游时代，以适应旅游需求的转型升级和大众旅游时代发展的新要求，满足人民群众美好幸福生活的新需要。

从现实发展来看，这些年我们在景区景点的建设、管理上有了长足的发展，特别是 A 级景区等级标准的推出，对于提升景区内部的公共服务和管理水平起到了极大的推动作用。通过创 A 级旅游景区，景区内部道路、标识、卫生、厕所、安全等方面的建设日趋完善，为旅游者提供了良好的服务。从这个维度来看，发展全域旅游就是要推进旅游目的地全要素提升，提升和完善旅游产品体系，推进旅游产业融合发展，完善区域旅游公共服务，提高旅游公共服务的覆盖面，要深化科技在旅游业的应用，以满足旅游者的休闲旅游需求。

在这里，特别要注意的是，全域旅游不是“全域”的旅游。从字面来看，全域旅游就是到处都能旅游，这个解释显然与党中央国务院对于全域旅游的定位完全不同。于是，就有人把这个“到处都能旅游”的“全域”旅游解释为：全时空、全产业、全要素、全员参与的旅游，还有人在全时空全产业、全要素、全员参与之外，再加上全部门、全社会等，不一而足。这些理解并不完全错误，然而，这些理解如同盲人摸象一样，仅解释了全域旅游的某几个方面，并非全域旅游的全部内容。

因此，不能仅把全域旅游解读为与景区景点对应的全空间旅游。全域旅游作为一个全新的理念，不能被简单理解为“全域”的“旅游”，“全域旅游”作为一个整体是全新的概念，不能简单拆分。习近平总书记提出“全域旅游路子是对的，要坚持走下去”，是从国家高度、从破解当前我国社会经济发展难题的背景下提出的，绝不仅仅是与景区景点对应的全域旅游。

（二）第二个维度：产业转型升级下的全域旅游

改革开放以来，我国旅游业快速发展，但是从质的角度来看，我国仅是“旅游大国”，在深层次结构上与“旅游强国”仍有较大的差距。一方面，我国旅游业已经形成较大的规模，并且仍处于增长之中；另一方面，仍有大量结构性问题是增长无法解决的，如发展动能的结构性支撑不足、旅游消费的结构性深化不足、可持续发展的结构性平衡不足、国家战略的产业性优化不足等，旅游总体发展速度与上一阶段水平持平，质量和效益仍有较大发展空间。

这主要是由于长期以来，旅游业发展思路狭窄，甚至单纯依靠景区景点、宾馆饭店、旅行社等内部要素，这种发展模式一方面使得旅游业自身难以做大做强，另一方面也难以发挥对社会经济的带动作用。

首先，中国的旅游管理体制是基于管理旅行社和饭店的管理经验逐步建立起来的，直到2000年以后，才通过A级景区管理办法把景区纳入行业管理的范畴，因此不通过旅行社安排、不住星级酒店、不在旅游景区内游玩的旅游者就很难得到满意的服务。经常出现的情况是，景区围墙内的世界清静、卫生又方便，出了景区围墙则是另外一个嘈杂、混乱、肮脏的世界，甚至很多景区大门口就如同鲍鱼之肆，巨大的反差让旅游者难以适应。但由于景区外旅游行政管理部门鞭长莫及，尽管旅游者满腹牢骚，旅游管理部门也无能为力。

其次，旅游者的需求是全方位的，而旅游行政管理部门的服务则无法全面覆盖这些需求。比如，几年前某地出现的38元大虾，旅游者极为不满，然而旅游管理部门却真的无能为力，因此板子打在旅游管理部门身上确实是有点冤枉。因此，在新时代要适应散客旅游者的需求，就必须树立起旅游综合管理的理念。

此外，即便是传统旅游项目，如景区等，在建设开业过程中也必须有相关部门的支持。当前旅游市场异常火爆，然而很多旅游投资却难以落地，因为旅游业往往不被地方政府重视，在考虑用地指标等重要资源分配时，经常要给其他投资让路，这也是当前景区供给不足的重要原因。

为了更好地满足旅游者全时空的旅游需求，就必须建立起符合新时代旅游者需求的旅游业运行管理体制，对旅游业进行全要素、全行业、全过程的综合管理。国务院在2016年印发的中国《“十三五”旅游业发展规划》中明确指出：“改革开放以来，我国旅游业主要依靠景点景区、宾馆饭店等基础旅游要素的发展模式，已经不能适应大众旅游新时代的要求。‘十三五’时期，必须创新发展理念，转变发展思路，加快由景点旅游发展模式向全域旅游发展模式转变，促进旅游发展阶段演进，实现旅游业发展战略提升。”并且进一步提出：“以推动全域旅游发展为主线，加快推进供给侧结构性改革，努力建成全面小康型旅游大国，将旅游业培育成经济转型升级重要推动力、生态文明建设重要引领产业、展示国家综合实力的重要载体、打赢脱贫攻坚战的重要生力军，为实现中华民族伟大复兴的中国梦做出重要贡献。”也就是说，必须用全域的概念来实现旅游业内部经营管理方式的转变，具体说来就是以下转变：

一是从单一景点景区建设向综合目的地服务转变。目前，中国的旅游景点，特别是高A级旅游景区的管理水平已经达到国际先进水平，但是景区之外则是另一个世界，以至于人民群众戏说，“景点之内像欧洲，景点之外像非洲”。全域旅游就是要把景区内的管理水平推广到旅游目的地，要实施多规合一、公共服务一体化、旅游监管全覆盖等措施，把整个旅游目的地都建设成为A级旅游景区的水平。

二是从门票经济向产业经济转变。目前，很多地区的景区景点发展得较好，效益也不错，但是由于没有脱离门票经济的桎梏，旅游业对地方经济、脱贫致富等还缺乏整体的带动，要探索利用景区的发展带动旅游产业全面发展的新发展模式，完善产业结构，延伸产业链，让旅游业真正成为国家的支柱产业。

三是要从粗放低效方式向精细高效方式转变。从供给侧改革的角度来看，由于我国旅游业长期粗放低效运行，导致旅游供需极不平衡，在景区上的表现尤为突出。只有向精细化、高效化转变，才能彻底解决旅游供需不平衡的问题。这也是从粗放型旅游大国向集约型旅游强国发展的必然要求。

四是要从封闭的旅游自循环向开放的“旅游+”转变。长期以来，我国旅游业缺乏与相关产业的融合和沟通，造成旅游业一方面难以满足人民群众日益增长的物质文化需求，另一方面也难以做大做强，更难成为带动经济社会全面发展的动力产业。因此，必须加大旅游业与农业、林业、工业、商贸、金融、文化体育、医药等相关产业的融合力度，形成新的综合产能。

五是从企业单打独享到社会共建共享转变。旅游业中的很多顽疾，如欺诈旅游者的“零负团费”等，都是社会问题在旅游业中的反映。要想解决这些问题，就必须将旅游业放在社会经济的大盘子中通盘考虑，统筹管理。因此，要充分调动各方参与旅游业建设的积极性，整合资源，强化企业和政府的社会责任感，推动建立旅游业发展的共建共享机制。

六是从景区内部管理向全面依法治理转变。传统的景区内部封闭式的管理模式是一种法制含量最低的治理模式，而且各景区标准不一，自由裁量权大，缺乏规范的制度约束力，因此要通过全域旅游形成现代化的集约治理模式，建立全面依法治理的新模式。

七是要从部门行为向党政统筹推进转变。长期以来，旅游业发展似乎仅仅是旅游局的工作，而旅游业是一个社会化极强、关联性极强的产业，因此必然出现所谓“小马拉大车”的局面，这也是旅游业中的很多顽疾得不到根治的原因之一。在中国现有体制下，必须党政统筹、部门联动，形成综合管理的局面，才能使旅游业真正成为现代化的产业。

八是要从景点景区接待国际游客和狭隘的国际合作向全域接待国际游客、全方位多层次国际交流合作转变。长期以来，旅游市场往往重视入境旅游、轻视出境旅游，重视国内游、轻视国际合作，重视旅游业的经济效益、轻视旅游业的综合作用。发展全域旅游则是让旅游业成为全方位、多层次国际交流合作的平台。

总而言之，发展全域旅游的最终目的是要实现从“小旅游”到“大旅游”的转变，从低效率旅游到高效率旅游的转变，由低品质旅游到高品质旅游的转变。发展全域旅游，就是要推进旅游发展的理念创新、政策创新、体制创新、产品创新、业态创新、营销创新、公共服务创新等，探索出一条与各地实际情况相符的创建全域旅游的路径和方式，形成全域旅游发展的新模式，以带动和引领旅游业的转型升级。

从这个维度来看，发展全域旅游是旅游业本身转型升级的需要。对于地方政府来说，全域旅游建设的重点就是在如何加快旅游业内部管理体制、运行机制的转变，建立适应旅游需求变化的旅游管理体制；如何适应旅游市场供给体系变化，如何推进全域旅游目的地建设，建立独立的旅游目的地体系、树立综合型旅游目的地的形象、品牌核心产品；如何做大旅游产业，提升旅游效益，提升对经济社会的全面贡献。

（三）第三个维度：全面深化改革下的全域旅游

全域旅游之所以受到国家的重视，关键在于其与国家改革发展背景结合在一起。在国家改革大背景下，旅游业因其“软硬兼备、融合度高、覆盖面广、拉动力强”的产业特性，将发挥全局性、战略性的作用。

2013 年年底的党的十八届三中全会上，提出了要“让市场在资源分配中发挥决定性作用”的全面深化的改革战略决策。2014 年，国务院随即出台了《关于促进旅游业改革发展的若干意见》，再次把旅游业作为我国全面深化改革的突破点。因为，旅游业船小好掉头，旅游业一业兴百业旺，对国民经济的作用大；更为重要的是，旅游业是一个内部限制几乎为“零”、而外部制约与其他部门一样多的行业，对旅游业改革发展的探索，必然有利于解决我国市场经济管得过“死”的问题。

推进全域旅游示范区建设的潜台词是：如果以旅游业为优势产业的地区能够围绕旅游业建立起新的符合旅游市场的体制机制和发展模式，那么以工业为优势产业的地区、以农业为优势产业的地区和以第三产业其他方面为优势产业的地区就都可以学习旅游业的做法，推进全面深化改革。

从这个角度来看，发展全域旅游，就是要以旅游业为突破点破解全面深化改革的难题，就是要充分释放地方积极性，将全域旅游作为落实全面深化改革的抓手，推进改革创新，将旅游业变成先行先试、引领发展的突破口。

第三节　全域旅游的特征与模式

一、全域旅游的特征

全域旅游作为一个全新载体并无统一模式，各地的着手点与侧重点也不尽相同。从有效的理论指导和各地的探索实践成功经验中抽离全域旅游的一般性，我们认为其特征主要有以下两点。

（一）不可复制性

这是指由于地域不同、发展不一、资源各异，不是所有地区在现有条件下都适合全面实行全域旅游，在各地分步进行全域旅游建设的过程中，一定要遵循事实，从实际出发。要客观分析各地旅游产业的发展阶段与成熟程度，准确把握当地的优势资源与短板，制定适合各地自身的旅游发展目标、过程与方法。既要按照旅游业的整体发展规律来进行规划，又要把理念落地，从基层准确认识与把握旅游业的发展趋势。

除却由于环境保护等各方面原因不适合发展全域旅游甚至不适合发展旅游产业的地域之外，其他地区在打造全域旅游的过程中应该注意以下问题。

1. 尊重发展，因地制宜

总体看来，我国的旅游业虽然发展较快，但是仍然存在发展不均的现象。有些地区自然资源丰富、文化底蕴丰厚、景点独特，可谓有着得天独厚的优势，加之长期对于旅游的探索实践，景区设置良好，已经形成了较为成熟的发展轨道。这些地区只需转换发展理念，更加有效地整合区域资源，积极地促进产业联动，在机制体制的配套转变进行中用旅游业去带动整个区域的经济社会协调发展。然而，也有很多地区，旅游产业处于萌芽状态，游客到访量很低，甚至没有 A 级景区和星级酒店，泛旅游行业几乎没有。针对这种情况，要从基本的旅游发展做起。把首要目标锁定在景区景点、宾馆酒店的建设上，打造旅游吸引物，同时逐步完成配套设施的基本建设。

当然，以上是从两个极端分别讨论。目前，我国更多地区的旅游发展状态是有景区，但没有深度打造；有配套，但没有良性循环；有政策，但没有形成完整机制；有旅游，但没有形成格局发展的局面。所以就要因地制宜地根据不同的资源特色探索、增加景区建设，对旅游资源进行深度挖掘，积极促进旅游产业升级，逐步打造格局立体的全域化发展。

2. 突出特色，量身打造

旅游的本质在于追寻文化差异性带来的心灵触动。而旅行者良好的差异感受、耳目一新的美感，是由每个地区的旅游空间布局、特殊的山水人文等因素所共同决定的。

2017 年全国旅游工作会议的工作报告对 2017 年全域旅游工作进行了部署，提出要实施综合体制改革、全域旅游示范区创建、全域旅游全信息系统建设三项重点工作。在部署全域旅游示范区创建工作方面，提出要“分类”制定全域旅游示范区创建标准。这意味着，在全域旅游的发展道路上，由于各区域的核心资源、发展程度有所不一，因此各地域应重点突出特色，不能面面俱到，但却要独树一帜。

旅游业的发展前景取决于发展模式，不同地域应合理选择适合自身的全域旅游发展模式，最终形成自己的特色。在对全域旅游开发模式的选择上，应当注意以下两点：第一，注意旅游目的地发展阶段与发展水平，不同发展阶段的旅游目的地，旅游开发的角度是不一样的。第二，注重旅游吸引物的品级和旅游市场的整体概况。

举例来说，在景区式的观光型旅游的发展模式中，经过多年的发展，传统观光景区在我国的整个旅游的发展中具有举足轻重的地位，也可以被称为先遣队；然而伴随经济社会的整体转型与旅游产业的规模发展，以及景区自身成长较慢，更新能力薄弱，市场对接不灵活，吸引力在逐年递减。所以对仍然以景区为核心的旅游地来说，首先还是应当加深对景区的重视程度，明确提升方向，创新产品开发。除此之外，在打造旅游观光的基础之上，还要主动开拓休闲度假市场，使得休闲元素融于旅游观光，旅游观光促进休闲度假，二者互动发展，共同促进传统景区的转型升级。最终达到用景区带动旅游业与相关产业的融合，推动当地经济社会发展的目标。

在城市型的功能型旅游的开发模式中，应把重点放在游客上，根据游客的多元化旅游消费需求，进行旅游产品结构调整，重在开发融合观光、休闲、娱乐、购物等多种功能的城市型多元化旅游产品。而在全域旅游最终走向旅居化的创意式旅游发展模式中，就要从点到线，从线到面，充分地满足游客既要认识世界也要认识自我的心理需要，从各个维度满足游客的异质生活体验需求。

在这种复合型的发展模式中，应在积极打造地域特色旅游资源、深度挖掘地域文化要素的核心基础上，积极推进“旅游+”，规划开发文化休闲、生态观光、乡村旅游等跨界产品，充分进行旅游要素的深度整合和产业融合。如此一来，才能因地制宜、量身打造旅游发展，体现其不可复制性。

（二）可持续性

任何产业的发展都应与经济社会发展新常态紧密结合，旅游业也不例外。改革开放以来，我国经济的增长主要得益于工业化和城镇化，然而二元结构矛盾突出、生态环境恶化、农业的规模发展和附加值受限等问题也同时出现。后工业社会进程中，破解二元结构发展方式难题就成为当下的经济社会发展实践中的重要任务。

作为结构升级和区域转变的重要带动产业——旅游业，为了充分发挥其引领作用，成为我国经济社会发展方式的有效途径。在准确把握我国目前经济社会的新态势与新趋向、从旅游新常态看到背后被跨越的其余产业界限的过程中，就一定要坚持可持续发展的基本理念，这对于缓解二元矛盾、积极推动农业现代化，对于自然文明和农耕文化的保护和旅游转型实践对相关产业的收益的有效带动有积极的作用。

党的十八届五中全会提出了“创新、协调、绿色、开放、共享”五大理念，并在这五大理念的引领下，适时地提出全域旅游的发展概念。这也从另一个侧面告诉我们在全域旅游的发展过程中，应当积极践行这五大理念，真正做到和谐发展、绿色共享（图 2-2）。

在全域旅游的发展过程中做到可持续，这既是践行理念、评价标准，也是一个具体的操作流程。

首先，要统筹多方要素，促进健康发展。要正确处理开发与保护的关系，坚持保护优先原则，把生态与旅游结合起来，把保护与发展统一起来，切实做到合理开发、永续利用，实现旅游业可持续发展。在整体统筹的过程中，一定要注意强化政府的引领作用，依法保护和合理开发旅游资源，形成良性的开发机制。严格执法，强化监管，加强管理和协作，健全依法治旅工作

图 2-2 新能源创新农业发展

机制。

其次，加速多业互动，推进产业融合。在全域旅游发展中，可持续性不仅表现为旅游业自身的良性走向，也体现在与旅游业相关产业的整体发展轨道中。旅游产业的链条很长，要想实现可持续发展，就需要在全产业链条上贯彻可持续发展的理念。比如，通过全域旅游来实现农业与旅游、工业与旅游、养生与旅游等业态的整合，打造出休闲娱乐、中医药养生、温泉疗养、户外健身等多种绿色业态；除了大力发展现代农业、推进农旅融合，还可以以企业为载体，将旅游要素植入工艺流程的各个环节，变生产为景观、变厂区为景区，推动工旅融合发展。再者，还可以以市场为导向，大力发展文化娱乐等产业，满足游客多样化消费需求；培育龙头旅游商品企业，推进商旅相融。

最后，坚持绿色发展，发挥旅游生态效益。在旅游资源的开发过程中，严格进行生态保护。旅游发展规划与生态环境保护规划的衔接要畅通有力；在重点旅游区域的生态培育上，要选取有利的开发模型；在旅游项目的建设上，要为生态修复和环境改善创造先决条件；倡导绿色出行，实现和谐共生。

总之，为了实现旅游业在新的经济发展常态下起到稳增长、调结构、益民生的引擎作用，就要把其放在地域发展整体脉络格局中的绝对地位进行把握，用可持续发展的眼光将全域旅游与社会结构优化、经济效益增长、治理能力增强、幸福指数提升紧密结合起来。

二、全域旅游的模式

（一）全域旅游要有破“全”新思维

做全域旅游应立足地方旅游发展条件和所处阶段，以市场为导向，破除求全迷思，立逻辑，找抓手，达目标。

对不同区位、不同先天资源、不同发展阶段的区域，全域旅游建设的工作重点、方法思路、实现周期、难易程度肯定有所不同。发展全域旅游一定要打破全的概念，绝不能面面俱到，否则就没有重点和突破口，是对财力、物力、人力的浪费。

首先，对游客和本地休闲消费客群而言，一个地方的全域旅游是否具有吸引力，核心仍在于有没有符合市场需求、能吸引消费者的旅游吸引物。因此全域旅游的开发必须立足于自身特点，从市场需求出发，开发相应的旅游产品。目前的旅游市场越来越细分，越来越多元化，旅游目的从单一的观光为主，升级为观光、休闲、度假并存的多元结构；对旅游出行组织方式的需求也从组团为主转化为自助、自驾、组团相结合；旅游人群也开始被划分为儿童、学生、情侣、家庭及老年。只有充分研究目标旅游人群特征，才能开发出畅销的旅游产品。

其次，全域旅游应该在适合旅游开发的区域内，立足地域特色，充分利用“旅游+”的手段，实现有针对性的产品创新。全域内定有非旅游开发区，全景中定有非景建设区，不惜血本的全域旅游开发、全景观化不符合经济社会发展要求和规律。要在全域范围内寻找适合发展旅游的关键节点，通过“旅游+”的手段，把旅游和不同产品业态进行创意组合，形成满足市场需求的有效供给。因此，“旅游+”是政府发展全域旅游的关键所在。

(二)全域旅游的五大基础支撑

全域旅游开发的五大基础支撑包括旅游吸引物、旅游区、旅游交通、乡村、城镇五个方面，这些也是一个区域发展全域旅游的基础。

第一，旅游吸引物，是旅游发生的重要前提，包括成熟的旅游景区、休闲区、度假区、旅游综合服务结构、旅游活动，以及有开发潜力的旅游资源。

第二，旅游区，包括旅游景区、风景名胜区、休闲区、度假区、旅游综合体等，是一个区域旅游发展的基础和前提。

第三，通过提升旅游交通环境，有效提高全域旅游的通达性，并实现旅游交通的多功能性。

第四，通过休闲旅游与乡村旅游推进全域旅游的发展，并通过美丽乡村的打造手法实现精准扶贫的新突破。

第五，通过全域泛旅游产业整合发展，形成产业的聚集、集成与集群化，由此推动城镇化进程。

(三)全域旅游的五大发展架构

全域旅游发展基本遵循五大架构：全域景区化、全域度假升级、旅游新型城镇化、美丽乡村与精准扶贫、旅游交通。五种架构相互融合，共同作用，也可单独支撑，推动全域旅游的良性发展。

1. 全域景区化架构

全域景区的建设不等于全域内景区的简单加总，而是将景区自身的美学、文化、观赏、休闲价值扩展到整个区域。这种发展架构适合于自然环境优良的区域。

与现有的景点景区相比，全域景区化具有美化整体区域、推进基础设施建设和促进服务水平提升、丰富旅游产品、延伸产业链条、提升区域竞争力和知名度等诸多利处，是发展全域旅游最根本的一点，当然也是最为艰辛、跨越时间最长的步骤，需要遵循发展规律，循序渐进地推进。

全域景区化的实现有两种模式：一是“精品景区+精品线路”模式，二是全域无景区化模式。

“精品景区+精品线路”模式：适合观光型的区域旅游，在区域内选择若干个精品景区进行重点打造，并将连接精品景区的线路进行精细化打造。精品景区包含自然生态型景区、文化型景区、商街城镇型景区以及人造景区等类型。

全域无景区化模式：表面上与全域景区化自相矛盾，实则是实现全域景区化的另一条途径，适合不以观光为目的的区域旅游。在旅游对象较为广泛的前提下，强调打破门票经济，采用开放式的经营方式，使旅游更加自由。全域无景区化模式崇尚到处都是滞留点，随时都能成行，因此，对区域的景观打造、基础设施建设、旅游服务设施建设有着更高的要求。

2. 全域度假升级架构

全域度假旅游是在一个区域内以度假产业来引领观光旅游和其他休闲旅游，即以旅游业的高端产业引领中低端产业的发展，以促进产业转型升级的发展模式。

在大众休闲度假时代，全域度假升级是全域旅游发展的一个重要方向，需要客观地评价区域的资源、市场和资本，衡量发展全域度假的基本条件，构建具有一定标准的度假产业模式，配置度假设施，营造度假氛围和场景，打造度假生活社区。在产品上，设计龙头度假项目和辅助度假项目，并形成度假品牌。

3. 旅游新型城镇化

旅游新型城镇化是通过旅游产业，引导城镇和乡村实现就地城镇化。具体的打造方式，是在区域内选择若干具有代表性的城镇和乡村，作为全域旅游在新型城镇化方面的突破口和切入点，按照“城乡一体、区域协调、城乡均衡、基本服务均等化”的原则，构建向心发展、组团布局、统筹融合的城镇发展体系，从全域产业布局、综合交通、公共服务、基础设施、生态环境、信息与社会管理等方面构建全域城镇化发展的支撑体系；着力打造集现代新城、活力新区、特色新街、优美新居于一体的新型城镇化结构，加快城乡一体化发展。

4. 美丽乡村与精准扶贫

以全域视角建设美丽乡村，要按照“提质、扩面、连片”的原则，通过加深农业和旅游业深度融合发展，提升村容，整洁环境，大力发展乡村旅游、休闲农业，发展观光园、采摘园、家庭农场、现代农庄等新兴业态，来促进农业发展、繁荣农村经济，让农民过上更加幸福的生活。

5. 旅游交通

各地皆应把全域旅游发展的重中之重放到打通交通瓶颈、形成旅游环线、实现县区抱团合作上。另外，修路还需通车，通车的同时还需配套智能监控系统、智能公交系统、旅游标志标识系统、自驾露营系统、城乡旅游公则系统、游客服务驿站系统，并于电子地图上标注。

（四）全域旅游的两个核心理念

1.“旅游+”

旅游是一个无边界的产业。“旅游+”是多方位、多层次的，“+”的方式也多种多样。“旅游+”有“搭建平台、促进共享、提升价值”的功能，以巨大的市场力量和市场机制，为所“+”各方搭建巨大的供需平台，“旅游+”是实现全域旅游的根本措施，也是推动区域经济转型升级的新引擎。

随着经济社会和旅游业的不断发展，“旅游+”的内容会越来越多，各地“旅游+”的内容也各有侧重、各有特色，需要因地制宜、因时制宜地选择“旅游+”的优先领域重点突破。本文所指的“+”，可以是工业、农业等大产业，可以是创客、教育、文化、养生、养老、休闲运动等具体产业，也可以是互联网、交通、购物等关联性产业。任何一个所加的产业都可以单独支撑起全域旅游的特色，也可相互叠加，起到更好的支撑作用。

2.“互联网+”

旅游是一种生活方式，互联网助推旅游成为智慧化的全新移动生活，成为一切产业融合的主渠道与通路结构。互联网、物联网的盛行，线上线下联动发展，移动 App 的出现与发展，都将促进旅游产业融合、旅游体验智慧化、旅游方式转变和旅游消费升级。

“互联网+”作用于旅游，以及“互联网+旅游”的实现途径主要体现在旅游大数据、旅游产品、旅游营销、LBS、旅游服务、旅游管理、旅游未来等方面。

（五）全域旅游的开发运营模式

全域旅游开发包括基础设施建设、景区建设与提升、美丽乡村建设、城镇改造提升、投资模式搭建、文创孵化、智慧旅游等方面，由此提出全域旅游开发模型和全域旅游运营服务体系。全域旅游的工作内容包括以下六个方面。

（1）基础设施建设：公共交通、停车场、集散中心、厕所、风景道等。

（2）景区建设与升级：新景区开发、老景区提升、4A 升 5A 度假区建设。

（3）美丽乡村建设：村庄村貌改造升级、特色旅游村建设。

（4）城镇改造提升：城镇风貌升级、旅游小城镇建设。

（5）投资模式搭建：PPP 模式、引导基金、投资并购。

（6）文创孵化：文旅创客基地、个性创客导入。

例如，绿维文旅联合旅游开发平台等合作机构推出全域旅游运营模式，从顶层设计、项目规划、落地施工、投资平台搭建、文旅创客孵化、智慧旅游以及延伸服务等方面，形成一套完整的全域旅游服务体系。

（六）新常态下的“旅游+”65533 投资模型

1. 六类产品

（1）景区项目开发运营。景区项目以自然、文化资源为主导，主要满足人们的观光需求和求知需求，包括山岳、溪谷、江河湖海、文化遗产、文物、古城等。

（2）休闲项目开发运营。休闲项目多为人工开发，是体验型、参与型、消费型项目，主要对人的心情进行刺激，包括乐园（主题、水、儿童）、温泉水疗、按摩、农庄、演艺、CS、茶馆、餐厅、酒吧等。休闲项目和景区项目的差异在于景区更多强调的是观光性，休闲项目更强调消费的过程性，我们称之为非口袋型的消费结构，这一类消费在旅游消费中间占有非常大的比例。

(3)休闲商业开发运营。商业街区是以休闲消费为主业态的商业地产，包括古街、文化街、餐饮街、文创街、仿古街区、民俗街区等。

(4)度假公寓开发运营。酒店、公寓是以可租赁经营的住宅产品为主体，以度假生活为核心的度假物业，包括民宿、客栈、精品酒店、度假村、会议酒店、酒店群、酒店公寓区、公寓、养生养老社区。

(5)养老、度假住宅开发运营。养老、度假住宅是私人性的、非经营性的资产，包括民宿、客栈、精品酒店、度假村、会议酒店、酒店群、酒店公寓区、公寓、养生养老社区。

(6)一级土地开发运营。旅游房地产开发，一般是区域综合开发，从一级土地开发启动，结合二级房产、旅游各种业态产品经营开发等。一级土地开发，是旅游开发盈利的关键与核心之一，也是旅游综合开发的长期资产增值的基础。

2. 五类管理

(1)景区开发与管理。以旅行社为目标的市场运营，基于景区的项目管理、服务管理、营销渠道、成本控制等经验，实现持续经营与回报。

(2)休闲营销与管理。基于休闲消费项目，以服务管理为核心的消费过程管理。

(3)休闲商业招商与管理。基于商业空间的招商、营销、人气、物业等管理经营经验，实现快速招商、积攒人气。

(4)酒店管理。酒店管理具有专门的运营结构，基于景区的项目管理、服务管理、营销渠道、成本控制等经验，实现持续经营与回报。

(5)房地产开发与出售土地开发管理。基于房地产产销关系，将房地产产品开发建设营销转化为基础的管理经营。

3. 五大角色

从旅游开发到最后的运营管理，涉及的角色共有五大类。

(1)投资商：项目资金提供方，投资整个项目或项目的某部分。

(2)开发商：项目开发建设方，基础设施配套等。

(3)运营商：对已开发的旅游项目、景区或经营性物业进行运营管理。

(4)服务商：为旅游消费者在旅游过程中提供旅游服务，如旅行社、OTA在线旅游网站等。

(5)区域综合开发运营商：整合区域旅游资源，集旅游开发、运营、服务为一体。

4. 三大综合

不同规模的综合体，集食、住、玩、游等多种功能为一体，既有集聚核，又有延伸发展，是完整的综合结构，旅游综合开发深受地产商青睐，主要有三类：旅游区域综合开发(15000~1500000亩)、旅游小城镇(1500~ 150000亩)、旅游综合体(500~1500亩)。

5. 三大渠道与平台

(1)旅行商渠道。旅行商是核心，没有旅行商就没有旅游。旅行商是旅行的组织者、销售的主要渠道、旅行产品的经营主体，是批发商、零售商、大型一体化机构。

(2)旅游OTA平台(Online Travel Agent)。旅游OTA平台既是线上旅行社、预订平台、交易平台，也是景区、休闲项目、线路产品、酒店、机票等所有环节的共享交易平台。旅游OTA平台之所以成为现阶段的核心平台，是因为其利用了互联网的优势和大数据，具有最方便的定制系统。

(3)旅游开发服务平台。政府、业主、投资商、开发商、运营商、服务商之间的B2B平台。

(七)全域旅游的孵化器模式

以绿维文旅集团为例，其下辖五大板块，包括规划设计院、旅游建造EPC、旅游投资板块、旅游开发运营板块，以及在山西成立的绿维文旅学院。绿维通过合伙人合作公司，囊括了大量旅游人才与智库，可以为各地全域旅游发展提供顶层设计、投融资规划、全要素招商、投资落地、规划设计落地、建造落地、运营落地、三年辅导、完成创建以及后期的宣传推广等全程综合服务。全域旅游推进要利用创新思路，着眼于市场要素的配置，有的放矢，破“全”、立“逻辑”、找“抓手”、达“目标”。绿维文旅提出了全域旅游发展的“1+2+5”结构与绿维全域旅游孵化器模式。

1. 绿维全域旅游发展“1+2+5”架构

“1”：大网络结构——旅游交通及公共设施(多个公共工程)。

“2”：“旅游+”与“互联网+”。

“5”：五层开发架构——乡村、景区、综合体、旅游小镇、旅游小城。

2. 绿维全域旅游开发的孵化模式：“三划四招五引入三年服务”

“三划”：《全域旅游规划》《全域旅游投融资规划》《三年实施计划》。

“四招”：招投资商、招开发商、招运营商、招服务商。

“五引入”：引入资金、引入智库、引入品牌、引入人才、引入 IP。

“三年服务”：辅导三年时间，持续服务直至创建成功。

全域旅游最后要落到投融资上，除了政府资金、平台基金，还有社会资金、众筹模式、众创结构下的孵化等多种模式。投融资结构和投融资政策，是全域旅游金融创新的重要体现。绿维文旅充分发挥市场导向，跳脱传统旅游规划的壁垒，将后端导入前端，创新全域旅游规划编制和投融资模式。以全要素招商引资的创新模式，协助进行区域旅游顶层设计，筛选优质旅游项目，引入基金管理公司和投资银行的资本管理者、旅游及泛旅游项目的资金投资者、知识资本 IP、高端的人力资源和成熟的旅游运营商及服务商。

通过创新全域旅游投融资模式，以整合全域旅游下的投融资平台为基础，以构建与培育区域旅游上市公司和新三板企业为核心，以 PPP 项目为抓手，创新旅游 IP 导入为驱动，打造“投融资平台+旅游上市公司+全域旅游综合开发 PPP 结构”，由此形成全域旅游投融资模式框架；以项目为核心，以城投、旅投为支撑，多种投资平台相互协调，形成全域旅游投融资平台为互相支撑的结构。这种全域旅游投融资新模式不仅为地方全域旅游的全面推进与落地实施增添了动力，也成为引领中国全域旅游创新发展的新方向。目前该模式已经在池州等地落地实施。

(八)旅游十二大要素业态创新

新业态是全域旅游的核心吸引力，吸引是引爆市场的关键。全域旅游下的引爆模式，由“景区引爆”转变为活动引爆、乡村引爆、小镇引爆、要素引爆等综合型多样化的引爆，其中要素引爆尤其重要。

旅游 12 要素(传统基本要素为食、住、行、游、购、娱；旅游发展要素和拓展要素为商、养、学、闲、情、奇)的消费业态的创新和升级，是全域旅游突破创新的关键。如何将旅游要素打造为市场引爆点，也是全域旅游创新规划和发展的重点，要用“互联网+”“旅游+”的理念进行资源整合与创新业态培育，在带给游客新鲜完美的体验的同时，充分发挥旅游业带动作用，形成农业围绕旅游增价值、工业围绕旅游出产品、服务业围绕旅游成规模的泛旅游产业格局。

1. 食

如今的“吃”早已超越了原来的团餐、大众餐饮，也不再是简单的“吃”，已经把体验经济玩到了极致。吃的形式、吃的内容、吃的过程都发生了重大改变。

绿食生态餐厅：现摘现采+现场观摩+DIY+绿色环境体验。

3D 投影餐厅：在顾客等待时，用 3D 投影在餐桌上表演“小厨师制作食物”。

歌舞宴：将传统文化表演与餐饮创意结合。

主题餐厅：从装潢到食物、从环境氛围到餐厅服务均围绕某一个主题展开。

古食谱体验：追寻古人留下来的健康食谱。

2. 住

民宿、郊野木屋、集装箱度假小屋、帐篷营地、自驾车/房车营地、乡奢主题酒店等越来越特色化、个性化的住宿业态，可满足不同群体的住宿需求。

3. 行

将交通工具转变为特色旅游方式，如邮轮旅游、航空小镇、滑翔伞基地、低空飞行、自驾营地、房车小镇等新兴业态。

4. 游

结合区域内资源与环境，针对不同层面的市场需求，打造专业的景区景点、城市游乐、乡村游乐以及亲子游乐等。

5. 购

购物向体验化、文创化、情感化发展，用真实的体验感营造商业的吸引力，比如创意手工坊和文创体验基地等。购物景区取代了景区购物与旅游购物店，如义乌商贸城、琉璃厂、采摘园、博物馆、艺术馆等。

6. 娱

不论是景区的休闲娱乐还是都市娱乐、乡村娱乐，旅游演艺、秀场逐渐成为娱乐的创业业态和形式。

7. 商

商即商务旅游、会议会展、奖励旅游等，以及拓展培训、邮轮商务会议、游学、商务考察、会展考察等。

8. 养

从养生、养老，到养心、享老，人们越来越注重身心的整体健康，而老人也在逐渐走出被供养的被动心理，从人格上实现自我肯定。基于环境资源、文化旅居、体育健身、医疗康养、度假等需求和方式，实现游客养生、养心、养颜、养老、养疗等目的的健康旅游新要素，经过发展培育形成了康养旅游新业态。

9. 学

基于修学、游学、科考、培训、拓展训练、摄影、采风、各种夏令营和冬令营、禅修国学等新需求，形成了“旅游+教育”的新业态。

10. 闲

乡村休闲、都市休闲、度假等各类休闲旅游业态和新要素，是未来旅游发展的方向和主体。

11. 情

基于婚庆、婚恋、纪念日旅游、宗教等各类精神和情感需求，形成的相关旅游新业态、新要素。

12. 奇

探索、探险、探秘、游乐、新奇体验等探索性的旅游新业态、新要素。如玻璃栈道、高空观景平台、蹦极、徒步穿越、低空飞行、拉力赛、极限运动、滑翔、潜水、漂流、溶洞、滑雪、冲浪、登山、攀岩等。

在全域旅游新背景下，多样化的大旅游聚集区域和多层级的旅游目的地，为游客提供了更丰富的服务与体验。全域旅游业态的创新不仅是对传统旅游业态思维的刺激，更有利于旅游人创新理念、贴近市场需求、完善规划布局、增添科技亮点，加深对全域旅游的再次认识，进而完善旅游资源整合，形成区域产业的融合、服务品质提升、实现共建共享的全域旅游发展的新格局。

第四节　全域旅游的发展理念

本书结合全域旅游的产生背景和实践探索总结了以下十个全域旅游的发展理念。

一、全地域

在旅游以“观光”为主的前提下，一个旅游区域是由很多不同景点串联而成的。而在以“体验”为主的当代旅游背景下，一个区域经常会被当作一个独立的综合目的地。所以，全域旅游的第一个发展理念就是“全地域”。这是一个整体概念，它要求在把区域景点作为独立吸引标的物的基础上，对该地域进行整体打造，而不是只在景点上做文章。更重要的是，全域旅游是在我国宏观的社会经济发展背景下产生的，以旅游为支点去推动相关的产业调整、统筹各方面的整体发展，必须进行整体的全域规划。

二、全领域

在全域旅游的发展理念中，如果说“全地域”是一个整体概念，“全领域”就是一个被拆分后重新形成的名词。从横向上看，全领域是指除了要在旅游景观上有所优化之外，也要对整个城镇或农村的其余角落进行挖掘与打造。当然，这不是说对每一个地区都要进行全域、全景观开发，处处建项目，处处搞旅游，而是指在重新布置旅游要素和产业布局后，充分发挥它们的休闲功能、度假功能，形成休闲社区、特色小镇、旅游综合体等多种旅游产品，形成良好的公共旅游自助服务体系。满足游客的某种情怀，实现他们旅游的终极目标。或者说，能让游客在疲惫后感受温情的瞬间。从纵向上来看，全域旅游的全领域还包括政策法规的出台、体制机制的运作、治理以及配套服务的覆盖。若要实现旅游业与经济社会相互促进、共荣共生的格局，这些领域缺一不可。

三、全要素

从宏观角度来看，全要素是指旅游与资本、旅游与政策、旅游与生活、旅游与功能作用等的配套发展。也即不只开发旅游资源单体，还要开发众多其他配套资源。

从微观角度来看，它是指在整体打造旅游目的地的基础上，在均衡发展的前提下，构建一个全域化发展新局面。所以，在全要素的开发实现中，既要注意对自然资源、人文资源本身的挖掘与升华，又要在建设发展过程中，抓住特色、突出优势，实现精品带动、资源整合。随着人们旅行目标的变化，传统旅游业“食、住、行、游、购、娱”六大要素已经逐步发展为“商、养、学、闲、情、奇”。应运而生的文化创意旅游、商业养老旅游、健康养生旅游、教育旅游等旅游产品也越来越被人们关注。比如，浙江省在农业旅游中注重乡村建设与生态养生旅游产品的开发整合，把原汁原味的田园风光、古朴淳厚的民村民俗与温泉养生、理疗健体整合打包，既养眼又养心。

四、全方位

全方位的发展理念，主要是指体验全方位。20世纪90年代至今，国内旅游蓬勃发展。在以“观光旅游”为主渠道的旅游过程中，景区门票价格高、节假日高拥挤、参团定点购物的旅游体验非但不符合游客旅行的初衷，反而会在实际运作中给游客带来二次伤害。所以，在大旅游的发展背景下，如何提高游客的满意度才是我们要思考的重要现实问题。或许田间一缕薄薄的春风就能让你想起儿时乡下的田野，旅行城市的某一个书店就解答了你的种种疑问，某一旅行地的文化节重新梳理了你的价值认同。这些不是一个景点就能给予的精神财富，也不是某次走马观花就能得到的温情瞬间。

旅游经济是基于空间转移产生的效益，除了从出发地到目的地的整个过程包括吃、住、行等基本要素都要被充分重视以外，对于游客的体验需求，还要从多角度进行满足。比如旅游产品的主题化、形象化，旅游表达形式的多样化、系列化、差异化，旅游休闲消费的自然化、舒适化。从各个维度打造“磁力场”，以此来满足游客更高的体验要求。

五、全过程

一个区域要做好全域旅游，除了树立全域旅游的理念，还要注重优质景区的打造。完成对景区的打造培育之后，再用景区标的物吸引度来带动旅游服务设施建设，从而扩大该区域的旅游市场，再由此产生新的旅游产品和旅游服务设施，最终才能真正地实现“旅游+”的基本功能，利用打造的资源与其余社会资源进行新的融合，带动泛旅游产业的发展，实现全域旅游的发展目标。

以上是全域旅游目的地的打造过程，相应地，从游客角度出发，全过程是指他们在该地域进行的由点到线、由线到面、由面到网的旅行过程。所以，在全域旅游的发展过程中，创新构建与完善管控建设，才会给游客完满的过程体验。

六、全行业

产业是指经济社会的物质生产部门，是介于宏观经济与微观经济之间的中观经济；行业一般是按生产同类产品、具有相关工艺过程或提供同类劳动服务划分的经济活动类别。二者是包含与被包含的关系：一个产业可以包括多个行业，但是一个行业只能从属于一个产业，产业是行业的总和。所以，产业的带动推动作用取决于旅游业与各行业之间的相互配合。

全行业的发展理念，主要是指在突出旅游的核心地位的前提下，旅游业对于其他行业的带动作用以及其他行业对于旅游业的反作用。众所周知，旅游业的发展一定程度上带动了交通业、通信业、住宿业、餐饮业、娱乐业等行业的发展。我们所提到的“旅游+”，其实就是充分发挥旅游业的催化作用，让各行各业在旅游这个平台之上，增加自己的附加值，或者经过融合跨界，重新形成盈利点。那么，这种理念就要求旅游业在与各行业深度融合的过程中发挥主动作用，主动对接，换位思考，主动叠加其服务功能，优先选择成熟的行业加以推进发展；而各行各业在实现其利润增加与转换的过程中，则应更加注重向旅游业的渗透。

七、全时间

以往的景区观光旅游，最大的壁垒在于淡季和旺季的划分，最大的利润盲点在于过分看重“门票经济”而经常忽略其余的利润支点，这也使游客的整体体验感不高。

全时间的发展理念认为，旅游业要实现持续有序的发展，就应该突破时间的束缚，无论淡季还是旺季、无论白天还是夜晚，都可以向游客提供满足其需求的旅游产品和休闲体验。

针对淡季、旺季的划分，在发展全域旅游的过程中可以以丰富旅游产品、打造区域整体形象为出发点，针对旅游产品本身做到旺季抓管理、淡季抓营销进行突破，做到“万紫千红花不谢，冬暖夏凉四时春”。针对“8 小时经济”

的利润盲区，可以通过打造全天候旅游体验项目，逐渐把旅游利润线条延长至“24 小时经济”，增加同一旅游产品的不同时段的体验感，拉长旅游线条。心理学研究表明，夜间人的感情更为丰富，打造夜间的旅游吸引力更容易引发游客的情感共鸣。所以，在实现资源的有效整合与多样化开发的过程中，可以将夜间演艺、夜市、夜间景区等作为该区域打造的旅游重点。

八、全社会

全社会发展理念主要是指全社会参与。全域旅游是社会共建共享的发展理念，本身就要求在实施过程中具有全局观念，政策配套、管理到位、全民参与、协抓共管。主要强调了旅游相关要素的配备和完善。另外，在实现全域旅游的各种具体模式中，无论从时间还是空间来看都会出现居民生活与旅行消费的重叠，由此也会产生城市的全方位管理与旅游管理的重叠。对于这些新的问题，更需要以全社会共同参与、相互协作的发展理念去引导和解决。

所以，在全社会共同参与的发展理念中，首先是要调整发展战略，构建从全局出发、有效整合区域资源、统筹推进全域旅游发展格局和各部门之间彼此联动的发展思路；其次是要构建综合协调管理体制，围绕产业综合发展的基本需求，进行综合管理，正确处理政府与市场的关系；再次，要注重公共服务配套系统的完善，尤其在服务链的创新完善上，要同步发展全域旅游的专业服务与综合服务，创建良好的公共服务网络平台；最后，落实全民共建共享的实处就是既要让建设方、管理方参与其中，也要让广大游客、居民共同参与，最大限度地汇聚投资能力，从多维度增加旅游收入和泛旅游收入。

九、全产业

全产业是指重视旅游业与其他产业的融合带动，大力发展多产业跨界整合，最终实现大旅游产业格局的构建。

全产业的发展理念是全域旅游发展理念的核心，也是全域旅游的出发点和落脚点。在通过旅游业的转型发展去带动社会经济转型发展的过程中，产业带动与融合是重中之重。这就要求我们首先对旅游自身的业态进行培育和发展，进行新业态的开发与引进，这是推动旅游产业转型升级的重要动力；其次，以泛旅游产品引领大产业发展，延长产业链条，打造集多要素为一体的全产业链；最后，走向全产业向旅游的趋向融合，提高区域的整体市场竞争价值与市场体验价值。

十、全空间

从物质客观存在形式的角度来看，全空间的发展理念可以详尽地包括以上十全理念，而如果仅从地理空间的角度去考量，该理念是指旅游产品布局的全面性和覆盖性。

“一步一盛景，回头变万千”。全空间的发展理念除了强调旅游产品的全方位开发外，更加注重对这些旅游产品的良好布局，保证旅游产品的吸引力与有序供给。此外，也应关注旅游交通、旅游信息网络平台以及自驾车营地等设施的建设规划，使其真正做到设计合理化、便捷化；以吸引游客眼球、提高游客舒适度、减少游客与各方主体矛盾冲突为目的，实现旅游产品布局全面并且人性化的合理设计。

第五节　全域旅游改革创新发展的新格局

近年来，各级各地党委政府深入贯彻落实党中央国务院关于全域旅游的重要指示，持续推进开展全域旅游的各项工作。文化和旅游部全面推动全域旅游战略实施，推进全域旅游示范区创建工作。各地党委政府更加重视全域旅游，对全域旅游的认识不断深入，不再认为全域旅游是全域的旅游，而将其视为一种发展理念和模式。各地紧扣旅游发展全域化、旅游供给品质化、旅游治理规范化、旅游效益最大化发展目标，将全域旅游作为地区经济社会发展转换动能、升级优化的新引擎、新动力，因地制宜谋发展，改革创新求突破，在推进体制创新、政策保障、生态文明、共建共享文旅融合、规划先行、示范引领等方面先行先试，开展全域旅游的生动实践，取得了积极成果，使全域旅游对地方社会经济产生了更大作用。

一、坚持整体性、系统性

全域旅游涉及经济社会发展的各个领域。近年来，越来越多的地方将全域旅游作为县域发展和县域善治的关键纽带，在全域旅游发展过程中，突出整体而系统的发展理念，使全域旅游成为促进基层治理体系和治理能力的转变的重要路径、成为统领县域经济社会发展的重要抓手和创建破解县域治理难题的重要方式。

比如，江苏省溧阳市党政领导亲自推动全域旅游发展，坚持以全域旅游为统领的县域治理思路与实践创新，走出一条全域旅游统领县域经济社会发展、推进县域治理能力现代化的“溧阳之路”。溧阳市以“1 号公路”为抓手，实现区域发展理念的转变和农村农民生产生活方式的转变。溧阳依托全域旅游创建破解县域治理难题的过程，实现了县域层面的全域旅游新模式。又如，河南修武县以创建全域旅游示范区为总抓手，提出“以全域美学引领全域旅游”的新理念，在全国率先走出了一条以美学经济领航景城融合的全域旅游探索之路。其在全域旅游发展过程中突出整体而系统的发展理念，使全域旅游的发展模式转变为全县的发展模式，通过全域旅游提升基层治理体系和治理能力，真正实现基层治理体系和治理能力的转变。

二、坚持体制创新

全域旅游涉及面广，是对旅游业全方位的改革创新，需要突破的难点多，要破题离不开高位推进。在发展全域旅游的过程中，各地各级党委政府坚持高位推进，把全域旅游作为地区经济社会发展转换动能、优化升级的新引擎、新动力，将全域旅游纳入本地区经济社会发展重点工作，在体制机制创新方面取得了新进展。

各省、区、市从全局高度系统谋划、整体推进，把发展全域旅游纳入本地区经济社会重点工作，部分地区围绕地方立法、实施方案等为全域旅游提供有效支持。吉林、陕西、湖南、浙江、广东、广西、安徽等地均在政府工作报告中对发展全域旅游作出部署。黑龙江、山东、青海等19个省(区、市)以省委、省政府或省委、省政府办公厅名义印发并实施了《推进全域旅游发展的实施意见》。安徽省将发展全域旅游的要求纳入《安徽省五大发展行动计划》《安徽省“十三五”旅游业发展规划》等之中，出台《安徽省人民政府关于促进全域旅游发展加快旅游强省建设的实施意见》《安徽省人民政府办公厅关于促进全域旅游发展加快旅游强省建设若干政策的通知》，编制全省指导性规范《旅游全域化工作指南》。广西壮族自治区编制完成《广西全域旅游发展规划纲要》和《广西全域旅游三年行动计划》。《广东省旅游条例》将“全域旅游”作为地方旅游立法的指导思想。张家界市出台了湖南省第一部促进全域旅游发展的地方性法规《张家界市全域旅游促进条例》。

各示范区创建单位更加重视全域旅游发展，党政一把手亲自抓全域旅游，破解了旅游业发展过程中很多长期难以解决的问题。各地普遍成立了由党政一把手担任组长的创建工作领导小组，建立适应全域旅游发展的党政统筹的领导机制，从高位推进全域旅游建设，把创建国家全域旅游示范区作为地区发展的“一号工程”，整合发展全域旅游的行政资源和社会资源，实现旅游发展模式由文化旅游部门行为向党政统筹推进的转换，推动示范区各级各部门学旅游、懂旅游、抓旅游，形成齐抓共建的创建格局。

北京怀柔区、江西资溪县、河南新县、湖北恩施市、海南保亭县、青海祁连县、新疆生产建设兵团185团等单位把发展全域旅游与脱贫攻坚、乡村振兴、生态文明建设等国家战略相结合，同部署、同推进。福建武平县建立了县乡村三级抓全域旅游的党政统模式，江苏省秦淮区确定了“常委包块、政府包条”的责任体系。北京平谷区、内蒙古满洲里市、黑龙江漠河市、安徽霍山县、广西来宾市、云南石林县、新疆昭苏县等创建单位建立了以全域旅游为核心的工作指标考核体系。

此外，各地通过构建协调决策机制、实施党建引领机制、强化市场监管机制、创新资源开发机制等，努力从根本上解决工作落实问题。河北易县、江苏南京江宁区、贵州花溪区建立了联席会议制度，形成了“部门联动、共抓共管”的责任网络。江西婺源县、福建武夷山市、西藏鲁朗景区管委会建立了“景村”党建联席会议制度、“党建+行业协会”模式。海南吉阳区、湖南南岳区建立了全域旅游综合治理体系。天津蓟州区、甘肃敦煌市、湖北夷陵区积极推进景区所有权、管理权、经营权相分离，推进旅游资源由多头管理向集约高效开发方式转变。福建永泰县设立了旅游资源资产交易中心，为市场有效配置资源搭建平台。

三、坚持基层示范

全域旅游是我国旅游发展的新理念、新模式，也是一项实践性很强的工作。为探索全域旅游发展的新路径、推动全域旅游改革创新，在全域旅游发展过程中，要坚持示范引领，按照先创建后示范的模式，开展全域旅游示范创建工作，将创建国家全域旅游示范区作为推进全域旅游发展的现实路径，以鼓励示范区先行先试，推出一批全域旅游示范典型，探索全域旅游发展的新路子，打造旅游业改革创新发展的先行区和试验田，建设高质量旅游目的地的标杆和典范，为全国全域旅游发展提供学习样本。

2015 年，国家旅游局启动了“国家全域旅游示范区”创建工作，并先后公布了两批 500 家国家全域旅游示范区创建名录。2017 年 6 月，国家旅游局发布《全域旅游示范区创建导则》指导各地全域旅游示范区创建工作。全域旅游示范区创建工作开展以来，各地国家全域旅游示范区创建单位开展了卓有成效的创建工作，创建亮点不断、新模式不断涌现，全域旅游示范区从创建阶段进入试点示范阶段。2019 年文化和旅游部先后印发了《全域旅游示范区创建工作导则》《国家全域旅游示范区验收、认定和管理实施办法》《国家全域旅游示范区验收标准》等文件，启动全域旅游示范区验收认定工作。共有 71 家创建单位被认定为首批国家全域旅游示范区，整体通过率为 74%。2020 年 7 月文化和旅游部启动了第二批国家全域旅游示范区的验收认定，继续推出一批国家全域旅游示范区典型样本。

同时，各地因地制宜、比学赶超，相继制定了省市级全域旅游示范区管理实施办法、验收认定了一批省市级全域旅游示范区创建单位，形成了蓬勃向上的发展态势，各地全域旅游工作有质有量、可圈可点。经初步统计，共有 18 个省(区、市)组织认定了 257 个省级全域旅游示范区。

这些通过验收认定的全域旅游示范区是各地区全域旅游发展取得阶段性成果的体现，它们在创建方式、创建路径、创建成果上各具特色，为各单位推进全域旅游发展提供了诸多有价值的经验做法，特别是在文旅融合创新发展、旅游扶贫富民创新发展、城乡统筹创新发展、生态依托创新发展、景城共建创新发展、休闲度假创新发展、资源转型创新发展、边境开发开放创新发展等方面进行了探索实践，为全国其他地区全域旅游发展提供了参考依据。

同时，文化和旅游部会同财政部通过旅游发展基金拨付国家全域旅游示范区项目建设资金 14. 18 亿元，支持示范区全域旅游发展。各省份也出台了对全域旅游示范区的奖励扶持政策。比如，河北省出台政策：凡列入“省级全域旅游示范区”名录的，将被优先纳入省级和地方预算内投资支持对象名单、优先支持旅游基础设施建设、优先纳入旅游投资优选项目名录、优先安排宣传推广重点活动、纳入省旅游宣传推广重点支持范围，优先纳入省旅游改革创新试点示范领域、优先支持 A 级旅游景区等省重点旅游品牌创建、优先安排旅游人才培训、优先列入国家全域旅游示范区创建单位推荐名单。

四、坚持先行先试

政策供给是发展全域旅游的基本保障。各地在推进全域旅游的过程中从本地实际出发，敢于突破，先行先试，探索解决全域旅游发展长期瓶颈问题的重大举措。包括创新土地供给政策、集成财政金融政策、强化资金支持政策等，加大全域旅游政策支持力度、把解决难题作为政策的出发点和落脚点，为全域旅游发展提供了很多可推广复制的经验，也为其他产业领域乃至整个土地、资金政策的创新改革提供借鉴。

在发展模式方面，六盘水市盘州市为破解“资金资源散小弱”制约农村发展的核心问题，推动农村发展规模化、集约化、专业化，利用资源资金，充分聚集生产要素释放规模化效益，将农村闲散的土地、林地、草地、水域等资源和资金整合起来，探索了“资源变资产、资金变股金、农民变股东”的“三变”改革模式，让集体村民的资源资金和劳动力入股，成功盘活土地、资金、劳动力等闲散资源，形成全域旅游、全民参与、共建共享的发展格局。

在土地政策方面，各地出台了旅游用地和“多规合一”的各种政策，通过点状供地增减挂钩、长期租赁、土地流转、盘活存量、农房改造等一系列创新措施保障旅游用地。比如，南京市秦淮区走出了一条“向下生长、共建共享、腾笼换鸟”的多元化旅游土地供给方式。黑龙江五大连池市、四川青川县、广西阳朔县、重庆巫山县等地采取点状供地、增减挂钩、长期租赁、土地流转等方式，优先安排旅游用地指标，加大旅游用地保障。浙江桐乡把旅游用地纳入省“新型业态用地改革试点”范畴，建立旅游项目用地计划单列制度，对涉及旅游项目的土地出让指标给予倾斜，每年安排新增建设用地指标不少于500亩，浙江遂昌提出每年旅游项目用地计划指标不少于全县年度用地计划指标的30%。

财政金融政策方面，各地坚持多渠道破解资金难题，既通过财政拨付、贴息贷款等财政投入手段，用好各类文化和旅游发展专项资金，充分发挥财政资金对全域旅游发展的引导性作用，撬动社会资金投入，又加强旅游金融政策创新，以旅游资产证券化、收费经营权质押、资产抵押等模式引入各类资本，充分运用股市、基金债券、众筹、私募等现代旅游投融资手段，多渠道吸收市场资金、社会资金进军旅游产业，形成适应新时代旅游业发展的市场投资环境，为全域旅游发展提供了保障。比如，北京延庆区搭建了乡村旅游融资担保平台，累计发放贷款5000余万元，带动村民创收近8亿元。河北涉县成立了水投、林投、城投、交投等11家投融资平台。贵州盘州市设立旅游发展专项引导基金，统筹交通、农业等资金492亿元建设旅游项目；将旅游资源注入宏财公司、旅文投公司等8家公司，以“旅游资产证券化”、收费经营权质押、资产抵押、股权重组、PPP 等模式，引入各类资本参与项目建设和运营管理，引导工业企业转向旅游业，2015~2018 年共筹集 170 亿元发展旅游产业。贵州花溪区设立直接股权资金、产业发展基金、企业债券等多种财政金融工具，先后成立了花溪区沸腾种子天使投资基金、青岩古镇景区整体提升打造项目、人民币资金银团贷款等多种融资方式。华侨城集团推出欢乐谷主题公园入园凭证专项资产管理计划，通过中信证券发行，募集企业发展资金。广东台山市、云南腾冲市、陕西华阴市、宁夏沙坡头区、新疆博湖县等地出台了促进全域旅游发展的扶持奖励办法。

五、坚持共建共享

在全域旅游发展过程中，各地坚持共建共享，贯彻以人民为中心的发展思想，探索旅游发展主客共享的新模式，放大全域旅游的经济效益、社会效益和民生效益，让旅游业改革发展成果惠及更多百姓，使人民群众对文化和旅游的获得感、幸福感和安全感进一步得到提升，推动旅游业成为人民群众满意的现代服务业。

第一，坚持主客共享理念。各地着力优化全域旅游社会环境，将城市休闲设施和景区等进行开放式打造，建立市民游客共享城乡休闲空间；推动公共文化设施拓展兼融合功能，在服务当地居民的同时面向游客开放；依托游客中心、旅游集散中心等旅游公共设施，组织开展文化惠民服务，让更多的游客感受体验独特的地域文化，打造本地居民与游客共商、共建、共享的目的地的旅游休闲环境，既满足了人民群众的旅游需求，也提升了本地居民的生活品质。比如，四川都江堰市建立“景城共建共享”模式，有效解决了城区、景区发展“两张皮”问题；江苏苏州市苏州工业园区将文化馆、图书馆、美术馆纳入旅游线路，尤其是诚品书店、文化艺术中心等地标性文化设施，越来越成为自带流量的旅游目的地，让市民和游客共享文化建设成果。济源城乡公共服务始终践行“产城融合城乡一体”全域旅游发展模式，景城一体、乡村旅游蓬勃发展，科技馆、城展馆、图书馆、愚公剧场、篮球城、世纪广场等集聚为城市中央游憩区，济渎庙、牡丹园引领济水源小镇建设，引黄入济、河湖连通工程传承弘扬黄河文化，公共文化服务体系示范区建设让济源城市品位不断提升，城区公交全免费、乡村旅游路畅通，让市民游客共享美好生活。济源将继续加大城乡文化旅游公共服务管理提升，以更便捷周到的文化旅游服务，让群众、游客共享济源全域文旅发展成果。

第二，坚持完善公共服务和基础设施，提升地方环境品质。各地以“厕所革命”为突破口，促进地域景观环境的优化，推进旅游公共服务设施建设和服务水平提升，着力优化交通体系，健全交通网络，推进自驾车、房车营地和公路服务区等设施；建设旅游风景道、慢行系统、交通驿站等休闲设施，完善机场、码头、乡村车站等重点旅游集散咨询服务体系，加大智慧旅游服务建设力度，让旅游消费环境更便捷、更智慧，进一步满足了人民群众旅游需求，并以全域旅游公共服务建设引领社会环境品质提升。比如，贵州赤水市采取征用商铺、旧房置换、盘活存量的方式，通过县政府统一运作，租用商业门脸改建公厕，解决了旅游者如厕难的问题，打破了当前公厕建设按照原住民数量、不考虑旅游者数量的不合理的法规条例，探索了一条突破城市规划、土地供给、财政资金等多方制约的难题，为其他地区解决旅游公共服务不足的问题提供了很好的思路。常州溧阳市把发展全域旅游与推进新型城镇化和乡村振兴结合起来，打造色彩斑斓的“1 号公路”，用全长 365 千米的风景廊道串联起城乡文化旅游生态资源，特别是沿线的庆丰村，通过打造金色庆丰、艺术田野农旅项目，从昔日的贫困村华丽蜕变为诗意田园“网红村”。浙江安吉县在重点旅游场所实现了免费 Wi-Fi、线上支付、网上预约、电子讲解等功能。四川都江堰市积极推进全国首个 5G 智慧旅游城市建设。

第三，坚持实施旅游扶贫富民工程。各地将全域旅游发展置于决战脱贫攻坚决、胜全面建成小康社会的国家大战略中，融入“六保”“六稳”任务的要求中，大力实施旅游扶贫富民工程，探索多样化的旅游扶贫富民方式，形成景区带村、能人带户、企业+农户、合作社+农户和直接就业、定点采购、帮扶销售农副土特产品、输送客源、培训指导、资产收益等若干可复制、可推广的旅游扶贫富民新模式，让老百姓从旅游发展中获得更多实惠，充分释放全域旅游发展的民生效应，在示范引领旅游扶贫富民方面成效显著。比如，达州市宣汉县聚焦旅游扶贫，重点支持巴山大峡谷等景区的改造提升，通过集中攻坚，基本达到国家5A级旅游景区标准，直接带动片区102个贫困村的91万名贫困人口整体脱贫奔康，辐射带动周边21个乡镇、46万余人增收致富，成功走出了一条“以开发促产业助增收”的山区旅游脱贫新路子。

六、坚持产品创新

在发展全域旅游的过程中，各地坚持文旅融合，把优质供给作为发展核心，丰富品质化的产品供给，取得了良好效果。按照“宜融则融、能融尽融、以文促旅、以旅彰文”的原则，各地以文旅融合为抓手，用文化的理念发展旅游，用旅游的方式传播文化，推动文化和旅游在产业、产品、市场、活动、设施、载体等各个层面融合发展，创文旅新产品，催生文旅新业态，扩大优质供给，为全域旅游发展释放新动能，探索文旅融合的新模式，推动旅游业高质量发展。

一是注重挖掘和利用历史文化、地域特色文化、民族民俗文化等资源，增加各类旅游产品的文化底色，发展旅游演艺、文化节庆，提升旅游产品文化内涵，打造“处处有文化”的全域旅游产品。

二是推动公共文化与旅游融合发展，丰富博物馆、艺术馆等公共文化产品的旅游价值，打造一批网红博物馆、图书馆、艺术馆等“文旅兼备”的新产品。

三是加大旅游文创产品开发力度，开发特色化、时尚化、生活化的旅游文创产品，形成一批高品质、高认可度的文创品牌。比如，山西、安徽、江西、湖北、湖南、陕西、江苏、重庆等地的全域旅游示范区着力培育旅游演艺、旅游文创等产业；湖南以十大文旅融合区域、十大文旅融合活动、十大文旅融合项目为抓手，深入开展全域旅游示范创建；四川峨眉山市推出大型文旅融合项目《只有峨眉山》，开创了以文促旅的旅游新模式；山西平遥县积极引进大型文旅集团，打造了一批具有引领性的文化旅游项目；苏州工业园区突破资源限制，以商务旅游为切入口形成“商旅文体展”五位一体的全产业融合发展；广州市番禺区着力打造粤港澳大湾区文商旅融合发展典范片区；山西洪洞县、山东青州市、陕西临潼区、西藏城关区通过活化古建筑遗址，打造文化旅游新业态；江苏淮安清江浦区统筹推进御码头运河文化中心、运河文创中心、都天庙历史风貌区等项目建设，让游客体验“南船北马”的独特风韵、感受“融南汇北”的人文气息；湖南韶山市、江西井冈山市实施红色旅游与工业农业教育等相结合的发展模式，红色旅游产业实现质效双增；江苏兴化市打造千垛菜花旅游节、万亩荷塘荷花节、品蟹赏菊旅游季、水上森林红杉节等四季旅游节庆品牌；江苏盐城大丰区用一年半时间，在荷兰花海打造的旅游演艺项目《只有爱・戏剧幻城》，每天有50余部戏剧同时上演，演出总时长达8.5小时，成为文旅融合发展的新标杆。重庆武隆区挖掘乌江“纤夫文化”，创新打造大型山水实景演艺项目“印象武隆”，以生动形象的方式宣传武隆传统文化，将当地的特色文化与全域旅游进行深度融合，截至2019年5月，累计演出2300余场，收入33亿元，200余名当地演员每年人均增收36000多元，“印象武隆”已成为重庆市文旅融合的一张亮丽名片；武隆区开发“武小仙”“隆小马”两个旅游文创的IP形象，并将两个IP形象植入景区，在景区内设置众多以吉祥物为主的体验项目，在对外的宣传推广上统一形象、统一口号，形成武隆独有的文化旅游IP形象。

七、坚持规划创新

科学规划是全域旅游发展的前提。各地坚持规划先行、科学规划，合理布局各项功能，强化全域旅游规划的战略引领和刚性控制作用；贯彻“多规合一”发展理念，注重全域旅游规划与文化旅游“十三五”“十四五”发展规划、国民经济和社会发展总体规划，以及国土空间、综合交通、卫生健康、生态环境保护等规划的有机衔接，实现“多规合一”；着力构建全域旅游专项规划体系；建立健全规划领导、评估与督导机制，确保规划统筹推进和落地实施，实现一张蓝图绘到底，发挥规划引领、规划推动和规划促进产业发展的作用，提高规划对全域旅游的统筹引领能力。

比如，贵州花溪区根据“大花园、大溪流”的特征，科学布局了“一核一带四组团”，精心编制了《贵阳市花溪区全域旅游发展规划》等十余个规划，形成了较为完备的规划体系制定《推进全域旅游“多规融合”规划工作方案》，以全域旅游为抓手，以旅游业高质量发展为总体目标，促进城乡规划、土地利用规划、生态保护规划、旅游发展规划实现“区域全覆盖，城乡一张图”的构想；对“十三五”21个专项行业规划按照全域旅游理念进行了修订完善，对不符合规划的项目坚决杜绝，对需要引进的项目严格审批，确保规划执行到位；推进多规合一，开展花溪区多规融合规划设计方案的编制工作，成立“多规融合”改革试点领导小组；建立健全花溪区规划实施机制，切实把规划蓝图变成经济发展和社会进步的实效。河南济源市编制了《多规合一旅游总体规划》。山西阳城县编制了旅游标准化发展、休闲农业与乡村旅游等多个配套旅游专项规划。辽宁桓仁县成立了由文化、旅游、国土、城建、交通等相关部门为成员的规划委员会。宁夏西夏区引入第三方机构对旅游规划实施情况进行监测评估。

八、坚持多元探索

自2015年全域旅游提出以来，全域旅游的理念和发展日渐清晰化、规范化和可操作化，初步形成了推进全域旅游发展的工作体系。各地围绕改革创新开展了全域旅游的探索实践，坚持高位推进体制机制创新、科学规划引领、扩大优质供给、加强政策保障、完善公共服务，取得了阶段性成果。首批71家和第2批97家国家全域旅游示范区，在文旅融合创新示范旅游扶贫富民创新示范、城乡统筹共享创新示范、生态依托创新示范、休闲度假创新示范、景区共建创新示范、资源转型创新示范、边境开发开放创新示范等领域形成了许多有价值、可推广的经验做法，成为旅游业改革创新发展的先行区、高质量旅游目的地的标杆典范，全域旅游发展成效初显。

不仅如此，由于不同地区发展全域旅游的背景不一，各地全域旅游示范区的探索模式也各不相同，可以归纳为传统旅游目的地的全域旅游模式、大都市郊区的全域旅游模式、民族地区文旅融合的全域旅游模式、乡村依托的全域旅游模式、老城区的全域旅游模式、资源转型城市的全域旅游模式、边境开发开放的全域旅游模式、特色产业融合的全域旅游模式文旅融合的全域旅游模式、生态依托的全域旅游模式、城景一体的全域旅游模式、城乡一体的全域旅游模式等，不一而足。

第三章

全域旅游视域下的农旅产业融合相关理论

在全域旅游的发展过程中，农业和旅游业的融合发展出现了新的形态，不仅能够让农民增产增收、农业多元经营、农村美丽繁荣，而且为乡村文化元素的保护和发展提供了基础和保障。本章对全域旅游视域下农旅产业融合的相关理论进行探讨，重点阐述产业链理论、农业多功能理论、产业融合理论，为之后章节的分析奠定理论基础。

第一节　产业链理论

一、产业链与旅游产业链

产业链是一种生产组织方式，它基于社会分工产生。亚当·斯密在《国富论》中提到"工业生产是一系列基于分工的迂回生产的链条"，虽然并未明确提出产业链的概念，但是为以后的研究提供了方向，是对产业链的最早阐述。可以肯定，产业链的重要意义在于通过分工实现价值增值。赫希曼从产业前向联系和后向联系的角度论述了产业链的概念，得到众多研究者的认可。作为研究产业发展的重要理论工具，产业链实现了微观企业和中观行业之间的有效对接，被较多地运用在理论研究和实践中。抽象地理解，产业链是用一条虚拟的线将各个点连接起来的链条，在这个链条上存在多个以生产部门、企业或者产业为单位的点，点与点之间存在着多种对应关系，既有"一对一""一对多"，也有"多对一"。通常来讲，我们习惯于根据微观层面中"一对一"的关系来定义产业链。对于产业链的一个通俗解释是"相关企业或生产部门根据生产流程所组成的线性网络"，是从最初的自然资源到最终消费产品的生产链条，强调以产品生产为核心，有着非常明确的链条路径，正如来自传统制造行业中的一一对应关系。

随着经济的发展、生产率的提高和科技的进步，产业逐渐多样化。在不同的生产部门和生产关系中，产业的连接关系也不同，产业链的概念和定义就更加多样。有的学者从供应链的角度出发，认为产业链是分工和企业供需基础上的垂直协作链条；也有学者从价值链的角度出发，将产业链作为从原材料到最终产品的价值增值过程；还有学者从战略联盟的角度出发，认为产业链是在某一产业聚集区内，有较强竞争力的企业与其他企业结成的战略联盟关系。其中，卜庆军等认为，产业链是由某一主导企业倡导的，通过某种契约达成的，能满足最终顾客需求的，相互有机融合的企业共生体，它是由供应商链、企业价值链、渠道链和买方链构成的企业共生价值系统。总的来说，产业链是一个包含企业链、价值链、供需链和空间链的四位一体的综合系统，是价值共同体，其稳定发展离不开各个价值部门的协调与合作。

乡村旅游产业链是旅游产业链的一种类型，其理论思想以产业链为基础，以旅游产业链为依据，想要对乡村旅游产业链进行科学的界定，就必须先对旅游产业链有一个清晰的认识。由于旅游产业的特殊性，学界对于旅游产业链的具体内涵一直存在争议。

随着旅游市场供给与需求的不断壮大，旅游作为对国民经济有重要贡献的产业已经成为学界和业界的共识。

基于此，众多学者对旅游产业链展开了探讨。李丹枫认为，旅游产业链是因旅游者食宿行游购娱等旅游消费而形成的一种产业连接关系；杨丽提出，旅游产业链是以旅游业中优势企业为核心链、以食宿行游购娱相关企业的共同利益为基础的生态综合体；坦佩尔和冯特将旅游产业链定义为一条包含了所有旅游产品与服务的供应与分配链条；张朝枝等从旅游体验出发认为旅游产业链囊括了旅游产品体验从设计到销售再到精细化的旅游服务的全过程；王起静从甘尼的旅游供求系统出发，认为旅游产业链是指为满足旅游者的旅游需求，以旅游产业中具有竞争力或竞争潜力的企业为核心，通过包价或零售的方式将旅游产品间接或直接销售给旅游者，以助其完成客源地与目的地之间的旅行和游览，从而在旅行社、饭店、旅游景区、旅游交通、旅游商店、娱乐业等行业之间形成相互依赖、相互制约的关系。

综上，旅游产业链具有以下特征：

第一，以旅游市场的需求和供给为基础，始于旅游者的旅游需求，终于旅游产品或服务的供给；

第二，涉及产业众多，主要包括满足旅游者需求的食、宿、行、游、购、娱6个方面，是多个产业链的横向协作和融合；

第三，以各利益主体为主要构成要素，是相互依赖、相互制约的利益共享系统。

二、乡村旅游产业链内涵分析

乡村旅游的特征可以总结为：主要发生在乡村地域，以城市为主要客源市场，以乡村资源为主要吸引物，通过对乡村资源(田园风光、乡村美食、乡村文化等)的整合，满足旅游者需求，实现农村产业多元化，带动农民脱贫致富。弓志刚等学者从共生的角度对乡村旅游产业链进行定义，提出乡村旅游产业链是以为游客提供相关服务的企业作为共生单元，在乡村的共生环境下，各共生单元为寻求满足游客需求而形成横向延伸、纵向关联的产品链和文化价值链的共生体，并最终实现满足游客在乡村放松身心功能的共生系统，具有互利共生、自组织、共演化、协同性的特征(图3-1)。

图3-1　田园秋色

基于以上分析，乡村旅游产业链的内涵如下：

乡村旅游产业链的出发点在于满足旅游者需求，产品链是其基本功能的体现。乡村旅游通过提供各种旅游产品来满足旅游者的需求，凡是带有乡村特征、能够为旅游者带来乡村生活体验的产品都属于乡村旅游产品范畴。从旅游者的需求出发，乡村旅游产品链包含以下部分：餐饮、住宿、观光、娱乐和购物。不同的产品依托不同的资源，由不同的主体部门提供，各个部门通过相互协作，共同构成了乡村旅游的产品链。

乡村旅游产业链的功能得以发挥，关键在于协作链。旅游活动是一项涉及旅游者食、宿、行、游、购、娱多方面需求的综合性活动，是多个不同部门相互协作的结果。协作部门包括政府、本地居民、投资者、旅游企业。其中，政府在乡村旅游协作链中占据主导地位，是使整个协作链功能得以发挥的重要组织者和领导者，这与其他产业链由龙头企业占主导地位的情况不同。作为乡村旅游系统的重要组成部分，本地村民能够提供丰富的农特产品以及民间传统文化，用勤劳和智慧打造乡村田园风光，并根据自身情况，以个体或家庭为单位，以经营餐饮、住宿、销售民俗工艺品、出租土地、参与表演等形式参与乡村旅游产业链的运作。外来投资者则通过投资或经营级别较高的农庄、酒店、旅游产品加工企业等，对乡村旅游产品的档次进行补充，提供的资金用于乡村旅游整体质量提升。旅游企业的主要类型有旅游规划公司、旅游景区管理公司、旅行社等，负责协助政府发挥市场职能、策划旅游产品，组织旅游活动、进行旅游宣传等。

第二节　农业多功能性理论

一、定义

有关农业多功能性的研究，最早源于20世纪80年代末期在日本国内兴起的“稻米文化”传承与保护运动。1992年联合国环境与发展大会通过的《21世纪议程》正式采用了“农业多功能性”的提法。1996年世界粮食首脑会议通过的《罗马宣言和行动计划》中明确提出将考虑农业的多功能特点，促进农业和乡村可持续发展。1999年9月联合国粮农组织在马斯特里赫专门召开了100多个国家参加的国际农业和土地多功能性会议；同年，日本颁布了《粮食·农业·农村基本法》，强调农业除具有经济功能外，还同时具有社会功能、生态功能和政治功能等多种功能 。

根据国外的研究结果，结合我国的实际情况和研究，农业多功能性的含义可归纳为：农业多功能性是指农业具有提供农副产品、促进社会发展、保持政治稳定、传承历史文化、调节自然生态、实现国民经济协调发展等功能，且各功能又表现为多种分功能，各功能相互依存、相互制约、相互促进。

二、构成要素

具有多功能性的农业主要由以下三大要素构成：

1. 农用自然资源

包括土地、光、热、水、地形、地貌、生物等资源。各种农用自然资源本身就是构成生态环境的主体，具有生态功能；由于生态环境为人类社会提供生存和发展的环境条件，涉及环境的承载力问题和人类健康问题，因此具有社会功能；由于自然资源和环境的差异性，构成了独特、优美的自然景观，因此具有良好的生产、旅游等经济功能；由于自然资源的构成、分布、变化和环境状况影响人类的思想、观念的形成，因此具有文化教育功能。

2. 农业生产过程

农业除向社会提供优质、安全、足够的农副产品外，最主要的功能是吸纳大量的劳动力就业；农业生产过程本身就是经过几千年的历史积淀而形成的一种文化，对保持社会文化的多样性有积极的作用，因此而具有极大的旅游、教育价值；农业生产过程本身就直接关系到自然资源和环境的合理开发和利用问题，直接影响生态环境状况。

3. 农副产品

农副产品不仅能满足城乡居民的生存和健康需要，也可以为工业生产提供原材料。农副产品本身就是人类几千年选育的结果，包含着十分丰富的历史文化内涵，直接影响着人们的生活方式和观念，从而具有文化价值。

三、主要内容

农业的多功能性包含的内容主要有以下五个方面：

1. 经济功能

主要表现在为社会提供农副产品。以价值形式表现出来的经济功能，是农业的基本功能。其中心作用是满足人类对食品的需要，此外也能通过依托农业提供的服务获得不可估量的经济价值，对国民经济发展起支撑作用；其经济功能还表现在为实现国民经济协调与可持续发展的作用上。经济学家库兹涅茨的经典研究表明，农业对国民经济发展作了产品、市场、要素和外汇四大贡献。

2. 社会功能

主要表现为劳动就业和社会保障、促进社会发展方面的功能。农业作为一个产业不仅能容纳劳动力就业，而且农副产品质量、数量及其安全性本身就直接影响着居民的健康状况、营养水平以及生存环境等，涉及社会发展问题。因此，农业的社会功能作用大，搞不好就会破坏经济社会发展的良好势头。

3. 政治功能

主要表现为农业在保持社会和政治稳定的作用上。从很大程度上讲，农业生产状况决定了社会秩序的状况，农业生产方式决定了社会组织制度的样式。农业发展的好坏直接关系到中国绝大多数人的切身利益，在很大程度上影响他们的政治选择；同时，农副产品还是国家的战略储备物资。因此农业具有重大的政治作用。

4. 生态功能

主要表现在农业对生态环境的支撑和改善的作用上。农业各要素本身就是构成生态环境的主体因子，因此，农业的功能可直接表现为生态功能。农业的生态功能，对农业经济的持续发展、人类生存环境的改善、保持生物多样性、防治自然灾害，为二、三产业的正常运行和分解消化其排放物产生的外部负效用等，均具有积极的、重大的正效用。

5. 文化功能

主要表现为农业在保护文化的多样性和提供教育、审美和休闲等的作用上。一方面，农业是一个古老的产业，其内部蕴藏着丰富的文化资源；另一方面，农业对人们的价值观、世界观和人生观的形成有积极作用，有利于人与自然的和谐共生，并且承担着传承传统文化的职能。

农业的多功能之间是相互依赖、相互促进和相互制约的。从经济功能看，其功能的大小不仅影响农业总功能的大小，而且影响社会、生态、文化和政治功能作用的发挥；从生态功能看，其功能的大小不仅影响农业总功能的大小，而且直接和间接影响经济、社会、文化和政治功能作用的发挥；其他功能以此类推。

第三节　产业融合理论

产业融合作为行业发展的推动力早已被人们熟知并利用，旅游产业中的融合现象也引起了相关学者的关注。

一、产业融合的定义

不同时期的不同学者对产业融合的定义都有所不同。厉无畏(2003)对产业融合下了定义：产业融合是由于资源、市场、技术等要素的渗透、交叉，而后又进行重组，导致原本独立的产业逐渐融合并产生新产业的动态过程。马健(2002)将产业融合的定义概括为：由于技术融合和产业管制的放松，各产业发生了业务、组织、管理和市场方面的资源整合，由此导致产业界限的模糊化。李美云(2005)认为产业融合是原本各自独立、性质各异的两个或多个产业的产业边界逐渐模糊或消失而使企业成为直接竞争者的过程。胡金星(2007)提出产业融合是一种在开放的产业系统中，不同产业构成要素间竞争，进而形成一个新兴产业的过程。

二、产业融合的类型

从不同的视角分析，产业融合的分类也不尽相同：产业融合可以分为需求融合和供给融合，这是按照市场的供给与需求分类的；产业融合也可以分为替代性融合与互补性融合两大类，这是按照技术分类的；基于替代性融合和互补性融合这个分类，结合供给性融合与互补性融合，出现了新的产业融合分类，包括供给替代性融合、需求替代性融合、需求互补性融合以及供给互补性融合；产业融合又可以分成完全融合、部分融合、虚假融合这三种类型，这是基于融合程度和市场效果进行分类的。

三、产业融合的特性

产业融合摒弃了传统的产业创新理论，对产业创新做了进一步论述。其实产业融合就是一种新范式的产业创新，它促进了整个社会系统的变革。产业融合大多数情况下出现在不同产业之间的边界位置，由于某些产业处于产业边界，因此会与别的产业进行信息、技术、能量以及物质交互，这就导致了产业融合的发生。

四、产业融合的过程

产业融合是一个缓慢、动态的过程。在开始阶段，两个及两个以上的产业“互不相干”。但是当产业规模不断变大且相关技术出现更新时，部分产业组织为了生存，就会生产越来越多功能、用途不一样的产品。当更多的产业生产用途、功能不一样的产品时，部分产业的边界会慢慢模糊，不同产业交叉、互融，融合型产品应运而生，这表明产业融合已经出现。在发生上述产业融合的各类产业中，产业 1 会促进产业 2、产业 3 的发展，产业 2 和产业 3 反过来也会促进产业 1 的发展，并且逐渐出现产业创新的现象，当新兴产业出现且融合型的产品在市场中占主要位置时，产业融合就彻底实现了。

第四章

全域旅游视域下的旅游公共服务优化

旅游公共服务是旅游业发展不可或缺的基本要素，也是发展全域旅游的核心内容和基本保障，更是农旅产业深度融合的基础。发展全域旅游，一方面要适应游客旅游需求，促进区域旅游业发展；另一方面要通过适当超前发展旅游公共服务建设，引领社会公共服务发展，优化全域旅游发展环境，带动地区经济社会发展。

第一节 完善公共服务是全面深化改革的重要目标

党的十八届三中全会强调，推进全面深化改革，必须切实转变政府职能，深化行政体制改革，创新行政管理方式，增强政府公信力和执行力，建设法治政府和服务型政府。政府要加强发展战略、规划、政策、标准等的制定和实施，加强市场活动监管，加强各类公共服务提供。

党的十九大报告指出，社会的主要矛盾已转化为“人民日益增长的美好生活需要和不平衡不充分的发展之间的矛盾”。旅游可以在满足人民美好生活的新需要、提高人民生活质量、增强人民获得感和幸福感方面发挥重要作用，旅游业可以成为人民美好生活的助推器。通过旅游更好地满足人民日益增长的美好生活需要，解决人民日益增长的旅游需要与不平衡不充分的旅游发展之间的矛盾，成为我国旅游业改革发展的首要目标。

为此，更好地扩大旅游产品有效供给、加大旅游公共服务及交通等基础设施建设，推动旅游产品结构更加合理化，加快国民休假制度和旅游管理体制改革，解决人民日益增长的旅游美好生活需要和不平衡不充分的旅游发展之间的矛盾，充分发挥旅游业在促进社会发展和改善人民生活水平方面的重要作用，都是发展全域旅游的重要内容。

第二节　以旅游公共服务引领社会公共服务发展

一、旅游公共服务

我国地域辽阔、历史悠久、民族众多，旅游资源丰富，这为国内旅游发展创造了良好条件。

旅游公共服务是旅游过程不可或缺的基本要素，是旅游活动的基础和保障。

现阶段我国社会公共服务建设相对落后，但随着旅游业的快速发展，旅游公共服务供给不足与游客日益增长的公共服务需求之间的矛盾日益明显。旅游公共服务体系不完善，难以满足游客的旅游需求，成为游客反映最多的问题，出行难成为游客在旅游活动中的最大感受，包括旅游出行的大交通、旅游目的地的小交通，乃至旅游目的地的住宿、餐饮、购物、景点等其他信息和服务的支撑不足也时常成为游客投诉的问题，是导致游客满意度下降的主要因素。旅游公共服务不足已成为当前旅游业发展最突出的薄弱环节，也是制约我国旅游业进一步发展的瓶颈因素。因此，如何提升旅游公共服务水平成为推动旅游业发展的关键所在。

从概念上看，旅游公共服务是政府和其他社会组织、经济组织为满足游客公共需求而提供的基础性、公益性的旅游产品与服务。可从以下几个方面来认识其性质。

一是旅游公共服务是社会公共服务的有机组成部分。社会公共服务是旅游发展的基础，旅游公共服务以社会公共服务为依托。旅游发展需要统筹社会公共服务资源，社会公共服务建设亦需要将旅游公共服务纳入其中，统筹考虑旅游的功能。

二是旅游公共服务是旅游服务的组成部分，但区别于市场化的旅游服务。旅游公共服务是满足游客基础性需求的旅游服务，而基于游客特殊需求的旅游服务，则更多是由市场主体提供的市场化的旅游服务。

三是旅游公共服务是针对移动中的游客的服务内容，是为那些流动群体而非固定居民服务的，这排除了为旅游企业等其他主体提供的服务和旅游行政服务体系等类别。旅游公共服务是面向游客的服务，是针对旅游活动所引致需求而提供的服务。

四是旅游公共服务是公益性服务，是为大众游客提供的服务而不是为少数人群提供的个性服务，其关注的是游客的共同需求。旅游公共服务涉及的内容也具有极强的共享性特征，以及大众性、开放性、非排他性等特征。

五是旅游公共服务是基础性服务，是面向游客基本需求而设立的，其服务标准和服务水平也是最低标准而并非高端服务和个性化服务。个性化旅游需求和高端服务属私人服务范畴，旅游公共服务仅提供基本的最低标准旅游服务，以保障游客旅游活动顺利进行。

六是旅游公共服务是一种低价位或免费服务。旅游公共服务面向大众游客，是具有非排他性的公共产品，这使得政府成为这一服务的主要承担者，也要求其实行一种假价位甚至是免费准入机制，以使普通游客能无障碍地获得服务，而不需要面对过高的收费门槛。

七是旅游公共服务是一种动态变化的服务。游客旅游需求处于持续演进过程中，这使旅游公共服务也随之动态变化发展，其涉及的服务内容、服务水平、服务标准都具有阶段性特征，随社会经济、旅游业和游客需求变化而不同，且在不同区域、层面也呈现一定的差异性。

二、旅游公共服务的内容

旅游活动是一个复杂过程，游客在旅游的各阶段都有旅游公共服务需求。由此，旅游公共服务涉及的内容也极为广泛，总体上包括旅游公共信息服务、旅游安全保障服务、旅游交通便捷服务、旅游惠民便民服务等。具体内容则涉及旅游公共交通服务、旅游集散体系、旅游服务中心、旅游厕所、停车场、旅游监控综合平台、旅游安全救援、自驾营地、旅游卡、旅游志愿者服务、旅游公益惠民等多项服务内容。

三、旅游公共服务与全域旅游

当前，旅游公共服务是社会经济和旅游业转型发展到一定阶段的必然要求，是地区旅游业发展水平的重要标志之一。不同旅游目的地之间的竞争不再是传统的旅游资源、旅游景点的比拼，更在于旅游公共服务水平的竞争。对旅游公共服务的认识也日益超越旅游本身，从基本人权、公共利益和国家战略维度来看，旅游公共服务有着特殊地位和意义。

第一，完善旅游公共服务是保障国民旅游基本权利的关键。1980 年世界旅游组织大会通过的《马尼拉宣言》中指出，“旅游活动是现代人类社会的基本需要之一。旅游与工作权一样，休闲，特别是旅游度假也是现代社会中人人享有的权利”。保障人们的这一权利既是对游客需求的满足，也是对基本人权的关怀和尊重。从这个角度来看，旅游公共服务也是在保障国民基本旅游权利，是民生所在。

第二，完善旅游公共服务是大众公共利益所在。旅游公共服务为游客提供基本服务，满足游客基本需求，其所保障的也是社会大众的公共利益，是其整体利益、共同利益和广泛利益。

第三，完善旅游公共服务是中国旅游超速发展的必然要求。随着国民旅游需求的爆炸性释放，旅游市场也迎来爆发式的超速发展阶段，一个庞大的游客群体日渐形成。2014 年国内旅游人数达 36.1 亿人次，对一些城市来说，每年接待的游客数量超过了本地居民数量，甚至是城市居民人数的几倍。游客已成为日渐重要的社会群体，巨量的流动游客必然要求有更好的旅游公共服务来满足其需求，政府也理应为游客群体提供服务。

第四，完善旅游公共服务能够引领社会公共服务水平全面提升。中国旅游从入境旅游起步，引进了一系列为国外游客服务的项目和设施。之后，这些旅游服务项目和设施也逐渐被推向社会，使社会公共服务水平日渐提高。

第五，完善旅游公共服务是社会稳定的重要方面。如何管理好游客群体是关系社会稳定的关键因素。近年来，旅游公共服务缺失致使许多景区发生游客大规模滞留和踩踏等安全事故，影响社会稳定和公共安全。如果旅游公共服务没有得到足够的重视，类似的安全问题仍会发生。从社会稳定的角度来看，应认真地对待游客服务和管理，完善旅游公共服务体系，引导大规模游客群体移动和集聚，使社会旅游处于稳定可控状态。

第六，完善旅游公共服务是旅游业发展转型的必然要求。旅游业转型升级，需要依靠完善的旅游公共服务体系来适应市场结构的变化，支撑新业态发展。便捷、安全、高效的旅游环境是带动旅游业发展、提升运行效率的关键。旅游市场结构向散客为主转型也越来越依赖旅游公共服务体系支撑。

第三节　全域旅游公共服务体系建设的重点

一、全域旅游公共服务建设亟待破解的问题

现阶段我国社会公共服务相对落后，旅游公共服务起步较晚，与日益增长的旅游需求相比相对滞后，旅游公共服务供给不足，仍处于初级发展阶段，存有一些瓶颈和症结问题，这些是提升旅游公共服务亟须破解的问题。

1. 建设视角

旅游公共服务建设需要站在游客角度，考虑游客需求、游客行为方式，坚持以游客为本，否则许多旅游公共服务项目的开发都会变成好心办坏事。另外，在旅游公共服务建设中需要摆正游客的位置，坚持主客共享的原则。

2. 服务供给

相对游客日益增长的服务需求，旅游公共服务供给不足，难以满足游客的旅游需求。

首先，服务供给的人群差异大。不同人群获得的旅游公共服务呈现出较大差异。一是性别方面，如旅游厕所的设置，很多城市女性厕所严重不足，难以满足游客需求；二是无障碍设施仍然不足且许多无障碍设施没有达到无

障碍标准，对特殊人群来说，要想获得旅游公共服务仍存在较大困难。

其次，旅游公共服务地区差异大。不同经济社会发展水平的地区、不同城市类型，其旅游公共服务发展水平差异明显，东部、中部、西部区域之间旅游发展水平差异使旅游公共服务体系差异较大，旅游越发达的城市，政府越重视旅游公共服务，政府内部其他部门也都能更好地配合旅游公共服务建设工作。

再次，技能门槛、信息门槛的存在使得部分游客难以有效、及时、全面地使用旅游公共服务。例如，很多地区推出了智慧旅游产品，包括各地开发的 App 及景区导览系统，但是这对部分群体来说，如那些不会上网或是对新技术应用不太熟练的游客群体，他们获取这些旅游服务的能力就十分有限。

最后，旅游公共服务的质量参差不齐，运营不理想。各地投入了大量人力、物力来建设旅游公共服务项目，包括各类旅游咨询中心、集散中心、旅游触摸屏等，但服务质量和服务效果并不理想，游客既没有得到高质量服务，旅游公共服务的运营主体也没有获得预期收益，许多旅游公共服务项目甚至面临经营困难，存在重投资和建设、轻管理与运营的问题，大多仅考虑初始建设问题，没有考虑后期持续运营、管理和使用的问题。

3. 体制机制

旅游公共服务建设的主要症结还在于旅游公共服务建设及运营管理的机制问题。

第一，地方政府积极性不高。部分地方政府在经济效益至上的理念下，将旅游公共服务当作一种不能产生效益的项目，将旅游投入重点更多放在旅游产业项目中，强调大型旅游项目投资而不是旅游公共服务体系建设，引进项目投资快于旅游公共服务体系的建设，进而导致旅游公共服务没有被纳入政府财政预算的大盘子中，旅游公共服务投入不足。

第二，旅游局相对弱势的地位与旅游公共服务的广泛性矛盾。旅游局在政府中处于相对弱势地位，而旅游公共服务涉及的内容很广泛，这一矛盾使旅游局在推动旅游公共服务建设时难以发力。公众对旅游局职能的期望较大，但很多事情旅游局并没有相应权限，更多时候也仅是起协调作用，通过在不同部门之间协调来促成项目建设或是回应游客需求。

第三，旅游公共服务缺乏专门建设载体和综合协调机制。目前，各级旅游局在推动旅游公共服务项目的建设中缺乏常规协调机制。旅游公共服务项目大多是作为其他项目的配套措施，借助于这些外部机制才得以推进。不仅如此，旅游公共服务职能的分散性和内容的广泛性都使得旅游公共服务建设既需在旅游局内部建立各种协调机制，也需加强旅游局与其他部门间的综合协调。

第四，不同政府部门间缺乏对公共服务相关资源的整合机制。游客需求是多元的，而公共服务资源散落在许多不同部门。但囿于传统思维和自身利益束缚，政府部门之间缺乏开放共享心态，使得旅游局在需要借用其他社会资源时面临着各种困难，旅游公共服务并没有得到其他社会单位的认可和理解，这些无形之中增加了旅游公共服务建设的难度和管理成本。

第五，缺乏绩效评估机制。各级政府投入了大量资金用于旅游公共服务项目，但缺乏独立的第三方绩效评估机制，即使一些地方设立了绩效评估项目，也没有纳入政府考核体系，无法判断旅游公共服务项目的投资绩效和运营效果，因而无法给予一个评估和反馈机制，也就缺乏对旅游公共服务项目持续改进压力和效率提升激励机制。

第六，缺乏人员保障机制。旅游公共服务水平的高低很大程度上取决于一线旅游公共服务人员。以旅游咨询服务为例，各地都有不少咨询服务人员，但这些人员并没有职业资格证书，职称无法得到解决，影响到其待遇及职业认同感。而且，旅游咨询人员往往是无编制人员，工资待遇、社会保障较差，难以吸收到优秀人才。这些都影响到旅游公共服务的质量，而解决这些问题则依赖一个健全的人员保障机制。

4. 宏观环境

社会经济大环境影响到旅游公共服务体系的布局和建设。旅游发展越来越与社会经济宏观发展联系在一起，旅游公共服务建设有赖社会经济发展给予的资源和支持，旅游公共服务也必然要嵌入整个社会发展之中。一些经济社会发展良好地区的旅游公共服务建设也相对超前，而欠发达的地区旅游公共服务建设则受到了掣肘。现阶段，我国缺乏充分发展旅游公共服务体系的必要保障。

首先，财政投入方面，旅游公共服务项目并没有作为一个单独的项目或者体系被纳入政府的城市建设和规划中来，没有进入政府的整个财政预算的大盘子中，政府对旅游公共服务的投入也不足。

其次，土地制度方面，旅游公共服务建设所需用地属建设用地范畴，但在《城市用地分类与规划建设用地标准》的建设用地分类中没有与之完全对应的类型。由于未能明确旅游用地的归属和分类，政府在进行城市规划和土地规划时往往会忽略对旅游公共服务建设需求的考虑，城市规划里对土地指标的限制制约了旅游公共服务的发展。

最后，社会公共服务建设没有考虑旅游需求，更多考虑的是本地居民需求。城市公共服务项目指标也都针对静态的本地居民，而不是针对流动的游客群体。不仅如此，城市规划建设也没有考虑游客人数增长问题，许多旅游城市并没有被给予相应弹性指标，这使城市公共服务供给与实际需求产生较大偏差，导致城市公共服务设施需要承受额外重负。

5. 各方协调

旅游业本身的特殊性也给旅游公共服务的建设带来许多问题和困难。

首先，旅游公共服务与社会公共服务紧密相关，依赖公共服务的支撑。特别是随着旅游与休闲的日益融合，为本地居民服务和为游客服务的内容交叉越来越明显。城市中的老胡同、酒吧街、大戏楼、商业圈、小食街、文化区以往只是本地居民日常生活消费的场所，如今也都成了游客追捧的热点，游客对城市整体环境、商业接待设施、公共服务设施都越来越敏感。由此，一方面，城市公共服务供给不足会影响到旅游公共服务体系的衔接和作用发挥；另一方面，很多服务设施是游客和本地居民共同使用的，这就难以确定哪些是为游客服务的项目，这也给旅游公共服务建设带来一定的困难。

其次，旅游公共服务投入大、牵涉广泛，条块衔接、政府和社会衔接、地区间衔接均较复杂。旅游活动的广泛性，使旅游公共服务的内容涉及广泛，进而使旅游公共服务投入极大，牵涉面极广，增加了旅游公共服务建设的难度，这就需要协调城市各部门进行资源整合。而且政府很多时候并没有一线信息资源，这些资源可能在市场企业或是其他社会组织之中，政府需要不断地整合这些一线的信息资源，这又涉及政府与市场组织和社会组织之间的协调问题。

最后，旅游的季节性导致对旅游公共服务体系需求的周期性变化。旅游活动具有明显的淡旺季之分。在旅游旺季，特别是黄金周时期，游客数量急增，旅游公共服务设施往往供给不足，难以满足游客需求。而在旅游淡季，游客数量骤减，旅游供给出现明显过剩。这对于旅游公共服务体系配置数量来说是极大的挑战。

6. 市场变化

现时，旅游市场持续变革，旅游产业逐渐演进，游客需求呈现出新的特征，这些新变化和新趋势都给旅游公共服务体系的发展提出了相应的挑战和要求。

首先，旅游的散客化、休闲化提高了对旅游公共服务的要求。相比于团队游客，自助散客更加需要一个健全的旅游公共服务体系，为其整个旅游过程提供更便捷的服务。

其次，更为广泛的大众群体的旅游需求的增强对旅游公共服务提出了新要求。随着国民收入的增长，旅游越来越超越群体和地区障碍，旅游日益大众化、平民化。游客市场的扩大要求旅游公共服务体系的建设需要去适应这些群体的需求，既需要在数量上增加旅游公共服务的供给，也需要在结构上和相应的内容上做出调整。

最后，公民对公共服务的要求水涨船高，游客的科技需求、文化需求、环保需求等要求有更深入的旅游公共服务。国民生活水平的提高、教育水平的提高、自身视野的不断扩展，使国民对旅游公共服务的要求不断向上扩展和延伸，要求社会能够提供与之相适应的更深入的旅游公共服务，不断扩展旅游公共服务的内容，而不仅停留在传统的旅游公共服务内容之中。

二、全域旅游公共服务体系建设的重点

按照“需求导向、补齐短板、创新共享、智慧支撑、结构优化、全域全程、软硬并举”建设主线，加速推进创建单位的旅游公共服务体系建设，全面构建与大众旅游和自驾车旅游相匹配的结构完善、高效普惠、集约共享、便利可及、全域覆盖、标准规范的旅游公共服务体系，推动旅游公共服务信息化、品质化、均等化、全域化、现代化、国际化发展，实现全域旅游创建单位旅游公共服务总量供给扩大、供给结构不断优化、运营绩效完善提升、均衡发展实现突破、空间布局科学合理、体制机制健全完善的目标。

第一，构建“快进”“慢游”综合旅游交通网络。关键有两个着力点：

(1)外部进入交通要“快”。重点完善综合交通体系，提高航班、高速公路、轮船等外部进入创建区域的交通系统和枢纽的客运能力和服务功能。鼓励创建单位新建和扩建支线机场，加强覆盖国家5A级旅游景区通用机场建设，鼓励推进高铁停靠站点建设以及过境高速公路出入口建设，形成进入创建区“快速”交通通道。

(2)内部旅游交通要成“网”，实现“慢游”。强调区域旅游交通实现“闭环”。重点提高通景旅游公路和乡村旅游道路的建设等级，强化自驾车、旅居车营地公共服务功能，推进干线公路与景区公路连接线以及相邻区域景区之间的公路建设，解决旅游交通“最后一公里”的问题，形成全域化的旅游交通网络，实现旅游交通从“旅行”到“旅居”新模式的转变。

第二，完善城市和乡村旅游交通配套设施。重点关注几个体系：

(1)旅游集散咨询服务体系。在建好景区游客中心的基础上，结合旅游交通枢纽建设以及旅游活动规律，合理布局，建立全域旅游集散中心，设立多层级旅游集散网络，因地制宜在商业街区、交通枢纽、景点景区等游客集聚区设立旅游咨询服务中心(点)，有效提供景区线路、交通、气象、安全、

医疗急救等必要信息和咨询服务。

（2）旅游引导标识系统。在全域建立使用规范、布局合理、指向清晰、内容完整的旅游引导标识体系。重点包括两个方面：一个是以单位全区域旅游需求为导向的旅游目的地标识系统；另一个是旅游景区、城市主要旅游集散地、乡村旅游地以及旅游通道等重要旅游节点的旅游标识系统。

（3）生态停车场。建设与游客承载量相适应，分布合理、配套完善、管理科学的生态停车场。

（4）旅游风景道。鼓励国省干线公路和通景区公路沿线增设旅游服务区、驿站、观景台、自驾车营地等设施，构建以通景公路和省道为基础的旅游风景道体系。

（5）境内高速公路服务区。鼓励和推动高速公路服务区向交通、生态旅游等复合型服务区转型升级。

第三，积极推动“厕所革命”覆盖城乡。主要包括：

（1）全域覆盖，突出重点。因为旅游厕所要求比一般厕所高，所以旅游厕所主要指旅游景区、旅游度假区、旅游线路、商业步行街区、乡村旅游点、旅游集散中心等游客集中区域的厕所，5A 级旅游景区厕所设置第三卫生间。

（2）改造在“乡”，开放在“城”。乡村旅游厕所的建设相对落后，要重点推进乡村旅游、农家乐厕所整体改造，同时鼓励推进城市旅游厕所免费开放，按照旅游标准进行升级。

（3）规范引领，实用为主。加强政策引导、标准规范、技术创新、典型示范，持续推进厕所革命，实现数量充足、干净卫生、使用免费、管理有效的目标，但是反对旅游厕所建设的奢华之风。

（4）加强宣传，文明如厕。倡导文明的厕所文化，引导游客爱护设施，营造健康文明的厕所文化；引导游客文明如厕，形成积极、健康、向上的旅游厕所文化，促进社会文明进步。

第四，积极推进旅游服务的智慧化和信息化。鼓励创建单位建立旅游大数据中心，形成集交通、气象、治安、客流信息等为一体的综合信息服务平台，实现与上级单位的有效对接。重要涉旅场所实现免费 Wi-Fi、通信信号视频监控全覆盖，主要旅游消费场所实现在线预订、网上支付，主要旅游区实现智能导游、电子讲解、实时信息推送。开发建设游客行前、行中和行后各类咨询、导览、导游、导航和分享评价等智能化旅游服务系统，全面推进旅游公共服务的智慧化和信息化能力和水平。

第五章

全域旅游视域下的旅游规划体系创新

产业规划嵌入在特定的社会经济背景中，旅游作为一个关联性强的综合产业，其规划不仅是技术过程，更应与社会发展趋势紧密呼应。旅游规划是旅游产业发展的核心内容，涉及全域旅游发展的顶层设计。完善的旅游规划有助于增加旅游发展的科学性、计划性。在新的发展阶段，“旅游规划先行”已成为旅游发展的共识，全域旅游发展中“规划先行”是发展的基本共识和实践中的基本原则，旅游规划成为引领旅游业发展的前瞻性方案。全域旅游规划是全域旅游发展的先导内容。如何充分发挥规划对全域旅游发展的引领与统筹作用，为全域旅游的科学健康可持续发展提供规制，确保全域旅游正确发展方向，降低全域旅游发展风险，这是全域旅游发展需要解决的首要问题。

全域旅游带动了旅游规划的转型升级。发展全域旅游，以全域旅游来促进、引领全面深化改革，核心也就落在了旅游规划能否体现国家全面深化改革的要求，旅游规划能否与经济社会发展战略、与全面深化改革发展相结合。面对社会经济发展新阶段和全面深化改革的新要求，全域旅游规划围绕全面深化改革的主要内容和要求，突出全域旅游规划特点，转变规划观念、创新规划模式、提高规划质量，使旅游规划更好地促进全域旅游发展，更好地体现全面深化改革的要求，更好地服务全面深化改革，引领全面深化改革。

第一节　当前旅游规划的新变化

规划是一个非常广泛的概念，是个人或组织制订的未来工作计划或行动方案。旅游规划则是指导区域旅游发展的一个行动方案和顶层设计。旅游覆盖面大，综合性强涉及方方面面，旅游规划成为各地旅游发展的先导规划。

随着旅游业的发展，旅游规划的法律地位不断提升。2013 年 4 月 25 日中华人民共和国第十二届全国人民代表大会常务委员会第二次会议正式通过了《中华人民共和国旅游法》。《中华人民共和国旅游法》的第三章对旅游规划做出了明确的规定，要求“国务院和省、自治区、直辖市人民政府以及旅游资源丰富的设区的市和县级人民政府，应当按照国民经济和社会发展规划的要求，组织编制旅游发展规划。对跨行政区域且适宜进行整体利用的旅游资源进行利用时，应当由上级人民政府组织编制或者由相关地方人民政府协商编制统一的旅游发展规划”。《旅游法》的出台，大幅提升了旅游规划的法律效力。

我国旅游规划走过了20多年历程，大量的规划实践卓有建树，但规划体例上的刻板原则，使无数规划“千人一面”。旅游规划程式化的内容多，面对个性化问题的能力低。面对集团利益和社会发展的尖锐矛盾，旅游规划常常用普遍的原则去架空对现实矛盾的应有回应。全域旅游理念对“什么是规划、谁来规划和如何规划”的问题提出了新思考。

旅游规划是引导区域旅游产业发展的纲领性文件，也是旅游产业宏观调控的重要手段之一。当前在我国，科学的旅游规划体系仍未建立起来，旅游规划与城乡规划、土地规划脱节，缺乏针对性、系统性和操作性。旅游规划评估体系、评估标准和评估机制的缺失，制约了旅游规划应有的引导效力，也使旅游部门缺少推进旅游规划的抓手。

一、从技术理性观到社会发展观

20世纪六七十年代，规划被视为一个理性的技术过程。其代表是20世纪70年代的理性规划理论。理性规划理论强调用“科学的”和“客观的”方法去认识规划对象，规划师应像工程师一样，将各种特殊的要求和方案结合起来，成为一个综合的理性选择。随着时间的推移，人们开始质疑规划的“理性中立”并且认识到规划的社会政治等更多元的发展本质，认为规划目标并非由纯粹的社会理性或纯技术所决定，其背后有复杂的利益博弈过程。全域旅游涉及经济社会发展的方方面面。对全域旅游规划来说，旅游规划不仅是一个技术性方案和发展思路，更多是需要将全域旅游规划与经济社会发展结合起来，将全域旅游规划作为经济社会发展过程的属性，强调在旅游发展过程中对经济社会的整体考虑，强调对多种利益主体的平衡，强调对当地社区的参与和考虑，推动旅游规划从技术理性观向社会发展观转变。

而且，对旅游规划理论中理性规划的反思，规划师作为“技术精英”“中立者”和“理性人”的地位受到了挑战。规划师常常只是为其身后某种利益代言。精英义规划削弱了其他利益相关者的话语权，影响了决策的公平和效率。人们认为要旅游规划服务于社会和谐和可持续发展，需修正现行规划编制的制度框架。对规划所担当的立场和角色，一派是“规划师作为协调者”的观点，认为旅游规划应协调政府、利益集团、企业、居民间的冲突。另一派观点称为“规划师作为倡导者的理论”(Planners as Advocater)，主张规划师应作为倡导者，代表政府、集团或社区的利益，参与到政治进程中去。同时，跨学科性、意见征集和向“当地知识”(Local Knowledge)学习越来越重要，引发对规划方法和程序的改进。在旅游规划中越来越强调公众的参与和实践，而这也正是全域旅游发展所需求的。

为此，旅游规划既要体现国家利益，也要反映公众利益；编制规划不仅是政府行为，也是社会行为；实施规划不仅要靠政府组织协调，更要靠社会共同努力。特别是在对规划的评价过程中，不能仅有专家评审意见，还应有旅游区社区居民、旅游投资者、旅游者等利益相关者的参与。大型旅游开发涉及人民群众利益，如有些需要搬迁原住民，有些可能引进外来投资者，并带来新的价值取向和新的生活方式等，这些规划须采取社会公示和听证制度。只有让社会各界参与规划、认知规划，才能协调利益、统一思想、达成共识，把规划目标转为社会各界的自觉行动。

二、从经济增长到多元的旅游规划目标

国际社会对规划价值的认识集中在社会公正和可持续发展方面。后现代主义规划理论(Postmodern Planning)在20世纪80年代应运而生，它认为社会公正与市场效果同等重要，对公共利益的判定应诉诸多元和开放的“公共领域”。可持续发展旨在“在全世界范围内实现经济发展目标和社会发展目标相结合”，人们的关注已远远超出了单纯的经济增长目标。

长期以来，区域旅游规划过于重视经济指标体系。这是受我国社会经济发展规划过于重视经济指标的影响。另外，各地在考核旅游管理部门时，将

一系列经济指标作为考核的唯一指标。区域旅游规划应坚持以人为本。旅游的核心是人，无论是旅游者还是旅游服务者，甚至是旅游区内的居民都是旅游规划的重要方面，人们的满意程度和生活质量、幸福指数才是旅游规划是否成功的关键。很多目标是不能量化的，更不能简单用经济指标来衡量。确定一些非经济指标在区域旅游规划中非常重要。此外，根据新发展观的要求，区域旅游规划同样必须注重环保、文物、水资源、生态环境等方面的保护，在区域旅游规划中适当增加约束性指标也是非常重要的。

三、旅游规划不宜照搬城市规划或区域规划的模式

1999 年(原)国家旅游局颁布《旅游发展规划管理暂行办法》，2000 年颁布《旅游规划设计单位资质认定暂时办法》，2003 年颁布《旅游规划通则》。这些管理办法对我国旅游规划的规范发展起到了一定的作用，但须指出的是这些规范脱胎于城市规划和区域规划，对旅游规划的特殊性顾及有限。

旅游业的复杂性决定了旅游规划的复杂性。从规划的地位上看，旅游业作为支柱产业的地区，旅游规划是社会经济发展规划的重要部分；而在旅游业并不发达的地区，旅游规划仅是一个产业的规划。从规划的内容上看，旅游业发展所依赖的资源差异性极大，文物古迹、自然风光等都可成为旅游规划的核心资源，甚至一些地方需要人为地创造旅游资源。因此，旅游规划很难找到一个普遍适用的结构和体例。编制旅游规划需要正视旅游行为的社会特征、旅游业的经济特征、旅游者行为的心理特征及旅游产品的非移动性、非储藏性特征。基于对这些特征的考虑，如果旅游规划只满足于照搬照抄城市规划模式，其生命力就值得质疑。依据新的发展观审视和反思规划通则是很有必要的。

四、从静态规划转向动态规划体系

随着规划系统的演进，到 20 世纪 90 年代，关于规划的系统理论发展到复杂系统理论。复杂系统是指一个系统中包含大量的独立的组织(agents)，

组织之间相互作用，复杂地博弈。动态的规划过程是适应于系统及其环境不规律变动的特征而提出的。规划由四个部分构成：开发计划、监控系统、反馈和校正系统、重新规划过程。Douglas Pearce 在《旅游新的变化：人、地、过程》中提出了“动态、多尺度集成的旅游规划方法”。总体规划（Master Plan）反映了这种思想方法——每隔一定周期（通常 5 年）重做一次规划。全域旅游发展规划也同样强调了旅游规划的动态管理规划亟须摆脱“纸上画画，墙上挂挂”的僵态，成为一种切实可行的战略管理行为。“十三五”期间，旅游规划应实现由静态向动态实施管理型规划转变。提倡渐进规划而非一次性规划，实施“滚动规划”，新旧规划之间既有承续性，又有发展性。应对旅游发展状况和规划实施情况进行跟踪，让规划担负起动态管理和优化的职能。根据产业发展中出现的新问题、新趋势、新要求，通过专题规划、专项规划等形式，对总体规划进行充实和完善，建立规划专家和旅游目的地长期合作的咨询机制。

五、旅游规划要强调概念性规划

对于包括城市规划在内的诸多规划都被看成是国民经济计划的继续与具体化的认识，反映的是计划经济时代的现实。近年来，人们越来越强调城市或区域与整个时代和社会的关联度，强调城市规划的个性和区域规划的个性。

旅游规划的核心挑战之一是旅游需求的特性。旅游活动和旅游业存在的基础，是地域的差异性，所以，我们不得不诉求于旅游目的地的个性，而目的地的个性，需要旅游规划来彰显、塑造乃至推广。而要完成这样的重任，旅游规划首先得理解这种个性，并用相应的形式去反映这种个性。着眼于对目的地个性的重视，对时代特色的注目，新规划理念将更偏重于前瞻性、方向性、灵活性、简要性的粗线条控制。即从战略上确定区域旅游发展方向，是区域旅游规划要解决的核心问题。

六、旅游规划体例的多样性

现行“旅游规划通则”提供了《旅游资源分类、调查与评价》标准。但仅仅按这一程式化的标准对某个地区的旅游资源进行评价，思维就受到了局限。对旅游资源的理解应该是随着社会发展而不断变化的，很多新概念的旅游资源，对于当代人非常有吸引力，却不能在《旅游资源分类、调查与评价》中找到相应的位置。由于地区特性存在极大差异，各地旅游规划的核心问题完全不同。独特性是旅游规划最为重要的方面，旅游规划的普遍性仅是一个技术问题，甚至有些是没有必要的赘疣。按照规范的方式要求区域旅游规划，必然造成很多规划是符合规范的规划。

第二节　全域旅游规划的概念、特征和要求

全域旅游规划是全域旅游发展的先导内容。如何充分发挥规划对全域旅游发展的引领与统筹作用，为全域旅游科学健康可持续发展提供规制，确保全域旅游正确发展方向，降低全域旅游发展风险，这是全域旅游发展需要解决的首要问题。当前，全国各地全域旅游示范区创建单位为了推动全域旅游发展，坚持规划先行的思路，纷纷提出编制全域旅游规划的需求。

由于地方旅游规划的编制一般委托专业机构进行，旅游规划经过多年的实践，对旅游规划的主体出现了严重的认知偏差。而且，旅游规划的效用问题也一直是规划发展的核心问题。关于全域旅游规划效用和优化问题，涉及如何看待规划的控制力、如何协调旅游规划和其他区域规划和部门规划之间的关系以及旅游规划的价值取向、理念、层次、范围、技术和方法等。当前，旅游规划编制单位只是按照有关旅游规划的技术规范和各方面的意见开展的智力咨询工作，旅游规划的编制决定、批准发布和贯彻实施的主体实际上都是地方政府。国家旅游行政管理部门颁布了《旅游规划通则》，是指导旅游规划编制的标准规范。由于全域旅游是最新的理念，《旅游规划通则》并没有界定全域旅游规划这种旅游规划类型。由于对全域旅游理念的核心内涵存在认识偏差，全域旅游规划当前没有统一的标准，重点任务和工作安排也没有达成共识，甚至失去了应有的内容和重点。

全域旅游新理念下，旅游规划呈现出一些新的发展特征。

一、全域旅游规划的概念

由于全域旅游示范区创建单位一般为区县及以上单位，因此一般认为全域旅游规划就是以最新的全域旅游理念为指导的区域旅游总体发展规划。全域旅游规划是贯彻全域旅游发展理念，涵盖《全域旅游示范区创建导则》中的主要内容，包括规划融合与统筹、旅游要素规划、旅游公共服务规划、旅游资源环境规划、旅游优质服务规划旅游品牌营销规划、旅游体制机制设计、旅游政策供给与创新等，并突出党政统筹部门联动、旅游公共服务、共建共享、产业融合、旅游空间拓展、统一品牌和全域环境建设等反映全域化发展规律和发展特征的规划内容，能识别于传统景点旅游发展规划。

二、全域旅游规划的形式

从推动全域旅游发展的角度来说，既包括全域旅游示范区创建单位为推动全域旅游而制订的实施计划、工作方案、行动方案，也包括委托专业机构编制的全域旅游规划。在全域旅游规划过程中，强调形成全域旅游规划体系。全域旅游规划尤其强调规划实施方案和计划的编制及其组织实施，强调基于发展规划之后，专项规划的深化与落地，从而形成完整的体系。完整的全域旅游规划体系涵盖全域旅游发展规划，发展规划实施方案、行动计划和配套全域旅游专项规划。

为推进文化和旅游规划工作科学化、规范化、制度化，充分发挥规划在文化和旅游发展中的重要作用，结合文化和旅游工作实际，2019 年文化和旅游部制定公布了《文化和旅游规划管理办法》，并将文化和旅游规划划分为总体规划、专项规划、区域规划，地方文化和旅游行政部门编制的地方文化和旅游发展规划。其中总体规划是指导全国文化和旅游工作的中长期发展规划，是其他各类规划的重要依据，是落实国家发展规划提出的战略安排；专项规划是以文化和旅游发展的特定领域为对象编制的规划；区域规划是以特定区域的文化和旅游发展为对象编制的规划；地方文化和旅游发展规划是指导本地区文化和旅游工作的中长期发展规划。

总体规划、专项规划、区域规划以及地方文化和旅游发展规划构成统一的规划体系，专项规划、区域规划、地方文化和旅游发展规划须依据总体规划编制。

三、全域旅游规划与传统旅游总体规划的不同点

1. 视角不同

区域旅游总体规划一般依据城乡规划、土地利用规划等上游规划进行编制，其努力在符合区域经济社会发展已定思路的基础上谋划旅游业的发展；而全域旅游规划是要将旅游发展置于区域经济社会发展的整体来谋划旅游业的发展，需要充分发挥旅游业带动全局发展的作用。

2. 抓手不同

旅游规划视角的不同，决定了全域旅游规划不仅仅需要谋划旅游自身的发展，更要谋划与旅游相关领域的发展和相关工作的开展，这样才能最大化保障旅游业成为地区的主导产业和优势产业。这使得全域旅游规划的工作抓手不同于传统的旅游规划，除了传统的旅游产业之外，有着更大更广的旅游发展抓手。

3. 侧重点不同

在规划内容方面，全域旅游规划特别强调区域经济社会的改革创新。全域旅游自诞生之日起，就携带着引领地区深化改革的基因，围绕与相关领域融合发展的一系列改革创新安排，应该成为全域旅游规划的重点。不过全域旅游规划作为区域总体性规划的性质没有变，其存在诸多与传统区域总体旅游规划不同的内容和侧重。在全域旅游发展阶段，旅游规划需要与全面深化改革、国家战略相结合，需要从全面深化改革视角来看待旅游规划，实现新的转型升级。

为此，全域旅游规划，要按照全面深化改革，转变发展理念，建立起适

应市场经济发展的体制机制，具有改革创新举措的规划；全域旅游规划不能简单囿于旅游业的空间规划、产品规划等传统旅游规划的思路，必须从社会经济全面发展，全面深化改革，释放市场活力，实现旅游业带动社会经济全面发展的角度来制定。

4. 全域旅游规划强调多规合一

目前，在同一个区域内，各个部门主导的规划相互之间打架的问题比较突出，为此，国务院试图通过“多规合一”的方式来解决这个问题。2014 年 11 月，国家发改委、国土部、环保部和住建部四部委联合下发《关于开展市县“多规合一”试点工作的通知》，提出在全国 28 个市县开展“多规合一”试点，旨在推动国民经济和社会发展规划、城乡规划、土地利用规划、生态环境保护规划等多个规划的相互融合，融合到一张可以明确边界线的市县域图上，实现一个市县一本规划、一张蓝图，解决现有的这些规划自成体系、内容冲突、缺乏衔接协调等突出问题，其根本目的是强化政府空间管控能力，实现国土空间集约、高效、可持续利用。为此，全域旅游规划强调多规合一，旅游规划必须与地方社会经济发展规划、城乡规划、土地利用规划、道路等基础设施规划等相关规划相互关联，甚至是影响这些规划的规划。

第一，强调提高规划的统筹和引领能力。全域旅游规划提倡旅游规划与上位规划平行规划的对接、融合甚至多规合一，通过规划融合提高旅游规划的法定性和落地性获得相关规划的政策与资金支持，提高旅游规划整合部门和行业资源的能力。反过来通过旅游规划融合发展，从规划层面上推动旅游带动和引领社会经济发展。因此，全域旅游规划强调“多规对接、多规融合，甚至多规合一”，充分发挥全域旅游规划的统筹与引领作用。“多规融合”遵循了旅游综合产业需要综合发展和综合治理的内在规律，从顶层设计上解决旅游部门单打独斗的问题，整合部门和行业资源，推动形成“共建共享、共荣”的旅游发展机制。其中，多规融合是地方各部门联动的主要法律依据，是产业融合发展的政策保障，“多规合一”是多规融合的最高形式。

比如，2010 年 9 月，海南省委、省政府批准设立海南省旅游规划委员会，主任由省长担任，副主任由分管旅游工作的副省长担任，旅规委成员由省发展改革委、省旅游委、省农业厅、省财政厅等10余个相关部门主要负责人组成。旅规委下设办公室设在省旅游委，由省旅游委主任兼任，负责旅规委的日常工作。2011年1月，海南省人大颁布实施《海南国际旅游岛建设发展条例》，明确要求：省旅游规划委员会负责审查并组织实施全省重点旅游景区、度假区、旅游开发区的发展规划，重大旅游项目和重要旅游资源开发的规划以及与旅游直接相关的专项规划；省旅游发展委员会负责国际旅游岛建设规划编制、旅游资源管理和旅游项目审核的统筹协调工作；省政府有关部门应当根据国际旅游岛建设发展规划纲要组织编制相关专项规划和旅游区域规划，经省旅游规划委员会审查后，报国际旅游岛建设发展领导机构审定；县级以上政府及其相关规划主管部门应当按照各自的职责加强对海南国际旅游岛建设发展各项规划的编制、审批、实施、修改的监督检查，及时查处违反规划的行为。

第二，强调旅游规划与经济社会规划融合。全域旅游被纳入本地经济社会发展规划，旅游业被确立为地方或地区的战略性支柱产业地位，需要有旅游规划的内容，并落实到具体部门、政策、土地、项目和资金上。全域旅游发展过程中，特别强调旅游规划与经济社会发展规划的融合。比如，强调在经济社会发展规划中有旅游规划的独立章节甚至是主要章节，从而从规划上确保旅游业成为地方优势产业，提高旅游产业的首位度，使旅游业具备带动区域经济发展的产能。

第三，强调与其他法定规划融合。城乡建设、土地利用、生态环境(林地、生态红线、水源保护)等法定规划是全域旅游发展的重要上位规划和主要规划依据，旅游规划是对这些相关法定规划的具体执行与落实。依托融入既有的法定规划，能够提高旅游规划的法定效能，让旅游业同等享受国家财政、土地、设施等公共政策，总体提高旅游规划的权威性。城乡建设规划、土地利用规划、生态环境规划(林地、生态红线、水源保护)等法定规划能满足旅游发展的相关需求，有的地方编制了以旅游为主导的“多规合一”综合性规划，村镇、土地和生态主要服务于或统一于旅游发展需求。比如，北京在旅游综合改革中就提出，按照现行政策，城市人均建设用地指标的人口基数是常住户籍人口。目前以北京为目的地的旅游每年已经突破2亿人次，超过常住人口的10倍。由于城乡规划和土地规划没有充分考虑到这个问题，旅游项目和旅游公共服务设施建设很难落地，因此，北京希望通过改革，能在城乡规划和土地规划中统筹考虑居民和游客的需要。

第四，强调与产业规划融合。从规划层面，充分设计旅游产业对其他产业或事业的综合带动机制，拓展其他产业或事业的发展空间，提高其他产业或事业的发展质量，充分发挥旅游产业的综合带动效应。通过旅游规划与农业、水利、林业等产业规划的融合，也就是相关产业规划中有旅游规划的内容。充分统筹利用各行业的资金，整合散布在各行各业中的旅游资源，为其他行业培育新业态，提高附加值，形成“行行为旅游，旅游为行行”的部门或行业“共建、共享、共荣”的大旅游发展格局。

5. 强调规划的可操作性与可实施性

防止为了规划而规划，避免“规划规划，墙上挂挂”的现象，强调构建旅游规划的落地实施机制，形成定期旅游规划督导督办机制和第三方专业评估与整改机制。旅游规划的实施与管理是当前我国旅游规划最为薄弱的环节，通过强化规划的实施管理工作，解决长期存在“纸上画画，墙上挂挂”，只规划不落地的不利局面，从而提高规划落地性，提高规划资金的利用效率，真正发挥旅游规划对全域旅游发展的战略引领和科学指导作用。

第一，强调由政府编制并发布全域旅游发展规划，提高全域旅游发展规划的地位，提高旅游规划在国民经济社会中的统筹协调作用。全域旅游发展总体规划和重点项目规划应由政府作为编制主体，各部门参与，并广泛征求社会公众意见，提高规划民主化决策水平。规划编制应按照《旅游发展规划通则》和《旅游发展规划管理办法》执行，最终规划成果须报请规委会或人大等相关部门审议，依法开展规划环境影响评估政府向各部门印发，具有较好的行政约束力和规划的权威性。

第二，全域旅游规划强调建立“分工明晰，责任明确，资金配套，政策支持、社会参与，市场化运行”的政府引导规划的实施体制机制。设计好“行业资金统筹，部门共建”的规划共建机制，设计好社会参与、市场化运行机制，调动全社会的力量参与规划的实施。全域旅游涉及社会多个方面，需要调动多部门参与，需要制定明确的任务分工和进度安排，而且这些应由政府印发或经人大审议，确保方案具有行政或法律约束力。其中，成立规划实施工作小组，有明确的工作机制与实施方案，对规划进行任务分解与进度安排，统筹安排规划落地实施资金，吸引社会资金进入，实施效果良好。

第三，强调建立旅游规划督导机制。依托人大、政协或督察部门，成立督导工作小组。有明确的督导工作计划或方案，根据全域旅游实施方案和计划，建立规划年度督查考核机制和奖惩机制，推动旅游规划过程管理和督导落实。比如，湖南省张家界市武陵源区人大成立全域旅游工作领导小组，专门督办景区移民搬迁、《湖南省武陵源自然遗产保护条例》执法检查整改落实情况、《旅游法》和《湖南省旅游条例》贯彻落实情况等重点旅游工作推进情况，并提出了建议及意见。武陵源区政协成立了全域旅游规划督导小组，组织专题督导视察，针对“追客赶客”、核心景区管理服务、景区提质升级、乡村旅游示范村发展、城区停车难等问题开展专题课题调研，提出了相关建议及意见。

第四，强调建立旅游规划评估机制。建立由政府委托第三方专业评估机构，客观中立地对旅游规划实施评估，评估报告需涉及规划完成度和完成质量，对非规划建设内容进行全面评估和重点评估，评估报告应针对存在的问题提出整改方案，规划实施责任部门应根据方案进行整改工作。

同时需要注意的是，衡量全域旅游规划的落地性和可操作性在于全域旅游规划思路、目标以及系列相关安排、改革创新的科学性和合理性，总体性规划的落地性和可操作性绝不等同于具体项目的建设实施，这是不理解规划类型和层次所产生的一种最大的误解。具体旅游项目的建设实施需要在全域旅游规划的统筹指导下，通过详细规划和建筑、景观设计来指导实现。

第三节　以全域旅游规划突破传统规划限制

面对社会经济发展新阶段和全面深化改革的新要求，全域旅游规划应围绕全面深化改革的主要内容和要求，突出全域旅游规划特点，转变规划观念、创新规划模式提高规划质量，使旅游规划更好地促进全域旅游发展，更好地体现全面深化改革的要求，更好地服务全面深化改革，引领全面深化改革。

一、要提高全域旅游规划的战略位置

全域旅游涉及经济社会发展的各个方面，旅游产业的发展嵌入整体社会经济发展之中，是融入区域发展之中自我生长起来的部分。全域旅游规划不仅仅是单纯的旅游规划和产业规划，还是带动区域经济协调发展的重要指南，在新时期区域社会经济转型发展过程中有着特殊的意义。全域旅游发展过程中，要着力提升全域旅游规划的战略高度，从全面深化改革的角度、从经济社会发展的相关命题高度来编制旅游规划，将旅游规划的发展与国民经济和社会发展的总体战略相协调，服务甚至引领经济社会的全面深化改革。将旅游规划的发展与经济发展方式相结合，从经济发展的整体来看待旅游规划，将旅游规划的发展与社会发展、民生相结合，带动民生的改善，成为社会融合和稳定的润滑剂。此外，要提高旅游规划的权威性，全域旅游规划甚至要上升到党委和政府的办公会进行专门审议、讨论，由党委政府编制颁布实施。

二、要以全面深化改革为核心内容

全域旅游需要与全面深化改革相结合，全面深化改革，转变发展理念必须从社会经济全面发展，全面深化改革，释放市场活力，实现旅游业带动社会经济全面发展的角度来制定，提出适应市场经济发展的体制机制改革，制定具有改革创新举措的规划。

三、从部门规划向综合性规划的转变

按照全域旅游的新理念，全域旅游规划不能简单地将规划机械地拆分为各个部门的规划。各个部门的子规划应相互衔接，具有内在的有机联系。同时，地区规划不但要注意到地区内部各要素的有机衔接，更要注重与周边的有机联系。

四、要推动旅游发展指标体系的改进

长期以来，旅游规划过于重视与经济指标挂钩，这是受我国社会经济发展规划过于重视经济指标的影响。而事实上旅游的核心是人，全域旅游规划要适应社会发展目标的转变，更多地追求旅游产业对社会经济发展外部正效应，注重社会效益、经济效益和生态效益的综合和统一，制定一系列的民生目标、环境目标、文化目标等社会性目标，强调旅游产业在改善居民生活质量、就业、扶贫、环保等方面的效益。

五、要强化旅游规划的绿色低碳要求

全域旅游规划中，要强化其环境标准和要求，注重旅游规划的环境评估和环境价值的考量，引导旅游产业发展的绿色化、低碳化发展方向，推动旅游产业发展方式的转变，充分发挥旅游产业本身作为“资源节约与环境友好型”产业的优势，引领整体社会经济的低碳化发展。

六、要注重文化与旅游融合

全域旅游规划要注重文化与旅游融合，要考虑文化软实力因素，使得旅游产业更好地发挥其提升国家文化软实力的功能。一方面，在旅游发展中融入更多的文化因素展示和传播文化，使之成为文化实力的新的载体。另一方面，推进旅游作为建构与传播软实力的一个重要途径和平台，成为文化和价值观输出的新的模式。

七、从专家规划、政府规划向社会各界参与规划转变

新发展观在规划上特别强调利益相关者参与。无论是在规划制定过程中，还是对规划的评价，都必须在机制上保障各方利益相关者的参与。规划将不再是专家“一语定乾坤”，规划的话语权将扩大到社会各个相关层面，特别是受规划影响极大的当地民众，将成为全民的规划、民主的规划。

旅游业作为与人们生活息息相关的服务业，既要体现国家利益也要反映公众利益；编制规划不仅是政府行为，也是社会行为；实施规划不仅要靠政府组织协调，更要靠社会共同努力。特别是在对规划的评价过程中，不能仅有专家评审意见，还应有旅游区社区居民、旅游投资者、旅游者等利益相关者的参与。大型旅游开发涉及人民群众利益，如有些需要搬迁原住民，有些可能引进外来投资者，并带来新的价值取向和新的生活方式等，这些规划须采取社会公示和听证制度。只有让社会各界参与规划、认知规划，才能协调利益、统一思想、达成共识，把规划目标转为社会各界的自觉行动。

全域旅游时代，旅游业的发展必然也应服务于国家战略，服务于国家全面深化改革。“旅游规划先行”已成为旅游业发展的共识，旅游规划成为引领旅游业发展的前瞻性方案。以全域旅游来促进、引领全面深化改革，核心落在了旅游规划能否体现国家全面深化改革的要求，旅游规划能否与经济社会发展战略、与全面深化改革发展相结合。

第六章

全域旅游视域下的旅游用地政策创新

土地制度是国家全面深化改革的重要内容。土地，是全域旅游发展的核心要素，也是制约全域旅游发展的关键因素。在全域旅游发展过程中，各地贯彻国家相关土地政策，努力保障旅游用地，创新旅游用地政策，在土地政策方面先行先试，解决旅游发展用地矛盾关系，打破土地政策的束缚，促进全域旅游大发展。全域旅游发展中的用地政策创新实践，也为其他产业领域乃至整个土地政策的创新改革提供了借鉴。

第一节　土地制度改革是全面深化改革的关键

一、土地资源市场化配置改革

土地历来是中国改革的关键问题，也是全面深化改革的关键内容。我国改革开放是从农村开启的，农村改革首先是从改变人民公社制度下的农业经营体制开始的，而其核心是打破了农村集体土地只能由集体实行统一经营的僵化认识和体制。

当前我国土地要素还是半市场化状态，特别是在农村土地市场方面。我国《宪法》规定，我国社会主义经济制度是生产资料的社会主义公有制，即全民所有和劳动群众集体所有。《宪法》第十条规定，“农村和城市郊区的土地，除由法律规定属于国家所有的以外，属于集体所有；宅基地和自留地、自留山，也属于集体所有”。我国《民法通则》第七十四条规定，“劳动群众集体组织的财产属于劳动群众集体所有”。我国实行的是国有土地和集体土地并行的土地制度。

家庭联产承包责任制是在坚持农村土地集体所有制的基础上，把农村土地的使用权交给农民，实现了农村土地所有权和使用权的分离，使生产者获得了其努力的边际报酬的全部份额，并将农业劳动的监督成本降低到零；因而在一定程度上克服了农业的外部性，调动了农民的积极性，其制度绩效举世瞩目。1998 年 8 月修订的《土地管理法》、规定土地承包经营期限为 30 年，增加土地用途管制规定，进一步明确“建设占用土地，涉及农用地转为建设用地的，应当办理农用地转用审批手续”，“任何单位和个人进行建设，需要使用土地的，必须依法申请使用国有土地”。其中的例外条款是“兴办乡镇企业和村民建设住宅经依法批准使用本集体经济组织农民集体所有的土地的，或者乡(镇)村公共设施和公益事业建设经依法批准使用农民集体所有的土地的除外”。

当前，我国农村土地实行的是集体所有制，而这样的制度存在诸多的问题和不足。随着农村生产力及农村土地利用效率的提高，尤其是现代旅游业等第三产业的发展，这些问题更加凸显。

(一)农村集体土地所有权主体模糊不明确

我国《宪法》规定农村土地属农村集体所有，但没有明确何为农村集体，集体更多的是一个政治性概念而不是可以清楚界定的法律概念。农村集体成了一个有名无实的主体，有的只是一些多元化的虚置的产权主体，集体的权利也因此被虚置了。相反，作为农村集体组织的重要的核算单位——农民，他们虽属于集体，却并不是农村集体土地的产权主体。

我国《土地管理法》第十条规定，“农民集体所有的土地依法属于村农民集体所有的，由村集体经济组织或者村民委员会经营、管理；已经分别属于村内两个以上农村集体经济组织的农民集体所有的，由村内各该农村集体经济组织或者村民小组经营、管理；已经属于乡(镇)农民集体所有的，由乡(镇)农村集体经济组织经营、管理”。因此根据该法律规定，作为集体所有土地的所有者大致可以分为三类：村内农民集体、村农民集体、乡(镇)农民集体三个级别。村内农民集体所有土地由村内农村集体经济组织或者村民小组作为代表对土地进行管理；村农民集体所有土地由村集体经济组织、村民委员会或者村农业合作社作为代表对土地进行管理；乡(镇)农民集体所有土地由乡(镇)农民集体经济组织作为代表对土地进行管理。但是这些组织往往也是空有其名，农民个人作为集体的一分子所享有的土地权利却受到各种限制，这样的集体土地制度设计使得作为农村集体也不能真正地享有所有主体的权利。这样集体土地实际上就成为有地无主的土地。并且很多时候，“集体”利益与农民的利益是不一致的：集体作为农民的集合体，不但无法保障农民利益，反过来还成为禁锢农民表达个人自由意愿的枷锁；集体的法律模糊性导致集体土地财产权所有主体的虚位，农民的土地财产权利残缺而不完整。

（二）农村集体土地权利内容的不完整

农村土地作为一项财产，其权利并没有得到完整的确认和保护，土地权利作为项物权更是不完整的。虽然法律规定农村土地归农村集体所有，但作为集体成员的农民，无论是单个的个体还是联合的集体，均不能完整地拥有相应的土地使用权。农村土地的使用权具有严重的身份依赖性特征，表面上是保障农民利益，实际上阻碍了农民利用土地的途径和出口。集体土地使用权的流转和交易的权利受到了极大的限制，甚至被剥夺。因此，实质上农村集体土地宪法上的和应有的权利是不完整的。

集体土地所有权受限过多，未能体现出土地的财产特性，从而不能提高对土地的利用效率。土地所有权是一种特殊的财产所有权，具有财产所有权的基本特征。所有权的确立，不仅仅体现所有人对物的所有、支配权，确立财产在静态上的归属关系，更重要的是所有人行使所有权，自由、平等地使用自己的财产，让渡自己的财产，从而取得对他人财产的权利。如此，所有物对于所有人而言才有实际的意义，所有人才能提高对所有物的利用效率。

（三）农村集体土地权利不均衡的双轨制度

一方面，宪法赋予农民集体以集体土地所有权；另一方面，相关的法律并没有明晰所有权的主体、对所有权的行使进行了不合理的限制，造成国有土地与集体土地同地却不同权、不同价。我国《中华人民共和国土地管理法》第四十三条第一款规定：“任何单位和个人，进行建设、需要使用土地的、必须依法申请使用国有土地；但是，兴办乡镇企业和村民建设住宅经依法批准使用本集体经济组织农民集体所有的土地的，或者乡（镇）村公共设施和公益事业建设经依法批准使用农民集体所有的土地的除外。”这剥夺了集体土地使用权流转的可能性，因为乡镇企业、村民建设住宅、乡（镇）村公共设施和公益事业建设在一般情况下参与主体都限制为集体组织的成员，集体组织成员以外主体很少有机会参与；而使用土地必须依法申请使用国有土地的规定更是直截了当地将集体土地使用权排除在允许流转的范围之外。

《中华人民共和国土地管理法》第六十三条规定，“农民集体所有的土地的使用权不得出让、转让或者出租用于非农业建设”。第十五条规定，“农民集体所有的土地由本集体经济组织以外的单位或者个人承包经营的，必须经村民会议 2/3 以上成员或者 2/3 以上村民代表的同意，并报乡(镇)人民政府批准”。由于我国禁止农村集体土地所有权的转移，因此集体土地所有权就无法实现其交换价值，故而相应的农村土地集体所有权在我国是不能进行抵押的。《担保法》第三十四条就明确规定土地所有权不能抵押。

现行土地制度下，农村土地不能直接入市交易，不存在全国统一的农村土地市场，国家作为唯一有权购买农地的一方，以垄断身份通过行政渠道低价收购土地。农民不能通过正常的市场交易获得农地增值收益。

为此，党的十八届三中全会也将土地制度改革作为全面深化改革重大战略部署的个重要方面。党的十八届三中全会通过的《中共中央关于全面深化改革若干重大问题的决定》指出，“要建立公平开放透明的市场规则，完善主要由市场决定价格的机制，建立城乡统一的建设用地市场，完善金融市场体系，深化科技体制改革”，“建立城乡统一的用地市场，在符合规划和用地管制的前提下，允许农村集体经营性土地进设用地出让、租赁、人股，实行与国有土地同等人市、同权同价。缩小征地范围，规范征地程序，完善对被征地农民合理、规范、多元保障机制”，要“在坚持和完善最严格的耕地保护制度前提下，赋予农民对承包地占有、使用、收益、流转及承包经营权抵押、担保权能”。

土地使用制度改革是全面深化改革的基础性任务，涉及土地核心的生产要素资源。土地使用制度改革的目标是要建立与社会主义市场经济体制相适应的土地市场体系，具备有效的资源配置体系，能够通过市场优化配置土地资源；具有正常的价格体系，形成土地使用权价格的市场形成机制；具有合理的收益分配体系，能够体现明晰的产权关系和利用租、税、费有效进行调节。

2020 年，中共中央、国务院发布《关于构建更加完善的要素市场化配置体制机制的意见》，强调要推进土地要素市场化配置，要建立健全城乡统一的建设用地市场，深化产业用地市场化配置改革，鼓励盘活存量建设用地，完善土地管理体制，推进土地制度的全面改革创新。

二、土地是旅游产业发展的核心要素

土地是旅游产业发展的核心生产要素。旅游用地是保障旅游业健康快速发展、促进旅游消费快速增长、培育发展新动力的重要基础。《中华人民共和国旅游法》第二十条规定，“各级人民政府编制土地利用总体规划、城乡规划，应当充分考虑相关旅游项目、设施的空间布局和建设用地要求”，强调旅游产业发展的用地保障。

广义上看，旅游用地是一切用于保障旅游产业发展的土地，狭义上的旅游用地是指旅游景区中及依托周边旅游资源建造的所有永久建筑占地和景区周边配套公共管理设施、区域交通设施用地和旅游地产用地。但是，当前旅游用地并没有在相关的土地管理的法律、法规中予以明确。在国家土地管理制度中，旅游用地并非一个单一的独立门类。《中华人民共和国土地管理法》只是将旅游用地作为建设用地的一部分，建设用地包括城乡住宅和公共设施用地、公矿用地、交通水利设施用地、旅游用地、军事设施用地等。

旅游产业综合性强，旅游用地类型也多样。从土地用途来看，有风景名胜区、乡村旅游区、酒店宾馆、主题公园等；从土地类型来看，既涉及耕地、园地、林地、草地、商服用地、公共管理与公共服务用地、水域及水利设施用地，也涉及交通运输用地、住宅用地以及其他未利用地；从用地性质来看，既有国有农用地、建设用地、未利用地、又有集体所有的农用地、宅基地以及未利用地；从用地取得方式看，既有国有土地的划拨、出让、出租、入股，又有集体土地的承包、租赁等。

旅游用地具备一些不同于其他产业用地的特征。

第一，多样性。旅游业是综合性产业，旅游用地往往具有多用途混合特征，涉及的土地用途和类型多样。土地用途方面，包括建设用地、农用地、未利用地三大类型，建设用地中包括景区、住宿、餐饮、文体娱乐、医卫、交通、公园绿地等多种类型。

第二，分散性。旅游业用地政策分散于其他行业之中，缺乏一个专门的旅游用地的门类，旅游用地政策系统性不够。

第三，特殊性。旅游用地不同于一般的工业用地、农业用地。最好的旅游用地是浅山丘陵。

第四，可变换性。旅游用地具有较强的变换性，其他类型的用地很容易能够转换成旅游用地，如乡村宅基地利用、废地利用乃至地上造地、整理出地等都能转为旅游用地。

受制于国家土地政策的因素，以及旅游业本身综合性特征，特别是近年来我国旅游业的快速发展，对旅游用地的需求不断增加，旅游用地问题面临许多新问题、新情况，十分复杂和困难。土地成了我国旅游发展的一个重要瓶颈问题，这一问题是制约旅游项目落地及规模扩张的“瓶颈”，也是影响旅游投资积极性及相关业态发展的重要掣肘。

当前旅游产业发展过程中一个显著的问题是用地指标不足、报批难度大。一是旅游开发项目一般规模较大，特别是一些休闲度假区项目，用地指标远远跟不上旅游用地需求。二是旅游项目用地报批难度大。在旅游用地审批过程中，审批权限不同，可能导致同一开发区域内，不同地块的开发时间不一致，从而影响项目的开发进度。三是旅游用地征用难度大。旅游规划范围的土地权属和地类比较复杂，土地权属分为国有土地和集体土地两大类，按地类用途分为城镇国有土地、交通道路基础设施用地、耕地、林地、未开发用地等，对于不同土地权属和地类的征地程序和审批部门差异较大。

第一，旅游用地缺乏相应的法律法规的明确规定。旅游业是综合性产业，涉及土地用途和权利类型复杂多样，旅游用地也不是明确的建设用地的一个门类，用地政策只能分散在其他行业和政策上，既缺乏系统性，也存在一些领域政策不明的问题。

第二，规划衔接不足。许多地方由于旅游规划缺乏与土地利用总体规划的衔接，造成旅游项目难以落地。

第三，土地政策不符合。现行土地政策不符合旅游用地的特征，影响了旅游业的健康发展。许多旅游度假酒店项目容积率在 0.1~0.4 才能保证游客的舒适度，但是一些地方简单从节约用地出发，要求旅游项目容积率在 0.8 以上。

第四，旅游新业态用地需求增长快。随着乡村旅游、文化旅游、自驾车房车旅游邮轮游艇旅游、研学旅游等新产品、新业态的兴起，新的用地政策需求旺盛。

在全域旅游发展过程中，如何改革完善旅游用地管理制度，满足旅游产业发展的用地需求，成为旅游产业发展过程中的一个重要问题。发展全域旅游的重要突破，也在于如何突破现有旅游用地的诸多限制，在用地政策方面先行先试，为旅游产业发展提供有力的土地保障。

第二节　创新旅游用地政策，推进土地要素市场化

在全域旅游发展过程中，土地供给是最大的瓶颈。如何推进旅游用地改革是当前各地全域旅游发展过程中的重要内容。

长期以来，受制于我国用地类型的划分，旅游用地一直是制约多地旅游潜力迅速释放的重要障碍。在国土资源部批准后，桂林市和秦皇岛市在旅游产业用地规划管控、产业用地分类管理、农民利用集体土地参与旅游开发和分享收益等方面进行了积极试点；桐乡市把旅游用地纳入浙江省“新型业态用地改革试点”范畴，建立旅游项目用地计划单列制度。2015 年 11 月，国土资源部、住房与城乡建设部和国家旅游局专门出台了《关于支持旅游业发展用地的若干意见》的文件，对于解决旅游新业态发展用地、旅游厕所等公共服务用

地、多方式供地、分类管理制度以及落实重点旅游项目新增用地等方面做出了明确规定。2018 年 3 月，国务院办公厅印发了《关于促进全域旅游发展的指导意见》，指出，要强化旅游用地用海保障，强调将旅游发展所需用地纳入土地利用总体规划、城乡规划统筹安排，年度土地利用计划适当向旅游领域倾斜，适度扩大旅游产业用地供给，优先保障旅游重点项目和乡村旅游扶贫项目用地。鼓励通过开展城乡建设用地增减挂钩和工矿废弃地复垦利用试点的方式建设旅游项目。农村集体经济组织可依法使用建设用地自办或以土地使用权入股、联营等方式开办旅游企业。城乡居民可以利用自有住宅依法从事民宿等旅游经营。在不改变用地主体、规划条件的前提下，市场主体利用旧厂房、仓库提供符合全域旅游发展需要的旅游休闲服务的，可执行在 5 年内继续按原用途和土地权利类型使用土地的过渡期政策。在符合管控要求的前提下，合理有序安排旅游产业用地需求。

在旅游用地方面进行探索实践、先行先试，然后逐步推广，对于促进旅游产业发展，推动国家土地使用制度改革，有着极为重要的示范意义。自全域旅游发展以来，各地在发展过程中，不断探索全域旅游发展过程中旅游用地新举措，创新旅游用地方式和政策，优先保障旅游用地，突破旅游业用地制约，建立科学化、差别化、精细化的土地利用新模式，解决旅游用地难点和瓶颈问题，也为其他领域和其他地区土地政策的创新提供了示范和参考。全域旅游成了推动旅游用地政策改革的重要抓手和领域。

一、明确旅游用地的类型

为明确旅游用地的类型，改变以往建设用地中缺乏旅游用地门类的政策障碍，一些地方积极推进旅游用地类型试点，明确旅游用地类型，建立旅游用地分类体系，比如，桂林市明确旅游用地包括旅游景区中及依托周边旅游资源建造的所有永久建筑占地和景区周边配套公共管理设施、区域交通设施用地和旅游地产用地，并将旅游用地划分为建设用地、非建设用地，分设旅游设施用地、旅游地产用地与旅游景观和生态用地共三大类 24 小类。其中，旅游设施用地是指为服务于自然景观和人文景观的旅游配套实施用地，包括旅游景区中的游憩、休闲、体育等永久设施和商业服务、基础设施等永久建筑用地；旅游产业用地是指依托周边旅游资源而建的，具有旅游开发价值，服务于旅游活动的系列建设用地。同时，制定旅游用地分类体系与城市规划分类体系衔接表，为旅游用地的出让提供依据，推动旅游项目顺利落地。

二、确立优先保障旅游用地政策

（一）开展土地用地调整规划

为适应全域旅游产业发展需求和用地需求，国土部门在编制土地利用总体规划的时候，明确要求要征求旅游主管部门的意见，做好与旅游发展规划的衔接，推动旅游规划与土地规划、城乡规划等国土空间规划的相互协调衔接，尝试编制统一规划，明确重点旅游片区用地规模等，从规划上为旅游用地提供保障，为旅游发展和重点项目落地留足了空间。

在全域旅游发展过程中，一些地方制定了旅游重大项目的优先保障措施。比如全域旅游发展过程中，南京市江宁区优先考虑旅游用地计划和用地指标，在区政府层面建立旅游用地优先保障政策，明确以每年不低于土地指标增量15%的比例，保障国家级、省级旅游度假区以及重点旅游项目用地需求，优先保障旅游新增用地需求。

一些地区将一批有影响力，经济效益、社会效益、民生效益明显的旅游项目纳入《项目清单》，纳入《项目清单》的项目与《重点旅游片区规划》衔接，对于列入项目清单的旅游重点项目给予优先用地支持。比如，重庆市渝中区从 2016 年至 2018 年年底，共划拨供应各类服务旅游业用地 25. 76 公顷(其中道路市政设施用地 23. 52 公顷公共停车楼 0. 82 公顷、社区体育公园 1. 42 公顷)，渝中区已招拍挂经营性旅游设施用地 3 宗(湖广会馆历史文化街区、白象街传统风貌区、十八梯传统风貌区)，土地面积 14. 88 公顷(约 223. 19 亩)；开展城镇低效用地再开发，通过争取政策支持，已办理 3 块地(燕子岩、马鞍山、山城巷)的登记手续至区级政府平台公司，用于传统风貌区的改造建设，涉及土地面积4.04公顷(约60.55亩)，有效促进了渝中旅游业的发展。为了满足全域旅游发展项目用地需求，在旅游土地供给举措上解放思想、不断创新。比如，宁夏中卫市在全市重点项目用地安排指标时，对旅游项目用地优先供给优先审批。将迎水桥镇原农牧机械厂、化肥厂、新型建材厂、钢铁厂、砖瓦厂等工业企业搬迁至中卫北山工业园区，把原4300亩企业用地调整为旅游用地，实施“退二进三”工程，目前已建成了沙坡头旅游新镇、沙坡头娱岛等旅游景区。沙坡头区在自然生态保护中，实现了沙漠与绿洲、人与自然和谐共处，从防沙固沙到玩沙用沙，充分发挥了“金沙”的作用。2018年在沙坡头自然生态保护区外，规划调整了1000多亩国有荒山，用于沙漠旅游基础设施项目沙漠大道、沙漠星星酒店、旅游观光设施等项目的建设用地。

(二)用地分类管理

不同旅游项目建设用地需求和实际情况不一致，为此在旅游用地政策中要探索多元化供地方式。全域旅游发展过程中，针对旅游业用地类型多，生态景观涉及农用地、未利用地规模大的问题，一般不改变土地性质的特点，对旅游业用地创新实行分类管理制度。针对旅游业建设用地涉及多种规划用途，部分用地用途不够明确的问题，采用招拍挂、协议出让、行政划拨、先租后让、租让结合等多种用地供应方式；对于用途单一且符合法定划拨单位范围的采用划拨方式，对符合划拨用地目录的公益性旅游配套设施，采用划拨方式供应国有建设用地；对于用途混合且为经营性用途的，按照招标拍卖方式；对缺乏集体建设用地的旅游区域，探索利用增减挂钩项目等通道，帮助落实和解决用地指标。

不仅如此，针对不同旅游用地的类型，一些地区也探索采用了不同的用地方式。对非营利性公共文化设施用地及其配套设施、规划公园配套用房配建比例范围内的用地，采取划拨方式提供土地使用权。对营利性公共文化设施用地、经营性的旅游设施用地，采取出让方式提供土地使用权。

第一，与旅游资源开发密切相关，未改变农用地、未利用地用途和功能、未硬化地面、未破坏耕作层的自然景观用地及农牧渔业种植、养殖用地，在不改变土地权利性质的前提下，按现用途管理，不征收、不转用，由旅游项目经营主体与土地权利人依法协调种植、养殖、管护与旅游经营关系，按实际地类管理，不办理农用地转用手续。

第二，公益性旅游设施用地。与旅游项目配套的基础设施、服务设施、管理设施等公益性旅游设施用地，按建设用地管理，以新增年度计划指标保障。依法办理土地征收和农用地转用审批手续后对于旅游景区内亭、台、栈道、厕所、步道、索道缆车等设施用地参照公园用地办理划拨手续；对旅游景区接待服务中心等符合规划公园套用房配建比例的，作为公园配套用房一并划拨。对于旅游景区外的旅游咨询服务中心、游客集散中心、旅游公共厕所、游客休憩站点、旅游停车场、景观绿化等公益性基础设施建设用地，可按划拨方式提供。

第三，经营性旅游设施用地。与旅游项目配套的，为游客提供出行、住宿、餐饮、游览、购物、娱乐等经营性接待服务用地以及影视城、仿古城等人造景观用地，按建设用地管理，按规定使用地票予以保障。依法办理土地征收和农用地转用审批手续后，对用途混合且包括商场、超市、度假村、酒店、剧院、音乐厅、会议室、游乐场等经营性用途的，采取招拍挂方式供应或采用长期租赁、先租后让、租让结合等方式，以降低旅游项目开发初期用地成本。

（三）城乡建设用地增减挂钩

积极鼓励和推进城乡建设用地增减挂钩，建立土地周转指标交易平台，增减挂钩周转指标在优先保障农民旧房改造、新居建设、环境建设、农村基础设施和公共服务配套设施以及农村非农产业发展用地的前提下，剩余指标可用于开发旅游项目。

对于农村集体建设用地涉及拆旧建新腾挪的用地，在建设用地面积不增加、农用地面积不减少的前提下，可通过土地置换方式调整地块。集体建设用地与集体建设用地之间、集体建设用地与国有建设用地之间、国有建设用地与国有建设用地之间允许土地置换。采取灵活方式供地，允许原土地权利人参与土地收益分成。

(四)开展低效用地向休旅产业转型

积极推进城镇低效用地再开发利用，拓展旅游产业用地空间，保障旅游用地。着眼于突破资源要素约束的瓶颈，以实施国家低效用地再开发试点为契机，按照“发展空间集聚化、资源使用高效化、土地利用节约化、休旅产业高端化、城乡生态绿色化”的导向，综合运用“回收转让、变更转产、嫁接开发、招商利用、联营入股”等方式对亩均产出低于一定标准的工业用地进行“腾笼换风”。通过注入文化创意、科技旅游等新元素，利用工业遗址和闲置用地，发展一批旅游产业项目。

比如，在南京市江宁区，通过用地置换，建设了汤山矿坑温泉公园等一批休旅项目，三年全区累计有 1 万亩低效用地，在向旅游等产业转型中实现“凤凰涅槃”，江宁低效用地再开发工作成效得到了国务院办公厅的表扬，被确定为 2017 年度“免督查”单位，并被奖励 1000 亩土地指标。在前期探索基础上，进一步出台了专项改革政策，力争年内再盘活一批低效用地，用于文化休旅等优质项目建设。

又如，江苏省徐州市贾汪区通过持续推进采煤塌陷地治理工程、荒山绿化工程水系治理工程，按照“宜农则农、宜林则林、宜业则业、宜游则游”的原则，累计投入 27 亿元，先后实施潘安湖、小南湖、商湖、月亮湖等塌陷地治理工程 82 项、治理面积 7. 57 万亩；积极向荒山进军，累计完成绿化造林 13. 2 万亩、荒山绿化 2. 7 万亩，全森林覆盖率达到 32. 3%，比 2011 年提高近 20 个百分点，成为全国石灰质山体绿化造林的样板工程。同时，通过大力实施“碧水绕城”“引水润城”水生态建设工程，多渠道投入 10 亿多元、疏通“断头河”、死水河，治理黑臭河，畅通水循环，建设“十纵石横一环”生态水网，形成“河流绕城、湖水映城、水网织城”的健康水生态系统。这些主动生态修复做法的影响下，旅游业也在客观上实现了快速发展，大洞山、督公湖、凤鸣海等成功创建为国家 4A 级旅游景区，玉龙湾、蛟龙湖、茱萸湖等城市公园实现了青山抱城、绿水绕城的城市发展格局，实现变“地球伤疤”为“宜游花园”，变“裸岩秃山”为“森林氧吧”，变“黑臭水体”为“水韵泉城”，开创了五位一体的资源枯竭型城市环境治理的路径，形成4000多亩开阔水面和2000多亩湿地景观，打造多个国家4A级旅游景区、国家湿地公园、国家生态旅游示范区。贾汪区潘安湖采煤沉陷区生态修复工程，是江苏省自中华人民共和国成立以来单体投资规模最大的综合治理项目，整治面积1.74万亩。2001年，徐州市颁布实施《徐州市采煤塌陷地复垦条例》，通过采煤塌陷地复垦置换和盘活徐矿集团闲置土地等措施，不断通过占补平衡的方式增加旅游用地规模，有效保障旅游重大项目落地的用地需求。通过采煤塌陷地复垦置换和盘活徐矿，获得“振兴徐州老工业基地创新实践”特等奖。

（五）探索“点状供地”

旅游项目建设相对来说集中于自然、文化环境相对较好地区，为此，经常出现旅游建设用地和景观环境用地的矛盾。特别是一些文旅项目和旅游设施用地，往往可能是位置相对分散，面积也相对较小，不是城市建设中的集中连片地区的供地需求和集中布局。因此，对文旅休闲项目来说，其用地供给方式呈现分散性，但常常受到过往城市建设集中供给整体配套的制度制约。基于此，全域旅游发展过程中，在一些文化和旅游项目建设过程中，江浙等地创新探索实行点状供地的新模式，为旅游项目和设施配套提供分散式的供地。一方面能够规避以往城市土地集中连片供给面临的土地难题和制约，为旅游用地提供更简易的渠道和方式。另一方面在兼顾环境用地和保护需求的同时，也能够最大化地保障旅游用地需求，促进旅游项目发展。比如，在房车地项目、民宿项目和一些休闲度假旅游项目，探索采用“点状供地”。

点状供地是指在土地利用总体规划确定的城市（镇）建设用地扩展边界外，根据地域资源环境承载能力、区位条件和发展潜力，充分依托山林自然风景资源，结合项目区块地形地貌特征，依山就势，按建筑物占地面积、建筑半间距范围及必要的环境用地进行点状规划、点状报批、点状供地的项目用地。点状用地应当坚持“宜农则农、宜林则林、宜建则建”原则、用地范围应当具备开发条件。但是建设项目位于永久基本农田保护区、地质灾害高易发区、重点饮用水源保护区、自然保护区核心区和缓冲区等生态敏感区域范围的，不得纳入点状用地报批范围。

（六）创新农村集体土地利用方式

过往受制于现有农村集体土地政策，在集体土地用途、使用方式、使用主体、使用渠道等方面有严格规定和限制，乡村旅游发展面临诸多制约。一方面，随着城镇化推进，农村集体大量土地资源闲置。另一方面，全域旅游推进，特别是乡村旅游快速兴起，农村集体土地利用难题迫切需要解决。在这之下，为适应全域旅游发展，南京市江宁区先行先试，探索农村集体土地资源利用方式，盘活乡村资源要素，破解乡村旅游用地难的问题，形成了一系列土地利用的新政策和经验，探索多种农民集体土地利用方式，促进旅游扶贫致富，农民通过自主经营、门票分成合作、林权流转合作、股份制合作、土地租赁合作等参与旅游开发和分享收益。

第一，村集体"组织建设—分包流转"模式。在乡村旅游发展过程中，江宁区实行村集体经济组织配建设施用房，产权归属集体再发包流转的新做法。比如，在乡村游客服务中心建设方面，江宁区部分村镇把村集体的办公用房改建为游客服务中心为游客提供旅游服务。

第二，创新农村集体土地的利用政策。一是试点村集体利用集体建设用地采取自主开发、合作开发和入股开发等方式；二是试点农村集体经济组织按照合法程序，使用集体建设用地建设休闲农业和配套设施；三是探索利用增减挂钩项目等通道，保障乡村旅游建设用地；四是利用农村晾晒场、农机具存放场所等非耕农用地，临时用于旅游公共服务，以满足游客峰值时期的旅游配套服务设施使用需求；五是探索回购、租赁、置换、搬迁、退出、合作等模式，有序盘活闲置集体房、旧村委、旧厂房、旧校舍、林场房等农村闲置房屋，开发旅游产品；六是鼓励以土地入股、合作联营或租地等方式使用集体土地，产业用地中的国有农用地、未利用地也可以采取长期租赁方式供地。

第三，创新宅基地使用方式。试点宅基地使用权租赁等方式，适度放活使用权，探索宅基地“三权”分置的有效实现形式，鼓励村农户通过自主经营或租赁，支持村(社区)以出租、联营、入股等方式盘活利用空闲的农房和宅基地，发展乡村旅游。积极利用退改宅基地、公共设施用地等存量集体建设用地，建设民宿餐饮服务农产品销等休闲农业与乡村旅游服务设施及公共配套设施。

首先，鼓励农村居民利用自有住宅发展乡村旅游。在符合规划、坚持一户一宅和宅基地面积标准不突破的前提下，允许利用现有宅基地进行农房原址或联户集中改造，满足自住的同时发展餐饮、住宿、停车、购物、娱乐等乡村旅游。

其次，鼓励集体经济组织利用存量集体建设用地发展休闲农业和乡村旅游。在充分保障农户宅基地用益物权、防止外部资本侵占控制的前提下，在具备乡村旅游开发条件的区域，探索农村集体组织以联营、出租、合作等方式盘活利用空闲农房及宅基地，将集体经营性资产量化到户，成立股份经济合作社，整合利用集体积累资金、政府帮扶资金等发展乡村旅游业，增加农民财产性收入。

最后，鼓励集体经济组织通过规范的民主程序，协议有偿回收闲置的宅基地、非本集体经济组织成员因房屋继承占用的存量宅基地及乡镇企业用地，由农村集体经济组织统一管理，并结合生态环境、人文历史等资源和相关规划，依法履行建设规划、用地等审批手续后，用于建设民宿体验、餐饮服务、农产品展销等旅游服务设施。

比如，贵州省荔波县在全域旅游发展过程中，探索“土地改革”，助推乡村振兴深化农村集体建设用地使用权改革，通过在宅基地所有权、资格权、使用权“三权分置”上先行先试，从激活资源要素入手，以村民闲置的老祖屋和传统村落遗存为媒介，吸引国内外 103 名艺术家到洪江“认养”88 栋老房子，艺术家通过装修改建“老房”在当地建立工作室，打造“国际艺术村落”。将洪江村从寂寂无名的传统村落逐渐变成寻找乡愁和诗意栖居的“网红村”，并赢得“北有上苑宋庄，南有荔波洪江”的美誉。

(七)试点土地使用政策

第一，结合城镇土地使用税分类分档差别化免税、差别化低价、分阶段出让等政策试点，扩展至旅游领域；第二，对于列为省、市重点的旅游项目，土地出让金中不再提取区级计提部分，并争取省、市财政贴息贷款扶持。

(八)创新旅游新业态用地政策

对利用现有文化遗产、公共设施、科研机构、农场等范围内的配套建设用地开展文化研学旅游活动，兴办住宿、餐饮等旅游接待设施的，在保持原土地用途、权利类型不变的情况下，可以协议方式办理供地手续。对自驾房车营地项目使用国有建设用地的，可按照旅馆用地，采取招拍挂方式供应，按旅游用地确定供应底价、供应方式和使用年限。新建邮轮、游艇码头用地，或现有码头增设邮轮、游艇停泊功能的，可保持现有土地权利类型不变；利用现有码头设施用地、房产增设住宿、餐饮、娱乐等商业服务设施的，可以协议方式办理用地手续。

第三节　未来旅游土地市场改革

全域旅游的发展带来了旅游用地需求的快速增长。为了适应全域旅游发展需求，各地创新了很多的用地政策。未来全域旅游发展仍然需要继续推广和复制这些旅游用地政策，增加旅游用地指标，确保旅游用地需求，对旅游用地进行分类管理，特别是对旅游公共服务用地按照公益用地对待，加强对旅游新业态项目的用地保障，逐步形成旅游土地要素市场。

在这个过程中，核心的问题在于农村集体土地的使用问题。当前农村集体土地根据《土地管理法》规定分为三类：农用地、非农用地和未利用地。未来我们需要承认农村集体土地所有者的权利，改革当前法律关于农村集体土地所有权中的不合理规定，让农村集体和农民真正成为农村土地的主人。为了保护现有的农村耕地，维护粮食安全，重点需要盘活农村的非农用地，特别是农村居民的宅基地，建立它们的自由流转机制，也为农村乡村旅游等相关产业发展提供保障，以此提升农村土地利用效率和农村与农民的收益，促进农村真正地发展和提升，而不仅仅是名称的改变。

一、统一城乡土地市场

集体土地应该直接进入全国土地市场流转，和国有土地一起，形成统一完善的土地供应市场体系，这样将有利于我国土地市场的健康发展，以此打破政府垄断土地一级市场，实现城市和农村、集体和政府两个一级土地市场。一是集体建设用地有偿有限期流转制度。既然国有建设用地可以实行出让、转让、出租等有偿流转制度，那么，集体性质的建设用地在流转时，也可以实行，这是符合市场经济规律的。二是两种市场统一管理制度，对两种市场一视同仁，即同质同价、优质优价、劣质劣价，尽力实现“国有集体土地同价制度”。

二、建立农村非农用地合法流转机制

通过确立农村非农用地合法和农村宅基地流转机制，盘活农村闲置土地，促进土地资源的优化配置，原来固定化的非农业集体土地资源可以转化为能够流动的土地资产，一部分闲置或利用不充分的存量土地可以得到重新利用，提高土地利用率。此外，减少闲置土地数量，从而减少占用耕地的经济驱动，减少建设项目对耕地的占用，对保护耕地起到了积极作用。

允许农村宅基地使用权的合理流转，解除农村宅基地使用的身份依附性和用途的限制性，并制定农村宅基地使用权流转管理办法，流转方式可采用转让、租赁、作价入股和抵押等多种方式，同时也可以采用土地置换的方式。

构建完善利益分配机制。要合理划分国家、集体和农民个人三者的利益关系。国家作为管理者，以税收方式对流转收益进行调整。集体作为土地所有者，集体的收益就是建设用地发展权所引致的价值增值收益。农民在土地使用年期内因自己投资所致的价值增值部分从集体收益中分配。集体收益的分配由拥有土地所有权的集体经济组织决定。

制定完善的宅基地流转的配套服务。建立宅基地地籍管理和土地评估制度，农村宅基地的地籍调查、土地登记、土地估价等制度是宅基地流转的前提条件，流转前要确保土地权属设置清楚且无争议。

建立宅基地交易信息发布制度。政府应当全面收集宅基地交易的相关信息，及时向社会公布，并提供查询服务。宅基地交易信息的收集还有利于政府对交易市场的监管。加快乡镇土地利用总体规划修编，合理确定宅基地规模和布局，保障宅基地按规划有序流转。

三、建立农村土地行业协会

在农村成立一个农村土地行业协会，且村委会、乡镇政府等基层政府不得干涉社区土地管理人对集体土地所有权权能的行使，为集体土地确定一个所有权主体，建立一个能够真正表达农民集体意愿的法人组织，并借该法人组织独立的主体地位对村委会、乡镇政府等基层行政权力进行平衡，保护农民土地财产权利不受侵害。在集体土地所有制制度下，协会成员的成员权按户行使，每户农民对自己所属户的土地享有相应的土地财产权利，但财产权利的行使不得有损整个农村集体的利益。

第七章

全域旅游视域下的旅游投融资体系创新

资本是旅游发展的核心要素。旅游业前期投入大、回报周期长，资金资源是全域旅游发展的重要因素，也是限制旅游业发展的重要内容。在全域旅游发展过程中，创新旅游投融资体系和相关政策，完善旅游资本要素市场，打破旅游投资障碍，能为旅游业发展提供良好的资金保障，促进全域旅游发展，也能为其他产业领域乃至整个投资政策的创新改革提供借鉴，推动资本资源配置的市场化和投资体系的市场改革。

第一节　投融资改革是全面深化改革的关键内容

一、投融资改革是全面深化改革的核心内容

投资是经济发展的三驾马车之一，是影响经济发展最活跃、最重要的因素，是市场经济条件下配置资源的重要手段，是经济新常态下供给侧和需求侧两端发力的重要引擎。投资既能增加生产能力，又能对生产构成需求，从短期看体现为需求影响经济的发展，长期来看更多地体现为供给效应。

深化投融资体制改革是全面深化改革的重要内容。2013 年，党的十八届三中全会明确指出，要加快转变政府职能，深化投资体制改革，确立企业投资主体地位。

2015 年，党的十八届五中全会在《中共中央关于制定国民经济和社会发展第十三个五年规划的建议》中明确指出，要发挥投资对增长的关键作用，深化投融资体制改革，优化投资结构，增加有效投资。按照党中央、国务院的部署，发改委和有关部门包括地方深入推进以企业投资管理改革为主线的投资审批制度改革，在取消下放核准事项、改革核准制度、规范中介服务、建立协同监管机制等方面出台了一系列改革的措施，各地区积极探索创新，积累了不少经验，改革也取得了积极进展。2016 年，中共中央、国务院发布《中共中央国务院关于深化投融资体制改革的意见》，这是第一次以党中央、国务院名义出台专门针对投融资体制改革的文件。这个文件是投融资领域推

进供给侧结构性改革的纲领性文件，意义重大，影响深远。文件强调要提高投资有效性和精准性，推动形成市场化、可持续的投入机制和运营机制，要调动地方积极性，特别是运用市场化的办法，充分发挥社会资本的作用，形成多方合力千方百计扩大有效投资。该文件从四个方面提出了深化投融资体制改革的重点工作任务：

第一，改善企业投资管理，充分激发社会投资动力和活力。将投资管理工作的立足点放到为企业投资活动的服务上，在服务中实施管理，在管理中实现服务。打通投融资渠道，拓宽投资项目资金来源，充分挖掘社会资金潜力，让更多储蓄转化为有效投资，有效缓解投资项目融资难、融资贵的问题。

第二，完善政府投资体制，发挥好政府投资的引导和带动作用。进一步明确政府投资范围。政府投资资金只投向市场，不能有效配置资源的社会公益服务、公共基础设施、农业农村、生态环境保护和修复、重大科技进步、社会管理、国家安全等公共领域的项目，因此要优化政府投资安排方式。政府投资资金按项目安排，以直接投资方式为主对确需支持的经营性项目，主要采取资本金注入方式投入，也可适当采取投资补助、贷款贴息等方式进行引导。

第三，创新融资机制，畅通投资项目融资渠道。大力发展直接融资。依托多层次资本市场体系，拓宽投资项目融资渠道，支持有真实经济活动支撑的资产证券化，盘活存量资产，优化金融资源配置，更好地服务投资兴业。开展金融机构以适当方式依法持有企业股权的试点。设立政府引导、市场化运作的产业(股权)投资基金，积极吸引社会资本参加，鼓励金融机构以及全国社会保障基金、保险资金等在依法合规、风险可控的前提下，经批准后通过认购基金份额等方式有效参与。充分发挥政策性、开发性金融机构积极作用，建立健全政银企社合作对接机制，搭建信息共享、资金对接平台，协调金融机构加大对重大工程的支持力度。

第四，切实转变政府职能，提升综合服务管理水平，创新服务管理方式。探索建立并逐步推行投资项目审批首问负责制，投资主管部门或审批协调机构作为首家受理单位“一站式”受理、“全流程”服务，一家负责到底。加强规划政策引导。充分发挥发展规划、产业政策、行业标准等对投资活动的引导作用，并为监管提供依据。把发展规划作为引导投资方向，稳定投资运行，规范项目准入，优化项目布局，合理配置资金、土地(海域)、能源资源、人力资源等要素的重要手段。完善产业结构调整指导目录、外商投资产业指导目录等，为各类投资活动提供依据和指导。

2020 年 3 月，中共中央、国务院发布《关于构建更加完善的要素市场化配置体制机制的意见》，提出要进一步推进资本要素市场化配置，加快完善股票市场基础制度，加快发展债券市场，增加有效金融服务供给、主动有序扩大金融业对外开放，为实体经济发展提供支撑。

二、旅游投资是促进旅游产业发展的核心要素

金融是经济的血液，同样，资金问题对于旅游业的发展也非常重要。近年来，随着旅游业的快速发展，大量资金进入旅游行业。旅游业有前期投入大、回报周期长的特点，资金资源是全域旅游发展的重要因素。

在市场经济中，投资主体可以根据市场的变化自行选择投资项目。但是在现实发展中，为了避免盲目投资的行为，也需要采取一定的管理措施对相关的投资进行引导。改革开放 40 多年来，我国旅游投资市场化改革逐步深入，旅游投资主体逐步发育，国有资本、外商投资、民营资本和社会资本成为推动旅游市场主体发育的重要力量。

(一)多元主体的投资体制

改革开放之初，我国选择了政府主导发展模式，在 20 世纪 90 年代将该模式上升为政府主导型战略，进入 21 世纪，尤其是党的十八大以来，旅游发展主体发生巨大转变，旅游“放管服”改革，行政审批权下放，多元化主体参与旅游发展的格局基本形成。改革开放 40 多年来，旅游发展主体从政府主导到全社会参与，公众、媒体、智库等主体积极参与旅游发展共享旅游发展成果，共同推动旅游发展迈向新阶段。包括私人资本、外国资本等在内的社会

投资在旅游发展中的比重日益提高，包括当地社区、民间组织等在内的社会组织在旅游管理中的地位不断提升，包括各类智库、大众媒体等在内的社会力量在旅游决策中的作用逐渐受到重视。

在这之前，从中华人民共和国成立到改革开放初期，旅游业被定位为外交事业管理模式为政企合一，旅行社等旅游单位属事业单位，不存在真正意义上的旅游市场主体。改革开放后，旅游业性质从外交事业向经济产业转变，推动旅游市场化改革，打破了国有主导格局，旅游市场主体逐步发育。特别是，1982 年 7 月 17 日，旅游局与国旅总社分开办公，总社统一经营外国旅游者来华旅游业务，实行企业化管理。1984 年，中央提出国家、地方、部门、集体、个人一齐上，自力更生和利用外资一齐上的原则，使旅游投资者和经营者进一步多元化，国外资金和社会资金大量涌入旅游业，形成多元化旅游市场主体并存的局面。1985 年 1 月，国务院批准了国家旅游局《关于当前旅游体制改革几个问题的报告》，提出了旅游管理体制实行“政企分开，统一领导，分级管理，分散经营，统一对外”的原则。1986 年 1 月，成立了第一个旅游业的全行业协会——中国旅游协会。2009 年发布的《国务院关于加快发展旅游业的意见》明确提出，“5 年内实现旅游协会与旅游行政主管部门脱钩”。2012 年国家旅游局专门下发《关于推进旅游行业协会改革发展的指导意见》，确立了协会“市场化、民间化、国际化”的发展方向，释放市场在资源配置中的作用。

（二）投资市场主体多元化

过去 40 多年的发展，我国已经涌现出国际化的企业群体。1978 年，全国只有中国国际旅行社、中国旅行社等几家旅行社，几乎没有符合国际标准的宾馆饭店。2018 年 *Hotels* 全球酒店集团排名前 50 强中有 10 家中国酒店集团，锦江、首旅如家和华住分列第五位、第八位和第九位。我国旅游业海外并购快速上升，2016 年交易宗数 73 宗，披露的交易金额 274. 35 亿美元。目前，我国旅游企业已经成为全球化旅游集团中迅速崛起的一股重要力量。

民营资本和国外资本发展强劲，成为推动中国旅游产业发展的中坚力量。

民营类旅游企业通过快速发展，在历年的“中国年度创新成长企业100强”和“中国旅游集团20强”评选中均有多家入选；2017年15万亿元的全国旅游投资中民间资本投资占60%，形成了民营为主、国有企业和政府投资共同参与的多元主体投资格局；除中国旅游集团、首都旅游等大型国有旅游集团外，携程、凯撒等新型旅游市场主体以及各种类型的旅游创业企业快速崛起。

从全国旅游投资项目库数据来看，2016年全国旅游业实际完成投资12997亿元，同比增长29%，比第三产业和固定资产投资增速分别高18个和21个百分点，较房地产投资增速高22个百分点。实际完成投资总额是2013年5144亿元的2.5倍。民营企业投资旅游业7628亿元，是2013年2935亿元的26倍，投资额占全部旅游投资的58.7%，投资热点从房地产业向旅游综合体及文化旅游转变。政府投资和国有企业投资分别为2484亿元和1945亿元，分别占全部旅游投资的比例为19.1%和15%，政府和国有企业依然是旅游投资的重要主体；股份制企业投资快速增长，占全部旅游投资的1.5%，同比增长62%；外商投资和其他企业投资分别占全部的15%和4.2%[1]。从总体上看，全国旅游投资多元化格局正在加快形成，民营资本作为旅游投资的主力军地位已经确立。

（三）旅游投资成为各地投资重点领域

各地投资建设中，温泉养生、山水度假、运动滑雪、特色街区、商贸购物等综合体项目是资本追逐的热点，对拉动地方特别是中西部经济增长综合效应逐渐显现。数据显示，投资热点正从传统制造业、房地产业向现代旅游业转变，不仅带动地方旅游基础设施投资，更牵引了地方的土地综合开发。随着社会大资本、大集团积极投身旅游业，以旅游为导向的综合开发不仅帮助打造了区域旅游吸引物、繁荣了旅游消费，更在有效拉抬地方经济、带动地方就业、促进城镇化发展等方面起到了积极作用。中西部地区实际完成投资增幅最大，同比增长分别为77.8%和62.9%，带动经济增长的潜力和综合

[1] 国家旅游局.2016年旅游投资报告[Z].2017.

效应正在集中显现。2016年旅游产业投资基金快速增长，对旅游业的投资力度不断加大。2016年年底，全国有126支旅游产业投资基金，基金规模超过6000亿元。从旅游产业投资基金所在地看，浙江、山东、江苏、四川、山西5个省旅游产业投资基金数量最多，共有26支。文化旅游、生态旅游、体育旅游休闲度假、养老旅游及旅游小镇等是旅游产业基金投资重点，65%的基金投向上述领域。

（四）在线旅游成为新的投资亮点

各地通过展会、发布相关政策及行动计划等措施，推进旅游产业与互联网产业的全面融合。2014年，中国在线旅游交易额达2772亿元。全国在线旅游领域共发生160起投融资事件，在线旅游融资规模达到300亿元，为2013年的6倍。OTA仍是投资重点，同程、途牛、遨游网、欣欣旅游、面包旅行共获得近33亿元投资；出境游成为投资新热点，涉及预订平台、定制旅游、限时折扣等多个新业态；B2B平台、打车软件、在线度假租赁继续受到市场关注。2016年在线旅游投资超过1000亿元。在线旅游投资相对集中于OTA、出境旅游、旅游科技类公司、非标住宿、B2B旅游、共享单车和在线租车七大领域，占全部在线旅游投资的88%。OTA类企业向专业化、细分化方向发展，周边游、亲子游、老年游、主题游等快速发展。在线用车类企业发展迅猛，无论是境外用车平台，如惠租车和黄包车，还是国内用车平台，如滴滴出行、神州专车和首汽租车，都获得大额注资，在线用车市场正在加速整合。

（五）旅游投资环境持续改善

全国排名前5的房地产企业万达、万科、恒大等加快布局旅游产业，主要投资旅游综合体、旅游度假区、高星级酒店等大型旅游项目。全国排名前10的互联网企业中，有9家互联网渗透在线旅游市场。国内排名前10的风险投资公司中，有8家涉足旅游业投资。能源、水利、电器、农业、保险等大型企业集团开始转型投资旅游业。三峡集团投资10亿元建设旅游度假区，苏宁旅行、国美旅行相继上线，中粮集团试水酒店业。不少外资和股份制企业以直接投资、收购并购、参股入股等多种方式进军旅游业。

（六）旅游投资模式不断创新

传统依靠资源的旅游模式，正在转向“资源+资本+技术创新”的旅游投资模式。比如，嘉峪关市新建的大型主题公园方特欢乐世界，仅用18个月就建成开园。开园仅100天，入园游客达到52万人次，营收突破1亿元，带动当地旅游人数同比增长近39%，旅游收入同比增长41%，嘉峪关市旅游观赏内容、游客结构和消费模式发生明显转变。嘉峪关方特欢乐世界的投资，体现了“资源+资本+技术”的有效投资特性，带动了嘉峪关市旅游业的创新发展。“资本+技术”的联动，实现了旅游发展的投资驱动和创新驱动的有机结合。而且，大型旅游综合体项目整合休闲、度假、娱乐、餐饮购物、住宿等多种功能、是全域旅游发展的重要方向和拉动地方经济发展的重要动力。2016年旅游投资项目中，大型综合类项目比重最大，实际完成投资4440亿元，占总投资的34.2%。全国总投资10亿~50亿元的大项目中，旅游综合类项目实际完成投资1581亿元，占35.9%；总投资50亿~100亿元的大项目中，旅游综合类项目实际完成投资694亿元，占60.6%；总投资100亿元以上大项目中，旅游综合类项目实际完成投资1360亿元，占54.9%。旅游度假区、旅游小镇、体育运动、文化旅游、商贸购物等休闲度假综合体项目成为各类资本追逐的热点。

总体上看，旅游产业发展资本投资量大，特别是在旅游基础设施建设方面长期面临资金短缺的问题。对于旅游企业来说，因为旅游企业固定资产少，部分旅游项目由于旅游用地规划不明确、产权不清晰，间接融资难度较大；旅游企业建设用地用海使用权抵押等抵押贷款、旅游景区经营权和门票收入权质押贷款等操作性不强。加上旅游项目投资大、周期长，金融支持体系不完善等原因，旅游企业资产证券化、私募债等资本化运作领域偏窄，层次偏低，融资难、融资贵问题仍比较突出。因此，如何创新旅游投融资体制改革，也是促进旅游产业进一步发展的重要内容。

第二节 全域旅游投融资体制的创新

资本要素是全域旅游发展的核心要素，资本驱动是全域旅游发展的重要动力之一。活跃化的投资环境、完善的旅游投融资体制是促进全域旅游发展的重要基础，对于增加旅游投资，扩大旅游消费，提升旅游产业规模质量也有重要的现实意义。

在全域旅游发展过程中，各地不断创新财政、税收、金融等支持政策，探索投融资政策和市场化运作模式，先行先试，形成适应全域旅游发展的市场投资环境，极大地为全域旅游发展提供了保障。在此之下，全国旅游投资规模不断扩大、投资结构逐步改善、投资热点加快形成，政府引导旅游投资的力度加大，社会资本投资旅游业的市场环境不断改善。近年来，每年旅游投资快速增长，年均增速超过了 25%，对旅游业乃至全国经济社会的发展发挥了重要的作用。

一、国家政策文件支撑

近年来，为促进全域旅游发展，国家旅游局、财政部等部委和各地政府通过出台政策文件、基金补助、贷款贴息、支持上市、发布报告、举办会议等，着力推动我国旅游业投融资体制创新，金融支持政策更加有利、旅游投融资平台不断增多。

第一，2014 年，国务院下发《关于促进旅游业改革发展的若干意见》，提出积极鼓励旅游企业开展直接融资，并就可行的融资范围和方式方法进行了明晰规定，指出要“支持符合条件的旅游企业上市，通过企业债、公司债、中小企业私募债、短期融资券、中期票据、中小企业集合票据等债务融资工具，加强债券市场对旅游企业的支持力度，发展旅游项目资产证券化产品”。

第二，2015 年，国务院办公厅下发《关于进一步促进旅游投资和消费的若干意见》，提出基于当前间接融资需要抵(质)押要求，对旅游业可以尝试的抵(质)押标的物进行了“扩围”，提出要“积极发展旅游投资项目资产证券化产品，推进旅游项目产权与经营权交易平台建设，积极引导预期收益好、品牌认可度高的旅游企业探索通过相关收费权、经营权抵(质)押等方式融资筹资”。

第三，2018年，国务院办公厅印发《关于促进全域旅游发展的指导意见》，指出要加大财政金融支持力度。通过现有资金渠道，加大旅游基础设施和公共服务设施建设投入力度，鼓励地方统筹相关资金支持全域旅游发展。创新旅游投融资机制，鼓励有条件的地方设立旅游产业促进基金并实行市场化运作，充分依托已有平台促进旅游资源资产交易，促进旅游资源市场化配置，加强监管、防范风险，积极引导私募股权创业投资基金等投资各类旅游项目。

二、财政投入政策创新

财政投入既是旅游发展的资金直接投入，产生一定的投资效应，形成稳定的资金来源，体现了政府对旅游发展的重视；同时也是政府对旅游投资的背书，对社会投资发挥了积极的引导作用。在全域旅游发展过程中，各地出台全域旅游发展财政资金政策，形成长效的旅游财政资金投入机制。通过财政拨付、贴息贷款等财政投入手段，充分发挥财政资金对全域旅游发展的引导性和引领性，撬动社会资金的投入，引导投资方向，促进投资结构优化。

(一)设立旅游发展专项资金

为促进全域旅游发展，各地建立了长效旅游财政资金投入机制，加大财政对旅游扶持力度，发挥财政资金对全域旅游发展的引导性和引领性，在财政预算中单列旅游发展专项基金、旅游产业促进基金或旅游发展专项资金，为旅游业发展提供启动资金和旅游业发展引导资金，重点支持产业促进、前期研究和旅游营销等旅游公共类项目，建立财政资金保障体系。

比如，2016年南京市江宁区设立全域旅游产业发展专项引导资金，增加区财政旅游产业发展专项引导资金规模，自2016年连续三年，给予总量不低于1亿元财政专项支持，为旅游业发展提供启动资金和旅游业发展引导资金，支持产业促进、基础研究和旅游营销等公共类项目，切实保障全域旅游发展的政策资金。2018年江宁区首创出台的《关于推动全域旅游高质量发展的改革创新实施意见》以及一批政策性文件，强调设立3年1亿元(10002.5万元)以上的专项资金，切实保障国家全域旅游示范区创建工作，加快推进全区旅游产业转型升级。该财政专项资金主要用于支持区委、区政府确定支持的重大旅游公共服务设施建设补助、旅游景区景点品牌提升、旅游形象宣传推广、旅游行业发展规划和建设、区委区政府确定的重大旅游创建及配套设立的旅游产业基金等方面。

又如，江苏省徐州市贾汪区在全域旅游发展建设过程中，印发了《徐州市贾汪区全域旅游示范区创建专项引导资金管理办法》，贾汪区2016年旅游发展专项资金0.988亿元，2017年1.097亿元，2018年1.2亿元，2019年1.352亿元，年均增幅11.87%；2016年财政收入21.22亿元，2017年财政收入21.32亿元，2018年财政收入22.79亿元，2019年财政收入22.8亿元。2016~2019年旅游发展专项资金占当年财政收入分别为4.66%、5.15%、5.27%、5.93%，年均占比5.25%。创建期间，每年旅游发展专项资金都达到1亿元左右。

安徽省黟县在全域旅游发展过程中，也设立了服务业发展专项资金1000万元，并且每年从服务业发展专项资金中安排400万元，对旅游产业中的重点工作、重点项目重点企业发展和品牌打造等进行补助。

此外，其他各省、市、区因地制宜地根据需求安排专项财政支持旅游业发展。例如，江苏省财政厅提出“资金改基金，无偿改有偿”的办法，设立旅游产业发展基金3亿元，带动社会资本投入40余亿元，为38家旅游企业提供支持。广东省将财政资金重点用于扶持旅游交通项目建设，解决旅游交通瓶颈720条、近1万公里。青海省制定了《青海省省级旅游发展专项引导资金管理办法》，安排旅游发展专项引导资金2.6亿元，在资金投向和项目安排上，以先建后补、业绩奖励、贷款贴息等方式对旅游项目进行财政补贴。云南省级财政共投入5000多万元重点扶持旅游热点地区旅游公共服务设施建设。河南省争取中央预算内旅游基础设施、红色旅游专项资金4333万元以工代赈示范工程、易地扶贫搬迁工程等专项资金511万元支持重点景区、乡村旅游扶贫重点村旅游基础设施建设等。

（二）统筹各部门资金支持全域旅游建设

全域旅游是一项系统工程，涉及经济社会发展的各个方面。为此，在全域旅游建设过程中，各地为提高部门参与旅游的意识，整合部门资金，提高各部门资金使用效率，形成多部门发展合力、多部门联动和共建格局，统筹各部门资金用于发展旅游，包括统筹农林水等关联产业，城乡、交通等基础设施部门涉旅资金，或者是出台部门联合申报项目奖励政策与资金等措施。比如，江宁区在全域旅游创建过程中，各部门都在联动中加大了对旅游相关的投入，2016年农林水投入资金达到6.04亿元，交通投入资金达2.5亿元；2017年农林水投入资金达到9.13亿元，交通投入资金达21亿元。

在全域旅游发展过程中，政府也通过贷款贴息撬动社会资本，重点扶持公共类旅游项目和旅游企业发展，特别是中小旅游企业的发展，支持旅游大众创新创业，正确引导旅游投资与发展。地方政府各地出台贴息贷款专项资金管理办法或意见，出台对旅游项目，特别是乡村旅游以及旅游公共类项目，优先安排政府贷款贴息政策，贴息金额不低于旅游项目资金总额的15%。比如，江宁区在全域旅游发展过程中，对江宁区属国企集团参与全域旅游重点片区和项目建设的，给予一定比例的融资贴息。例如，制定《关于建设国家级汤山温泉旅游度假区、加快打造世界著名温泉小镇的资金扶持办法（试行）》，在引进项目过程中准确把握产业定位、强化产业选择，给予资金支持。

（三）项目奖励补助政策

在全域旅游发展过程中，各地也制定了重要领域的奖励政策，对已有的创建业绩进行奖励，同时引导旅游发展方向，既包括对列入国家、省市重点项目进行奖励，也包括对重大项目年度完成率较高的项目进行奖励，涵盖对其他新兴业态发展进行奖励，有些地方专门出台民宿奖励办法，有的地方出台旅游营销奖励办法等。比如，江宁区不断优化全域旅游发展奖补支持政策，重点加大对特色田园乡村、品牌酒店建设、国家级旅游度假区、国家级旅游景区、星级乡村旅游示范点、省级自驾游基地、国家级和省级工业旅游示范点、民宿示范村等品牌创建奖励。在民宿方面，江宁区设立民宿发展专项资金，对发展乡村民宿进行扶持。鼓励有条件发展民宿的村(社区)采取多种方式开发建设民宿示范村，对达到民宿示范村建设标准的，给予200万元资金奖补专项，用于村(社区)利用既有资源自主发展民宿、建设公共配套设施、提供公共服务实施规范化管理以及引入社会资本发展民宿。对民宿示范村内参与民宿建设经营的社会资本、村集体、农户，按照每间客房5000元的标准(装修标准不低于1500元/平方米)，一次性给予补贴，并安排一部分资金支持民宿的宣传营销和推介。黑龙江省政府把旅游业作为全省经济转型升级的三大发力方向之一，对符合条件的新上重点旅游项目给予资金奖励：对投资1亿元以上新建旅游景区项目(含地相关费用)按固定资产投资额3%给予一次性奖励，最高不超过500万元；对新评为国家3A级、4A级、5A级旅游风景区，一次性奖励30万元、50万元、100万元。四川省则通过举办高规格、大规模的中国(四川)国际旅游投资大会，广泛动员社会资本投资旅游业。湖南省张家界武陵源区于2015年12月出台了《张家界市武陵源区招商引资奖励办法》，针对实际到位固定投资2000万元以上的餐饮服务和生态旅游农业类项目，实际到位固定投资5000万元以上的交通服务类、旅游购物服务类、文化教育和医疗卫生类(含旅游培训、康体疗养等)项目，实际到位固定投资1亿元以上的旅游文化和休闲娱乐项目和旧城提质改造或特色街区类项目，实际到位固定投资2亿元以上的住宿服务类(含高端酒店、特色客栈、汽车旅馆、自驾车营地)项目的投资者和招商引资服务责任单位给予资金和荣誉奖励。

三、投融资体制创新

政府出台支持市场化的投融资政策，有利于撬动社会资金和市场资金进驻旅游领域，为全域旅游发展提供市场化的资金保障，发挥市场对旅游资源配置的绝对作用，从而激发全域旅游发展的市场活力。除了政府财政支持外，全域旅游发展更依赖市场化资金支持。各地不断完善旅游发展的市场化投入机制，优化市场投融资政策和模式，促进旅游投资多元化，建立市场资本驱动的旅游发展环境，提升旅游投资效率。重点是出台全域旅游现代金融政策，培育全域旅游发展的市场化投入机制。加强旅游金融政策创新，充分运用股市、基金、债券、众筹、私募等现代旅游投融资手段，多渠道吸收市场资金、社会资金进军旅游产业，发挥市场对旅游业的绝对配置作用。

(一)建立旅游项目库与优先政策

根据地方旅游发展的主题定位和发展方向，来建立旅游项目库，向市场传递明确的信息，即明确鼓励什么项目或产品，禁止什么项目或产品，不断强化主题，凝聚旅游发展方向，推动旅游业高质量、特色化发展。各地建立旅游项目库，发改部门把旅游项目优先纳入本地优选项目库，支持旅游项目的立项，支持对入库项目优先倾斜资金安排，优先支持项目库里项目前期研究，优先旅游项目包装、推介与招商，优先安排旅游项目申报工作，优先支持争取上级政府资金。

比如，2015 年开始，国家旅游局每年召开中国旅游产业促进座谈会，联合国家开发银行等 9 家银行发布全国优选旅游项目、与国家开发银行等 6 家金融机构签订合作协议，共同发布 500 个全国优选旅游项目，项目覆盖景区提升改造、乡村旅游、休闲度假旅游、自驾车房车营地、旅游演艺五大类型，并由 6 家银行为旅游产业发展提供 1.6 万亿元的信贷资金。

(二)完善旅游投资体制，充分保障产权

在充分发挥民间资本、境外资本作用的同时，切实维护投资者的正当利益，切实做到谁投资谁受益，谁消费谁付费。不干涉拥有自主经营权的旅游企业的正常、合法经营、在企业的价格制定、市场营销、人才使用等方面不设限、多支持，激发旅游企业活力，实现旅游投资效益最大化。

各地出台社会资本参与旅游业的相关政策文件，如广东、山东、江苏、吉林等省份的旅游部门和财政部门联合下发文件，促进社会资本进入旅游业。

鼓励金融资本、社会资本参与设立旅游类产业基金，支持旅游主题公园、特色旅游小镇、旅游综合景区、户外运动基地、旅游交通基础设施等项目建设。吸引社会资本参与旅游产业发展，通过政府与社会资本合作等多种模式参与旅游配套基础设施建设。支持银行业金融机构探索开展PPP模式下民间资本各项权益的质押贷款业务。鼓励风险投资基金、私募股权基金积极介入新兴旅游业态，支持旅游企业通过产权置换、合作开发等形式，与相关产业融合发展。推动文化旅游业态创新，促进“互联网+旅游”“旅游+金融”等产业融合发展。

(三)探索多元旅游投资模式

在全域旅游发展过程中，创新构建起多元化旅游投融资机制。依托财政、国资、社会资本共建全域旅游，进一步完善多元投入激励政策。

比如，在南京市江宁区，依托江宁区居全省区县首位的国有资金规模、位居全省前列的财政资金实力、位居苏南第一方阵的民营资本财力，率先建立形成“财政资金引路、国有经济主导、社会资本跟进、金融资本助推、居民众筹参与”的多元化投融资机制。对所属国企集团参与全域旅游重点片区和项目建设的，给予一定比例的融资贴息，支持区属国企集团运用自建旅游资产开展市场化运营，对带动民富效益突出的涉旅国企给予一定奖励；在新市镇和棚户区PPP开发建设中，明确一定比例的公共用地用于景观建设；在房地产开发中，严格按照一定比例和标准，推动小区普遍建设公共生态景观；支持社会资本以商会经济、众筹等形式参与江宁全域旅游项目建设“十三五”以来，全区累计完成涉旅财政投入近100亿元、国资投入超200亿元、社会及金融资本近300亿元。2017年江宁区完成旅游投资37.02亿元，2018年江宁区完成旅游投资51.03亿元，涉及业态包括医疗健康与养生养老、旅游小城镇古街区、住宿餐饮、文化康养、商业综合体等。

(四)建立国有旅游产业发展平台

各地在旅游发展过程中，组建国有投资、运营公司，构建政府—国有资本投资运营公司—经营性国有企业管理架构，提高国有资本运作模式。比如，在江宁区，2017 年 5 月，江宁区成立江宁旅游产业集团，强化区属旅游集团资产化、市场化、专业化运作能力，推进旅游产业开发。通过调配优质资产和精兵强将，在南京率先组建了区属旅游产业集团、与牛首山、汤山、园博园等建投公司相衔接的“1+X”国资开发模式，有效推动江宁美丽乡村、旅游道路、重点景区等工程建设，在全区带动形成了如火如荼、热气腾腾的全域旅游发展景象。江宁国有资本在旅游开发中发挥出的骨干支撑作用，得到了各级领导和有关方面的认可与赞赏。

（五）探索差别化金融政策

结合金融体制改革，探索依据旅游企业综合评价结果与金融机构信贷相关信息实时共享制度，构建差别化信贷机制，对成长性好，符合旅游产业发展方向、金融风险控制好的旅游企业扩大信贷规模。

（六）创新现代旅游金融手段

在全域旅游发展过程中，各地出台全域旅游现代金融政策，制定综合运用现代金融手段及开发性金融融资的方案和政策，创新旅游金融投融资体系，综合运用股市、债市、基金、众筹、私募等现代市场融资方式，多渠道吸收市场资金、社会资金进军旅游产业，发挥市场对旅游业的绝对配置作用，充分获得市场资金和社会资本，增强旅游业发展的市场活力，培育全域旅游发展的市场化投入机制。

1. 创新社会资本合作（PPP）投资模式

江宁区创新旅游投资模式，引入 PPP 投资模式，吸引社会资本投资旅游项目，拓展旅游投资渠道和来源，建立国有、集体、社会资本多方参与的投资格局。快速推广 PPP 模式已经成为未来旅游业金融结构的大方向，财政部发布的《PPP 项目最新入库标准》更是为 PPP 项目申请提供了指南。

比如，在江宁民宿经营模式方面，各街村积极探索建设经营机制，为集体资本、农户、社会资本进入民宿设计制度和路径，形成多元投资格局。比如，贵阳市花溪区制定了《关于推进花溪区全域旅游示范区项目建设投融资工作的实施方案》，花溪区人民政府与贵州股权交易中心战略合作，促进全域旅游企业投融资创新，出台了《关于在旅游领域推广政府和社会资本合作模式的指导意见》，用 PPP 创新模式融资修建花冠路等重大旅游基础设施项目。

在国家旅游局的支持下，国内旅游企业已积极开展了 PPP 模式投资的探索。北京、上海等地企业通过 PPP 模式参与桂林智慧旅游城市建设。山西、贵州等地旅游企业进行旅游资源开发的 PPP 模式尝试。

2. 设立旅游产业发展基金

在全域旅游发展过程中，各地创新旅游投资基金，以政府资金引导社会资本投资旅游业，创新旅游投融资渠道，撬动社会资金和市场资金进驻旅游领域，激发全域旅游发展的市场活力。

江宁区江宁科创投集团专门为牛首山文化旅游区设立了“牛首山文旅产业发展基金”。早在 2012 年，北京市与海航旅游合作设立北京旅游产业发展促进基金，首期规模 10 亿元，撬动 100 亿元社会资本投资旅游业，完成对北京首航直升机等多个项目 8. 21 亿元的投资，实际拉动社会资本对北京旅游投入 70 多亿元。2015 年其他省份也纷纷加快了旅游产业发展基金的筹备与运营。江苏省财政厅、省旅游局设立旅游产业发展基金，通过债权投资方式，重点发掘和培育具有市场潜力的旅游企业，企业获得基金综合成本不超过银行同期基准利率。截至 2015 年 9 月，累计完成 103 个旅游基金项目调查，通过审核并已投放旅游基金项目 50 个，投放资金 3. 22 亿元，带动社会资本 40 亿元。湖南省设立了 30 亿元规模的“湖南文化旅游产业投资基金”，主要投资领域为文化旅游产业链，包括影视、音乐、动漫、游戏等产业基地，景区、酒店、旅游服务，文体教育产业链和新媒体产业链等。陕西省政府注资并要求陕西旅游集团发起，联合国家开发银行、平安银行、国开证券、国开泰富、中信信诚等设立 50 亿元规模的“陕西旅游产业投资基金”。辽宁省制定《辽宁省旅游产业投资基金设立方案》，筹备成立全省旅游产业发展基金。

3. 旅游产业融资担保体系

旅游企业固定资产少，旅游企业建设用地用海使用权抵押等抵押贷款、旅游景区经营权和门票收入权质押贷款等操作性不强，使得银行贷款面临诸多限制。在全域旅游发展过程中，银行业金融机构要针对全域旅游市场经营主体和项目建设的信贷需求特点对经营模式稳定、经济效益好的旅游酒店、产权式酒店和旅游物业项目，探索开发经营性物业抵押贷款。对拥有林地的景区项目，积极开展林权抵押贷款业务。对乡村旅游经营主体，探索拓宽“两权”抵押贷款试点支持范围。对具有优质商标权、专利权的旅游装备制造企业和旅游服务企业，探索开展知识产权质押贷款。加强银担、银保合作，引导鼓励融资担保和保险机构积极为旅游企业融资提供融资担保和保证保险服务。

此外，江苏省财政厅与省旅游局、省信用再担保有限公司签订《旅游产业担保战略合作协议》，积极构建旅游产业融资担保体系。自 2015 年起，每年安排 3000 万元旅游担保业务风险代偿基金，同时担保公司和各家银行机构对旅游企业提供符合条件的担保和贷款业务，纳入省级财政支持小微企业担保及贷款增长奖励范围。目前有 76 个旅游项目向省再担保公司申请担保。北京市与全国首家以服务“三农”为主的专业化农业担保机构北京农业担保公司合作，积极搭建京郊旅游融资担保服务体系。

4. 建立旅游资源交易平台，推进项目资产证券化

为创新旅游投融资平台，在全域旅游发展过程中，一些地方探索建立了旅游资源资产交易平台，推动旅游投资市场化进程。

第一，创新旅游投融资机制，借助设立旅游产业促进基金、旅游资源证券化、股权交易等方式，为旅游金融的交易提供便利，让旅游投资更容易落地。

江宁区在江宁建立服务全市的南京旅游资源资产交易中心，构建旅游资源资产交易平台，促进旅游资本市场发展。北京市搭建了旅游资源交易平台。该平台是在北京市旅游委指导下，由北京产权交易所承办的专注于服务旅游产业发展的平台。2013 年 9 月启动运营以来，共发布项目 520 余个，涉及金额 1800 多亿元，其中成交项目 70 多个、成交金额 29 亿元。2015 年，该平台召开了京津冀旅游投融资项目推介会，三地共有 200 多个旅游投融资项目正式亮相，总投资达 1200 亿元。

第二，各地也积极推进旅游资产证券化、股权改革创新，将部分旅游资源进行资产证券化，依托交易平台进行交易。或者设立旅游投融资平台公司，促进旅游资源资产交易和市场化配置，引导私募股权、创业投资基金等进行投资，或者设立旅游产业促进基金，将部分旅游资源进行资产证券化，依托股权交易平台进行交易，积极推广 PPP 模式，支持旅游企业直接上市融资，引导更多资金进入全域旅游项目。在国家全域旅游示范区创建单位中，65%的创建单位利用财政资金设立了旅游产业发展基金，或利用财政资金引导社会资金成立旅游产业发展基金，或鼓励大型旅游企业成立旅游产业发展基金。43%的创建单位成立国有“投融资平台”，发挥地方性金融机构的作用。

第三，盘活存量的金融创新。对于已经建成的旅游项目，在稳定运行后，可以采取资产证券化方式进行融资，进行再投资；对文化旅游类资产整体打包，实现存量资产的盘活。如休闲景观、城市园林绿化、应收账款、基础设施类项目采用债券型证券化产品进行发行；将可产生稳定现金流、拥有收益权类项目，如文化休闲场馆、景区门票等采用股权型证券化产品进行发行；用于租赁的旅游商业配套设施可采用 REITS 方式进行资产证券化等。

比如，江宁区探索旅游资产证券化、股权化改革，推动酒店间夜权、景区门票权无建设用地的营地、房车、游艇等市场改革。比如，贵州省贵阳市花溪区也设有直接股权资金、产业发展基金、企业债券等多种财政金融工具，先后成立了花溪区沸腾种子天使投资基金“天使基金”、长安宁-贵银 1 号信托贷款、青岩古镇景区整体提升打造项目人民币资金银团贷款等多种融资方式。华侨城集团推出欢乐谷主题公园入园凭证专项资产管理计划，通过中信证券发行，募集企业发展资金。

5. 支持企业上市

重点鼓励旅游企业直接融资渠道。加强旅游企业的培育、储备，积极促进旅游景区资源整合，推进旅游企业改组改制、兼并重组及股份制改造，推动龙头和优质旅游企业上市融资，重点培育有产业优势、发展潜力大、具有地方特色的中小企业在“新三板”和新疆股权交易中心挂牌融资。

原国家旅游局鼓励具备条件的旅游企业在国内外上市，拓宽企业融资渠道，获取企业发展资金支持。目前，我国已有上百家旅游相关企业在国内外上市，旅游融资能力大大增强。携程、去哪儿、途牛、艺龙等新兴在线旅游企业在美国纳斯达克上市；腾邦国际、宋城演艺等企业在创业板上市；北展股份、云南文化、路骋国旅等在新三板上市；神州租车、海昌控股等旅游企业在中国香港地区上市；中国国旅、锦江股份等一大批旅游企业在A股上市。比如，江宁区政府制定了《进一步推动企业上市扶持办法》和《产业发展基金管理实施细则》等开放性金融政策，推动旅游企业直接融资。

此外，政府也引导和支持符合条件的企业和企业集团通过发行短期融资券、企业债券和中期票据等方式筹集发展所需资金。支持符合条件、具备发展潜力的中小旅游企业通过区域集优方式，按照“统一冠名，分别负债，统一担保，集合发行”的原则“抱团”发行中小企业集合债券，不断扩大债券融资规模。

第八章

全域旅游视域下的农旅产业融合模式

在生态文明建设大背景下，充分运用农业与旅游产业融合新模式，进一步推动产业融合高质量发展，这对于践行“两山”理论、进一步贯彻落实乡村振兴战略、完善制度体系、提升解决“三农”问题的现代化治理水平都具有深远而重要的现实意义。从农业角度来看，对农业与旅游产业融合机制的研究，有助于完善农业产业融合政策、转变农业经营观念、拓展农业未来发展空间；从旅游产业角度来看，对农业与旅游产业融合机制的研究，有助于创新旅游产品业态、构建现代化产业体系、延伸与完善产业链条、提升抗风险与综合竞争力，更好地满足市场多元化需求。

第一节　“旅游+”带动的新产业：乡村休闲旅游

一、乡村旅游是乡村休闲旅游的基础

乡村旅游是发生在乡村地区、以乡村风情为吸引物而展开的旅游活动，依托农村地区的优美景观、自然环境、建筑和文化等资源，在传统农村休闲游和农业体验游的基础上，以集镇村庄、山野水乡为活动空间，以环境有保障、村落有特色、农居有体验为特征，综合旅游观光、休闲度假、农家餐饮、养老养生、感受式农业、传统手工艺等多种形式，旨在繁荣农村、富裕农民。以 1985 年成都郫县的徐家大院农家乐为标志，中国乡村旅游已经有 30 多年的发展历史。

多功能性是乡村旅游的基础。乡村旅游既具有农业生产的特点，又具有旅游经营的特点，具有生产经营的双重性。社会功能是乡村旅游发展的诱因。由于农村承担着承载人口、解决就业、养老等社会责任，自然把发展乡村旅游作为承担社会责任的重要手段。文化功能是乡村旅游开发的关键。文化是旅游者活动的本质属性，是旅游资源的魅力所在，旅游也是一种综合性的审美文化活动，这就要求乡村旅游具有一定的文化含量与文化品位。生态功能是乡村旅游发展的依托(图 8-1)。

图 8-1　乡村旅游之雪村

我国农业发展处于国际产业资本与金融资本“双重过剩”的战略转型机遇期，现代农业的功能是满足绝大部分中产阶级对农业生态化和功能差异化的需求。乡村旅游的出现和发展，打破了三元结构和四元结构的固定范式和“魔咒”，直接从传统农业经济阶段迈进了农村服务阶段。从资源的角度来看，乡村旅游经历了对资源的简单利用(吃农家饭、住农家院、田园采摘观光)、资源的综合利用和深入挖掘资源、深度体验(文化体验型、休闲度假型、娱乐参与型等)的三次升级。从市场的角度来看，乡村旅游经历了乡村旅游、乡村休闲、乡村度假三个市场维度的开拓和变化。从模式的角度来看，乡村旅游发展过程中形成和固化了农家乐、高科技农业观光园、农业新村、古村落的开发、农业的绝境和胜境等模式，延伸模式有观赏农业、采摘林业、休闲渔业、体验牧业等，这些是农家乐基础模式上的延伸，有利于实现附加值提高。

二、休闲农业是农旅融合的“牛刀小试”

休闲农业是贯穿农村三产业、融合“三生”功能，紧密连接农业生产、加工、服务的新型农业产业形态和新型消费业态。休闲农业具有高文化品位、高科技性、高附加值、高融合性等特点，是现代农业发展的重点和现代农业发展演变的新趋势。休闲农业是农业与旅游业的融合，拓展了农业的文化功能，将农业生产过程、生产手段、生产成果综合化，服务产品体验化，将农村生活的方式、习俗及生活状态场景化、文化化，农业的生产目的、价值取向和市场定位多元化；挖掘农业自然资源、生态资源以及人文资源，拓展农业功能和提高经济效益。

休闲农业贯穿农村三次产业，在休闲农业的产业体系中，三产互融互动，农业和现代产业有效嫁接，文化与科技紧密融合，农业成为现代休闲产品的载体，发挥着引领新型消费潮流等多种功能，开辟了新市场、拓展了新的价值空间，产业价值的乘数效应十分显著。休闲农业以休闲农场、度假农庄、租赁农场、采摘园、体验农场和农家乐等为主要产品形式，通过产业融合实现的是第一产业、第三产业的叠加效益。休闲农业以第三产业为主，农业生产成为附属功能，旅游功能上具有多样性，具备休闲、观光、体验、度假等功能，经济效益上具有多元性，服务体系上相对系统化，休闲农业空间结构复杂，旅游产业链初步形成，须进行阶段性统筹规划，精准发力，为乡村振兴提供有力支撑。

三、乡村休闲旅游是休闲农业和乡村旅游的融合发展

乡村休闲旅游的实质是以创新突破农业与旅游业两种不同产业的界限，实现农业与旅游业要素之间的相互流动以及农产品与旅游产品的相互结合，使农业和旅游业的功能得到拓展，从而产生一大批新业态。这不只是一种经济活动，也是一种高度的农业文明展示，如农业与旅游业、文化创意产业、能源工业等相结合衍生出的休闲农业或乡村旅游、养生农业、创意农业和能源农业等新产业。旅游休闲农业在许多发达国家都以较好的态势向前发展。

(1)休闲农业和乡村旅游的产业兼容性是乡村休闲旅游发展的前提。休闲农业和乡村旅游两者相互影响、相互渗透、相互作用，目标是通过融合实

现协同发展。休闲农业和乡村旅游(以下简称乡村休闲旅游)是一个新兴产业，是出现在20世纪80年代中后期的新业态。目前，作为一种新型的产业形态和消费业态，乡村休闲旅游快速发展。乡村休闲旅游是一个农业旅游文化“三位一体”、“三生”同步改善、三产深度融合的“三农”发展形态，是以农村资源共享为基础、以产业优势互补为前提，通过全方位要素整合、实现产业融合发展的一种战略形式和发展模式。

(2)产业协同和产业融合功能是乡村休闲旅游发展的基础。乡村休闲旅游强调市场协同融合发展，其发展可实现资源优势、产业优势和市场优势叠加。农业产业链中具有旅游价值的活动单元与旅游产业链的吃、住、行、游、购、娱等要素产生协同效应，共同打造农业旅游产业链，带动餐饮住宿、农产品加工、交通运输、建筑和文化等关联产业发展，能够促进农业产业结构优化升级、乡村旅游多功能发展，带动农业产业链延伸及其他服务业的发展；打造特色的融合产品，可以推动农村产业结构调整、农村社会经济发展和农村生态宜居。

(3)强力政策是乡村休闲旅游发展的助推器和加速度。随着2008年原农业部休闲农业处的成立，农业农村部开始在乡村休闲旅游政策制定中占主导地位，先后出台了一系列纲领性的宏观政策(表8-1)。2001~2009年是由乡村旅游向乡村休闲旅游政策的过渡期，政策导向经历了市场开拓与主题促销、农业旅游与旅游发展空间格局拓展、乡村旅游与乡村振兴的变化。2010~2016年是政策红利期，政策导向是通过品牌示范创建与标准化工作规范发展。2017年至今是提质升级与政策落实深化期，关注自身转型升级与提质增效、可持续发展及政策落地，逐渐增加使用人才培养、旅游公共信息服务、市场完善、培育行业协会等影响工具和税收金融、产权交易等契约式经济工具。

表 8-1 我国休闲农业和乡村旅游宏观政策

序号	文号	政策文件
1	2006 年	关于促进农村旅游发展的指导意见
2	2007 年	关于促进社会主义新农村建设与乡村旅游发展合作协议
3	旅发〔2007〕14 号	关于大力推进全国乡村旅游发展的通知
4	2009 年	全国乡村旅游发展纲要(2009~2015 年)
5	农企发〔2011〕8 号	全国休闲农业发展“十二五”规划
6	发改社会〔2014〕2344 号	关于实施乡村旅游富民工程推进旅游扶贫工作的通知
7	农加发〔2014〕4 号	关于进一步促进休闲农业持续健康发展的通知
8	国开办司发〔2015〕3 号	关于开展贫困村旅游扶贫试点工作方案的通知
9	农加发〔2015〕5 号	关于积极开发农业多种功能大力促进休闲农业发展的通知
10	旅办发〔2016〕272 号	关于实施旅游万企万村帮扶专项行动的通知
11	旅发〔2016〕121 号	关于印发乡村旅游扶贫工程行动方案的通知
12	农加发〔2016〕3 号	关于大力发展休闲农业的指导意见
13	发改社会〔2017〕1292 号	促进乡村旅游发展提质升级行动方案(2017 年)
14	农办加〔2017〕15 号	关于推动落实休闲农业和乡村旅游发展政策的通知
15	农加发〔2018〕3 号	关于开展休闲农业和乡村旅游升级行动的通知
16	文旅资源发〔2018〕98 号	关于促进乡村旅游可持续发展的指导意见

2018 年中央一号文件明确提出要实施休闲农业和乡村旅游精品工程，提出了开展休闲农业和乡村旅游升级行动。13 个部门联合印发《促进乡村旅游发展提质升级行动方案(2018~2020 年)》，从顶层设计上，基本形成了“思路升级+产品升级+设施升级”的建设思想，要坚持“一个围绕，两个紧扣，三个突出，三个着力提升”的建设路径(表 8-2)；在政策落实上，突出“六个建设重点，打造三个亮点”路径(表 8-3)，全面推进供给侧结构性改革，促进产品质量、硬件设施建设和文化内涵、环境卫生、软件管理服务、人员素质技能的全面升级，促进经营主体的多元化、业态发展的多样化、设施建设的现代化、管理服务的规范化以及布局结构的合理化，真正打造休闲农业和乡村旅

游精品，改善游客休闲体验，实现休闲旅游产业高质量发展。实施乡村休闲旅游精品工程是提升农业发展质量、培育乡村发展新动能的一个重要途径。

(4)融合效应是乡村休闲旅游发展的检验标尺。农旅融合发展适应了新兴需求，以市场需求为导向，将农业产业链或者某环节赋予旅游功能，有利于拓展产业发展空间、促进产业新业态形成、延长旅游产业链、扩大产业面、形成产业群；增加农业功能，提升农业产业价值(附加值)，有较大的综合拉动作用，并且可以形成品牌效应。农业与旅游业融合发展将在经济、社会、环境等多方面产生效应：有利于开发资源形成服务设施；推动农民的观念转化，锻炼新型的经营者；培育农村的市场机制和商品交换体系，拉动农村的社会进步和文化建设；形成城乡经济、文化、社会之间的过渡带、衔接带和综合带，带动区域经济结构的优化；能创造地区经济新增长点，促进农业转型和乡镇经济增长。

表 8-2　乡村休闲旅游发展的建设思想和路径

一级指标	二级指标	建设内容
建设思想	思路升级	“旅游+”的经营理念；项目规模从大而全到小而美
	产品升级	对接多样化需求探索新业态，建设休闲农业精品园、农业公园、田园综合体、农业庄园；发展森林观光、山地度假、水域休闲、冰雪娱乐、温泉养生等旅游产品
	设施升级	餐宿设施、接待及配套设施、环卫安防、服务质量、人员技能
建设路径	一个围绕	围绕发展现代农业
	两个紧扣	紧扣乡村产业振兴和农民持续增收
	三个突出	突出特色化、差异化和多样化
	三个着力提升	提升设施、服务和管理水平，规划引领，精品打造和规范管理

表 8-3　乡村休闲旅游发展的建设重点和亮点

一级指标	二级指标	建设内容
建设重点	重精品：实施休闲农旅精品工程	建设休闲观光园区、森林人家、康养基地、乡村民宿、特色小镇；创建特色农产品优势区、现代农业产业园和农业科技园
	重生态：注重乡村生态优势转化	发展森林草原旅游、河湖湿地观光等产业，开发观光农业、游憩休闲、康养等服务；建设示范村镇和精品线路打造生态旅游产业链
	重产业：构建三产融合发展体系	开发农业多功能，延长产业链、提升价值链、完善利益链，分享利润链；发展乡村共享经济、创意农业、特色文化产业
	重传承：农耕文化遗产保护与利用	划定乡村历史文化保护线，保护和适度利用文物古迹、村落民寨、农业遗迹、灌溉工程等；传承戏曲曲艺、民族文化、民间文化等
	重扶贫：打好脱贫攻坚战	注重脱贫质量，更加有力的举措、更加集中的支持、更加精细的工作；扶贫、扶志、扶智相结合，激发贫困人口内生动力
	重监管：市场准入和监管	对利用闲置农房发展民宿、养老等项目，出台消防、特种行业经营等领域便利市场准入、加强全程监管的管理办法
打造亮点	建设休闲农业重点县	按照等级资源优势要求，建设一批资源独特、环境优良、设施完备、业态丰富的休闲农业重点县，培育一批示范县、示范镇（村）、示范农庄，打造一批休闲农业“打卡地”
	培育休闲旅游精品	建设休闲观光园区、乡村民宿、农耕体验、农事研学、康养基地等，打造休闲农业和乡村旅游精品。开展发展调查和经营主体监测。认定美丽休闲乡村，开展“十最十乡”推介活动
	推介休闲旅游精品景点线路	运用新媒体宣传休闲旅游精品线路。开展“春观花、夏纳凉、秋采摘、冬农趣”活动，融入休闲农业元素，做到视觉美丽、体验美妙、内涵美好，为休闲度假、旅游旅居的好去处

农业与文化、科技、生态、旅游、教育、康养等深度融合形成的乡村休闲旅游等新产业、新业态，呈现出主体多元化、业态多样化、设施现代化、服务规范化和发展集聚化态势。农业的集约化为乡村休闲旅游发展提供了科技支撑、产业景观和背景支撑，增加了现代农业的休闲体验内容。集约化农业可以进行农产品深加工，农产品深加工本身又能够和现代服务业结合起来变成旅游产品，如普罗旺斯的薰衣草和图卢兹的向日葵。现代服务业对三次产业的渗透，加深和加快了产业之间融合发展的程度和速度，它与旅游业配套以后，交叉融合形成了新的业态。此外，乡村休闲旅游还可以与文化创意

产业融合，与现代科技融合，与信息产业融合。产业融合的程度越深，产业边界也就越模糊，而这种交集是非常活跃的经济增长因子(杨振之，2011)。

(5)打造农业与文化生态休闲旅游融合发展新业态。要以农耕文化为魂，以美丽田园为韵律，以生态农业为基，以创新创意为径，以古朴村落为行，大力发展休闲旅游农业，将农业功能向经济功能、社会功能、政治功能、文化功能和生态功能等多功能拓展，催化新业态和消费业态，再使新业态与种植、加工、餐饮、创意农业等互相渗透、互相提升、融为一体，赋予农业科技、文化和环境价值，提升乡村的生态休闲、旅游观光、文化传承、科技教育等功能，促使农区变景区、田园变公园、空气变人气、劳动变运动、产品变商品(图 8-2)。

图 8-2　建设美丽新乡村

业态创新层出不穷，典型做法有打造“可游、可养、可居、可业”的乡村景观综合体和田园实践馆。休闲化形态从农家乐发展到渔家乐、林家乐、果家乐、花家乐、茶家乐等产品；专业化形态有学习交流；定制化形态如游客包租、市民农庄，形成田园观光、古迹游览、民俗体验、休闲度假、农业科普等新模式，建成农业公园、休闲农场、乡村庄园、教育农园、乡村博物馆等新载体，盘活农地，激活产业，保护非物质文化遗产，打造美丽乡村的新名片。

第二节　乡村休闲旅游发展的新方向：田园综合体

一、田园综合体的本质：休闲农业与乡村旅游的升级

2017 年中央一号文件提出，田园综合体是在乡村建设的以农民合作社为主要载体、让农民充分参与和受益，集循环农业、创意农业、农事体验于一体的发展模式。作为休闲农业与乡村旅游升级的高端发展模式，田园综合体更多体现的是“农业+园区”的发展思路，将农业链条拓宽至科技、健康、物流等更多维度；是在农村三产融合的基础上聚焦凝练出的新模式，构建“农业+文旅+农村社区+农业加工”等综合发展模式。它是农业全产业链目标的整合、农业科技体系的支撑、现代农业经营体系的优化、多种类型农业园区的结合、农村三产融合、区域经济发展的新型复合载体，是一个“农+”多行业的三产融合体和城乡复合体，是推进农业供给侧结构性改革的一个方向。田园综合体以农业为基础，突出“为农”理念，坚持姓农为农，企业承接农业，以园区提升农业产业。田园综合体的特色是田园，关键在综合，融合发展是第一要义；以产业为基础，以文化为灵魂，以体验为活力，创新乡村消费，城乡互动。田园综合体的特色主要有以下几点：

(1) 田园产业功能的复合性。田园综合体是农、工、商、游产业的联动发展，在地域空间内组合现代农业生产空间、居民生活空间、游客游憩空间、生态涵养发展空间等功能板块，建成一种相互依存的能动关系，从而形成一个多功能、高效率、复杂而统一的田园综合体。而现代农业是田园综合体可持续发展的核心驱动。

(2) 开发运营空间园区化。田园综合体作为原住民、新移民、游客的共

同活动空间，既要有相对完善的内外部交通条件，又要有充裕的开发空间和有吸引力的田园景观和文化等。实行“农业核心区+支持配套+衍生产业区”模式。

(3)参与核心主体多元化。参与是田园综合体建设的前提，其中包含多元合作、共同建设、收益共享三个层面，其实就是推动主体融合发展，主张以一种可以让企业参与、城市元素与乡村结合、多方共建的开发方式，推行“村集体+开发商+政府+游客”模式，创新城乡发展，促进产业加速变革，重塑中国乡村的美丽田园、美丽小镇。

(4)突出生态理念，坚持“三生”统筹，坚持可持续发展。要通过三产深度融合，既连着乡村的美丽和活力，又连着乡村商业价值的提升，带动田园综合体资源聚合、功能整合和要素融合，使城乡、农工、“三生”在田园综合体中相得益彰。比如，安化县深挖黑茶文化底蕴，讲好黑茶故事和品牌故事，扩大产品影响力和吸引力；白沙溪茶厂建立了黑茶博物馆、生产车间、千两茶晾晒场，回溯茶厂发展历史以及黑茶制作工艺，深度挖掘背后的历史文化底蕴，确保茶厂百年制茶、事茶文脉绵延不断，确保百年技艺、数代匠心活态传承；云上茶叶公司致力于茶旅一体化开发建设，将制茶博物馆、茶车间、茶艺展示馆、制茶体验馆、茶文化休闲广场等融合在一起，依托独特的自然资源，以茶文化为核心，推进茶旅文融合发展，形成新的生产、销售、服务产业链，提升茶产业综合效益。

二、田园综合体在产业融合中的功能是新业态的基础

综合是田园综合体建设的核心，田园综合体是市场契合、产业耦合、功能复合的综合，本质就是产业的综合化、跨越化、融合化发展。强力实现第一产业向第二产业和第三产业的升级转变，不断推动产业链相加、价值链相乘、供应链相通，实现农村产业发展的融合。

(1)产业体系构建：四大产业体系。核心产业是以特色农产品和园区为载体的农业生产和农业休闲活动；支撑产业包括研发、加工、推销及金融、

媒体等的企业群；配套产业是提供良好的环境和氛围的产业群，如旅游、餐饮、酒吧、娱乐、培训、田园地产等；衍生产业是以田园综合体成果为要素投入的其他产业群。

(2)产业链创新整合：产业延伸与互动模式设计。突出“创新”理念，坚持特色创意。以农村的“三生”为资源，将农产品与文化、休闲度假、艺术创意相结合，以提升现代农业的价值与产值，拓展农村消费市场和旅游市场。通过各个产业的相互渗透融合，把休闲娱乐、养生度假、文化艺术、农业技术、农副产品、农耕活动等有机结合起来，能够拓展现代农业的研发、产加销等产业链。

(3)“四位一体”的转型综合体。田园综合体是以乡村复兴为最高目标的功能转型、模式转型、产业转型和价值转型的综合体，是集产、加、销、展为一体的复合功能体。田园综合体以田园生产、田园生活、田园景观为核心组织要素，多产业多功能有机结合，内容从农事活动转变成农事活动加服务活动，劳动涉及人群从农民转变成农民加市民，劳动所在地从乡村转变为乡村加旅游目的地，实现“农耕+居住、农耕+旅游、农耕+休闲娱乐”的农居、农旅、农娱混合模式和集多功能于一体，其核心目的是让城市人流、信息流、物质流真正做到反哺乡村，促进乡村经济的发展。

(4)田园综合体的功能分区就是产业融合发展的试验田。田园综合体实现农业、休闲与社区的融合，实现产业、文化与生态“三位一体”，包含了农业产业板块、生活居住板块、田园景观及休闲体验板块、综合服务板块等相关内容。田园综合体由景观吸引核、休闲聚集区、农业生产区、居住发展带、社区配套网(表8-4)构成：最外围圈层主要是农业产业聚集区；中间圈层是休闲商业项目，主要指为乡村居民和乡村旅游者提供服务、具有多重功能的商业配套设施；核心圈层是乡村休闲地产，主要指以居住功能为主体的传统地产、居住小区、产权式酒店等乡村居所型地产；乡村旅游休闲则是串起各个圈层的连接线。

表 8-4　田园综合体的功能分区

功能区	定位	功能	规划	三产融合作用
农业生产区：农业生产空间	生产性功能，产业支撑和发展动力	种养生产，微气候调节，休闲域	尊重场地肌理和四季需求	发展生态、科普示范、市民认种等
农业景观区：核心田园空间	吸引人流、提升地价，田园综合体	开发特色主题观光	突出景观主题，依托自然景观	田园风光和“休闲农业+”的模式
农业园区：产业链延伸	以园区方式实现农业现代化	循环、创意和体验农业的产业链	现代农业园、科技园和创业园等	发展新型农业的业态和新技术
居住区：城镇化核心承载	支撑田园综合体迈向新型城镇化	外来人员休闲、度假等集中居住	综合体要素延伸和新人口聚集	实现产业基于“+产城”融合模式
农业科普教育及农事体验区	承载农业文化内涵与教育功能	生态、科普、高新科技农业示范	农博馆、科普区、体验教育区等	科普农业和体验式农业模式
乡镇休闲及乡村度假区	综合休闲产品体系和业态聚集	体验乡村风情，享受农业乐趣	自然游憩公园、户外运动公园	休闲旅游农业、特色生活空间
产城一体服务配套区	田园综合体的配套支撑功能区	提供服务和保障的功能区域	金融、医疗、教育等服务	形成产城一体化的公共配套网络
衍生产业区	高级发展模式试点区	发展衍生特色产业	要具有农业及区域文化相关性	延伸产业链，打造多元产业融合

三、田园综合体促进农村产业融合发展的建议

按照乡村振兴战略“20 字”的总要求，坚持以人为本、以农为本、绿色发展，以“文化”为灵魂的发展特色，因地制宜，特色发展；多元发展，丰富内涵，品质发展；创新完善利益联结机制，共建共享，融合发展，规划引领，优化环境，完善乡村基础设施建设，丰富乡村旅游产品，促进乡村旅游向市场化、产业化方向发展，全面提升乡村休闲旅游的发展质量和综合效益。

(1)要深挖乡村特色资源，以乡村旅游资源与土地(核心要素资源)为基础，以乡村休闲旅游为脉络，以文旅产品为着力点，以配套服务(以休闲商业为配套)为支撑点，以乡村休闲地产为核心，以高品质服务为保障，综合开发打造图能圈式的“岛式圈层”结构的田园综合体。

(2)要体现产业综合，拓展农业产业链，提高田园综合体的含金量。重点内容是综合体内的生产与加工业转型升级，服务业丰富发展，在农业生产、

农产品加工、服务业紧密融合的基础上再派生新产业。产业链扩展要高度重视三次产业链的高端性，要强调经济、社会、生态与资源效益的综合性。借鉴国际产业集群演化与整合趋势，对照农业价值链演化规律，依据产业补链、伸链、优链的需要，形成综合产业链。可形成包括核心产业、支持产业、配套产业、衍生产业四个层次的产业群。通过产业渗透融合，有机结合休闲娱乐、养生度假、文艺、农技、农副产品、农耕活动等，拓展农业的研发、生加销产业链。

(3)实施差异发展战略。主要包括规范化景区服务策略、休闲化的郊野游策略、度假化的文化乡居策略和产业化的农业公园策略。

(4)统筹田园综合体建设与新城镇建设、美丽乡村建设、特色小镇建设等项目，完善乡村基础设施，修复和打造生态景观，为三产融合提供新的思路。强调跟原住民的合作，坚持合作社的主体地位，农民参与田园综合体的建设过程，还能享受现代农业产业效益、资产收益的增长等。强调城乡互动，着力解决村民、游客、政府、投资者、开发者、运营者及其他利益相关者的需求。

(5)要创新财政投入方式，探索推广 PPP 模式，综合运用财政贴息、担保补贴、以奖代补、先建后补、风险补偿金等，撬动金融和社会资本投向田园综合体建设。统筹支农资金、金融支持田园综合体建设。

第三节　休闲农业与乡村旅游融合的新业态：农业嘉年华

一、农业嘉年华及其对于农村产业融合发展的意义

嘉年华(Camival)音译于“狂欢节”，相当于庙会，起源于古埃及，后来成为古罗马农神节的庆祝活动。目前，嘉年华逐渐从一个传统的节日发展到包括大型游乐设施在内，辅以文化艺术活动形式的公众娱乐盛会。农业嘉年华

是指以都市现代农业为基础，以农业科技为支撑，以农业创意为手段，以农事体验、创意文化及农业元素为载体，以会议会展展销为形式，融合了旅游、文化、餐饮、服务、物流和信息等形态的会展业与都市农业融合的产物。

农业嘉年华作为城郊农业拓展和创新出的大型农业活动，是以农业生产活动为主题，以狂欢活动为平台的一种农业休闲体验模式，是能促进三产融合发展的都市农业新业态。作为区域发展的核心点，农业嘉年华能够促进带动创意休闲农业发展，搭建区域现代农业展示平台等；作为乡村新型产业体系发展的亮点、城乡融合发展的热点和新型业态，农业嘉年华将促进区域乡村旅游及现代农业发展更旺盛，成为乡村振兴的新引擎；作为农业、科技、旅游与文化四轮驱动的综合载体，农业嘉年华能够推动新型农业发展模式的成熟；作为农业投融资改革试验平台，农业嘉年华多采用股份制合作方式、公司制管理体系；作为多功能平台，农业嘉年华将打造科技推广与展示交流平台、创意农业休闲体验平台、招商引资与品牌营销平台、政产学研合作平台、新型农民教育培训平台、新型农业经营主体孵化平台、双创与文创平台，推进产业融合与综合服务。

二、农业嘉年华促进农村产业融合发展的演进

（1）“农产品展会+创意休闲体验”促进农村产业融合发展（2005~2012）。这时期的农业嘉年华是农博会的升级，模仿和创新国外嘉年华模式和形式，政府是活动组织策划方、投资主体；活动主题鲜明，但开放时间短，分散投资，规模相对较小；主题限于成果展示、项目推介及娱乐休闲等方面，难以形成品牌效应，对周边产业的带动性不强；地点不固定，活动后资源利用效率低，甚至部分处于闲置状态。如南京农业嘉年华前 8 届的活动时间均为 2 天，9~13 届活动时间为 1 个月。活动主要展示都市农业新成果、现代农业新技术、郊区农民新风采和城乡和谐新生活，兼具展览、娱乐、购物、展示、宣传和招商等多种功能，其模式新颖，发展潜力巨大，但是举办地点迁徙性弱化了影响力。

（2）“都市休闲体验+产业辐射”促进农村产业融合发展（2013~2014）。这一时期的农业嘉年华得到进一步发展，相继在北京、安徽等地成功举办。组织模式逐渐转为“政府搭建平台、专业化企业唱戏”的形式；场地由露天搭建逐步发展到拥有固定场所，并建有专门场馆；活动时间延长至1~2个月，增加了休闲体验项目，品牌效应逐渐形成，影响力逐步扩大，辐射带动作用增强，科技带动、科普作用凸显。如北京农业嘉年华已经连续举办六届，年均游客量超100万人次，大幅提升了昌平草莓品牌效应，带动了草莓产业以及旅游、餐饮及住宿等相关产业发展，农户获利增收，展示了都市农业发展新模式与未来农业发展新趋势，成为首都都市型现代农业的新品牌和农业转型发展的新亮点。

（3）“农业+N”的综合载体模式促进农村产业融合发展（2015~2016）。由政府搭台、企业唱戏的农业嘉年华模式逐渐成熟，其运营模式变化极大，运营时间变为常年运营，内涵与当地“三农”建设、主导产业及城乡融合高度关联，生存、盈利能力和辐射带动作用更加明显，品牌影响力发生质的飞跃。综合载体属性凸显，融产业、科技、旅游和文化等于一体，有效实现三产融合联动，形成区域发展极核。如河北邢台和农业嘉年华以“农业嘉年华+设施园艺产业集群+农用工业产业”的融合模式，形成了万亩农业经济综合体的核心区，通过新模式、新科技和新创意的全新发展理念，撬动了区域整体发展，带动了旅游项目增收，更带动了周边农业种植结构的变革，并逐步形成了以嘉年华为中心，以红树莓、设施蔬菜、中药材及苗木等种植基地为特色的农业园，带动农民年增收2000多万元，提升了农产品品牌价值和农业效益，形成农业集群式发展局面。

（4）“农业嘉年华+田园综合体”促进农村产业融合发展（2017年至今）。2017年开始，“农业+文旅+新型社区”的综合可持续发展模式落地。作为田园综合体的重要组成部分和重要载体，农业嘉年华是现代农业示范区、田园综合体等农业园区发展的核心。田园综合体将成为乡村休闲旅游发展的大方向，有利于推动农业嘉年华的转型升级。究其原因，一是两者都是以现代农业为核心，都以涉农生产体系为基础，推动农业产业转型升级；二是都强调农文旅结合，注重文化传承，都具有三产融合、“三生”同步的特征。农业嘉年华是一个充分展示农业的多功能性的农业综合体，注重农业、文化、休闲旅游“三位一体”的综合性开发，助力建设田园综合体、国家现代农业示范区(产业园)、国家农业科技园区(高新区、公园)等；三是“农业嘉年华+田园综合体”是促进农村三产融合发展的主要模式和主要特征，以区域统筹和乡村综合发展为着力点，可与现代农业产业发展、生态环境建设和田园社区建设相结合。

三、农业嘉年华促进农村产业融合发展

农业嘉年华是产业、文化与科技的核心引擎及引爆点，为现代农业产业体系输送农业高新技术，孵化农企，培育产业内部动能；驱动田园综合体统筹建设，盘活旅游资源，区域引领农业农村的统筹发展、乡村振兴和区域农业品牌建设。

(1)农业嘉年华的基本载体功能。一是综合载体功能。农业嘉年华是农业、科技、旅游、文化“四轮驱动”的综合载体，以科技创新、绿色生态、特色文化、互动体验等为特色。二是综合平台功能。农业嘉年华是农业科技推广平台、优质农产品贸易平台、职业农民培训和食品安全科普平台、学生社会实践认知平台、地方文化宣传平台等。三是农业产业孵化器功能。农业嘉年华是“双创”的农业产业孵化器。四是会展平台功能。农业嘉年华是汇聚世界先进技术和设备的平台，展现农业高新技术和设备。五是三产联动项目。农业嘉年华是经济、社会、生态“三效合一”的项目。

(2)农业嘉年华促进农村三产融合发展的机理。一是打造新引擎、培育新功能，带动区域发展。以科技创新为重要抓手，加速培育发展新动能，带动区域经济发展，推动供给侧结构性改革和创新驱动发展。二是整合资源促进农业转型升级。通过整合人地钱、科技、文化等资源，创新土地开发模式、

融资模式，科技支农，促进农业转型升级。三是产业延伸和有机融合。通过农业科技集成，延伸农业产业链，提升农产品附加值；集合现代农业、加工体验、休闲旅游、宜居度假等多种功能，实现三产深度融合发展。四是推动城乡融合发展。打破城乡相互分隔的壁垒，让城乡人流、信息流、物质流真正实现双向流动，使城乡融为一体。五是农民素质提升带动农民共同致富。为农户提供科技培训、示范推广等服务，提高劳动技能和生产水平，增加农民就业机会，带动共同致富。

四、农业嘉年华+田园综合体发展的案例：益阳现代农业嘉年华

益阳现代农业嘉年华位于赫山区沧水铺镇(在以新河线、G536线为主轴和碧云峰为支点的4.6万公顷范围内)，是中南地区规模最大的农业嘉年华，于2018年7月底正式开园，运用100余项高新农业技术、采用30余种全新栽培模式，展示600余种农耕植物，成为农业嘉年华与田园综合体有机结合的典范。建成了集现代农业生产、旅游观光、乡村特色食宿和美丽乡村于一体的田园综合体，并打造了科普讲座基地、教学实践基地，通过产业深度融合发展推动了县域现代农业发展。

益阳现代农业嘉年华是赫山区农村产业融合发展的典范(图8-3)。2017年，赫山区获评湖南现代农业改革发展示范区、农村三产融合发展试点区，定位是打造全国一流的国家级现代农业改革发展示范区。

(1)培育融合主体。注重农业与工业、服务业融合发展，培育了黑美人、佳佳米业等省级以上涉农龙头企业13家，市级龙头企业80家。同时，引进隆平高科、湘粮集团等战略投资者，带动新型农业经营主体发展，发展规模化合作社1000多家、家庭农场700多户，实现专业联社、合作强社和集团社的抱团发展。

(2)建设农产品品牌。推行“加工业+农业”模式，延长产业链，提升价值链，以企业培育品牌和创造品牌价值。全区“三品一标”农产品127个，农家

图 8-3　益阳现代农业嘉年华

良道、粒粒晶、湘益等品牌获评为中国驰名商标。

(3)创新组织和利益链接模式。采用“旅游+”“生态+”等模式，推进农旅、农文教等深度融合，打造主题休闲产业和精品休闲农业旅游路线，建成了以现代农业产业园、科技园、创业园和田园综合体为载体，以高品质生产基地、农产品加工企业、新型农业经营主体、农业景观、特色园区为支撑的产业观光带。目前，全区建成重要景点 20 多个，如稠木垸精细农业、荷塘月色、中塘智慧农业、汉森现代农业健康产业园、智慧农业第一村等，撬动全区实现年均旅游收入 27.1 亿元，农民人均收入同比增长 8.9%。

第四节　加快休闲农业和乡村旅游发展的政策建议

一、做好乡村+旅游，不断释放大农业的多功能性

乡村休闲旅游产业持续发展的活力在于融合创新。要以产业融合为手段拓展乡村旅游产业结构、强化产业内力；精准把脉消费需求，严守生态保护、文化传承和农民受益的底线，积极开发特色化、差异化、多样化的乡村旅游产品。

(1)要立足农业资源和乡土文化，传承和弘扬农耕文化。基于农业与旅游的产业关联度，挖掘乡土文化的多样性，促进农旅、林旅、水旅、文旅、信旅、工旅、金旅等融合发展，增强产业黏性和融合强度，延伸乡村旅游产业链条。准确把握旅游需求与农业现代化发展的“融合点”，挖掘旅游价值，推动农业生产、景观、文化、生态与旅游产业结合，形成经济集合。发展农家乐、休闲农庄、休闲农业特色村镇，将旅游与农村民俗文化、地方美食、特色物产等结合。挖掘村庄自然、历史人文资源，提升区域竞争力，开发出“望得见山水、记得住乡愁”的农旅融合项目。支持地域特色文化、民族文化、农耕文化、传统手工艺、戏曲曲艺等传承发展，创新表现形式和文化旅游产品，发展乡村特色文化产业。

(2)突出乡村旅游文化特色，讲好自然和人文故事。结合资源禀赋、人文历史、特色产业来深度挖掘农村文化，推进农文旅结合，提升乡村休闲旅游内涵。积极开展“农业旅游+文化”，挖掘、保护和利用重要农业文化遗产，将文物古迹、传统村落、民族村寨、传统建筑、农业遗迹、灌溉工程遗产、农业文化遗产、非物质文化遗产等融入乡村旅游产品开发，促进文物资源与乡村旅游的融合发展，探索文物领域研学旅行、红色旅游、体验旅游等项目

和精品旅游线路。依托乡村旅游创客基地，推动传统工艺品的生产、设计等和乡村旅游有机结合。鼓励与专业艺术院团合作，打造特色鲜明、体现地方人文的文化旅游精品。

二、科学规划打造乡村休闲旅游发展的“人本”空间

将乡村休闲旅游发展纳入经济社会发展规划、国土空间规划以及基础设施建设、生态环境保护等专项规划。突破农业旅游空间规划的规划理念，构建生产生活娱乐“人本”空间。瞄准旅游产品和市场相对成熟的区域、交通干线和A级旅游景区周边的地区，打造乡村休闲旅游目的地，促进规模化、集群化发展。打造“人本”型的生产、生活、游憩的室外空间，推进乡土文化时空多维度衍生，融入乡土文化、区域文化、历史文化、游憩文化等，激发人的朝气和探索精神。注意乡村原始风貌，提高农村生态系统的稳定性。村落建筑要有乡土气和地域特色，保护好乡村特有的田园风光，重点保护溪流、树林植被，尊重自然、保护自然、顺应自然，因地制宜，合理规划田园资源，实现人与自然的和谐共处。

三、培育精品品牌引领乡村休闲旅游升级发展

(1)培育构建乡村旅游品牌体系。树立乡村旅游品牌意识，提升品牌形象，增强乡村旅游品牌的影响力和竞争力。鼓励各地整合优质资源，推出一批特色鲜明、优势突出的乡村旅游品牌，构建全方位、多层次的乡村旅游品牌体系。建立全国乡村旅游重点村名录，开展乡村旅游精品工程，培育一批全国乡村旅游精品村、精品单位。鼓励集群发展乡村旅游，打造有影响力的乡村旅游目的地。支持优秀乡村旅游点申报创建A级旅游景区、旅游度假区、特色小镇等品牌。

(2)完善精品品牌创建体系和营销模式。提升产业标准化、规范化水平，建设一批全国乡村休闲旅游示范县、美丽休闲村镇、现代休闲园区(农庄)

等，在全国树品牌、创品牌，提升乡村休闲旅游产业的竞争力。依托相关主题活动，分次推介乡村休闲旅游精品线路和景点，扩大精品的影响力和美誉度。依托传统媒体、新媒体、自媒体资源，利用旅游推介会、博览会、节事活动等平台，支持电商平台开设乡村旅游频道，开展在线宣传推销等，扩大乡村旅游宣传。

四、树立融合发展理念，构建全域旅游共建共享新格局

大力推进“旅游+”，丰富旅游的内涵、增强旅游发展的功能，构建全域旅游共建共享新格局。培育“旅游+农业”，参与国家现代农业庄园创建，根据国家现代农业庄园评定标准，推进农业和旅游深度融合；参与国家农村产业融合发展示范园创建。通过创建中国乡村旅游创客示范基地、编印《乡村旅游典型经验汇编》等措施，总结推广“景区带村、能人带户、企业+农户、合作社+农户”等模式，充分发挥先进典型示范引导作用，做好农村融合发展优秀项目的品牌培育。积极申报美丽休闲乡村、现代休闲农业园区、现代休闲农庄和重要农业文化遗产。

五、提高乡村休闲旅游服务管理水平

完善乡村旅游的服务规范和标准，用标准打造品牌、用品牌吸引资本、用资本汇聚资源。探索运用连锁式、托管式、共享式、会员制、职业经理制等现代经营管理模式，提升乡村旅游的运营能力和管理水平。形成乡村与景区共生共荣、共建共享的“景区带村”模式。大力支持懂经营、善管理的能人投资旅游，实行吸纳就业、带动创业、带动农民增收的“能人带户”模式。健全多元的利益联结机制，分享旅游发展红利，提高参与性和获得感。组织开展休闲农业和乡村旅游人才培训，培养一批素质强、善经营的行业发展管理和经营人才。注重发挥协会和联盟以及中介组织的桥梁纽带作用，通过行业自律、服务和管理来提升能力。

第九章

全域旅游视域下的农旅产业融合与互动

农业与旅游业的产业融合，既是现代产业发展的共同趋势，还是产业转型升级的重要路径，同时也是旅游业发展的新使命、新动能、新方向。两者的融合不但能够促进农业发展、农民增收、农村稳定，解决“三农问题”、改善生态环境、优化农业产业结构，而且能够改变旅游业依赖传统旅游资源发展的局面，通过转变发展方式，扩展产业发展的空间，促使旅游业转型升级。

第一节 旅游业对休闲农业产生的效应

一、旅游业的市场定位

（一）浪漫

浪漫是现代旅游发展的主调。法国之所以成为世界著名的旅游大国，除了其旅游规模完善外，其浪漫的旅游基调也是吸引游客的关键点。浪漫之旅是每一个生活在繁忙中的人所真诚向往的。新时期的旅游业市场定位必须考虑到“浪漫”因素，力求将浪漫进行到底。有关单位要赋予自然景观多一些的浪漫因素，如花雨展示、人偶装扮等都是促进浪漫定位实现的有效手段。

总之，旅游景点的建筑、花园、广场要多些浪漫，以浪漫为主调，真正使旅游变成情感的拓展渠道。

（二）品牌

旅游业的市场定位要选准特色、构筑品牌。旅游产业与普通的产品品牌还是有所区别的，旅游名牌构筑必须突出资源特色，强调精品的名牌意识。特色，是旅游产品的生命线；品牌，是旅游特色的升华。所以，在创建旅游名牌产品时，必须找出具有国际、国内两大市场效应的核心特色发展，方能促进旅游业实现质的飞跃。名牌旅游产品的背后应当是名牌旅游企业集团化的连锁，以便实现高品位规划、高档次建设、高水平管理的良性循环发展之路。旅游业市场品牌的定位还要坚持品牌的培育和扩张战略，以此尽快提升旅游产品的品牌形象，迅速拓展国际高端旅游市场，特别是要把那些代表中国旅游品牌和形象的旅游产品展示给国内外游客。例如：国内的“活力广东”“好客山东”“美丽草原我的家（内蒙古）”等旅游形象品牌已经深入人心，而“奥运”“世博”等旅游产品已在世界游客心目中树立了良好形象。中国旅游品牌的影响力将会越来越大，美誉度也会越来越高。

（三）转型

转型是旅游业市场定位的一个重要环节。所谓转型就是要求旅游业在其发展的过程中必须时刻注意市场动向，并根据市场情况适时转型，以确保旅游业的可持续发展。同时，旅游企业为了更好地进行产业化发展，也必须拓展旅游业的行业空间，通过转型来争取更多客户资源。转型要深刻地挖掘旅游业作为一项特殊产业的多重功能，要通过各种途径和方法促使旅游业由经济功能向综合功能转变。概括地说，一是要走向生活化，强化旅游业的消费性功能，展现旅游业作为“民生产业”的价值；二是要走向生产化，凸显旅游业的生产性功能，展现旅游业作为“动力产业”的作用；三是要走向生态化，回归旅游的原始功能，展现旅游业作为“绿色产业”的特色。

二、乡村旅游业的发展历程

何景明（2005）认为，乡村旅游业作为旅游产业的分支，或者说产业结构的组成部分，其产业成长过程必然具有阶段性特征。如李涛、朱鹤、刘家明（2017）提出乡村旅游业在中国的发展经历了萌芽期、初发期、成长期和成熟期，蔡碧凡、陶卓民、张建国等学者（2017）从投融资意愿的阶段性分异入手，研究了乡村旅游业发展阶段。

（一）萌芽阶段（2002 年以前）：假日休闲

我国乡村旅游业萌芽于 20 世纪 50 年代。最早是因为外事接待需要，在山东省石家庄村开展乡村旅游活动。真正将市场需要与供给结合作为经济活动的乡村旅游，萌芽于 20 世纪 80 年代深圳举办的一届荔枝节。而将乡村旅游作为产业发展则起源于 1984 年珠海白藤湖农民度假村开业。之后，成都“徐家大院”的诞生标志着“农家乐”以及观光农业正式在南方兴起。除此之外，1995 年国家实行双休日，以及 1999 年又将春节、“五一”“十一”调整为七天长假，这些举措都为乡村旅游发展提供了机遇。但在 2002 年之前乡村旅游的萌芽阶段，乡村旅游的经济主体是以农家乐以及休闲观光农业为主，它们都是由农民自发经营的，是农民干农活后的副业。那时很多区域都没有乡村旅游业的概念，更多是通过口碑相传为游客提供食宿招待。由于发展食宿招待的农户数量有限，很难形成集聚，导致旅游者的随机到访率很大，没有稳定的客源，供需很难有效衔接。

（二）起步阶段（2002~2007）：农村观光

2001 年，农业部与旅游局开展“全国工农业旅游示范点”创建，并确定以“农业旅游”为核心的乡村旅游，标志着乡村旅游开始有意识地走向规范化、规模化。此时乡村旅游逐渐开始与城市旅游相提并论。但是该阶段的乡村旅游目的地主要集中于城市近郊、城乡结合地、少数民族村寨、古镇以及古村落等。乡村旅游开发规模仍是以农家乐为主的小农经营方式，乡村旅游点的管理者及经营者多是当地居民，他们提供的乡村旅游产品停留在提供住宿、餐饮层面。在这种准入门槛较低的状况下，乡村旅游产品数量虽然不断增多，但多是重复建设，缺乏特色，旅游六要素“吃、住、行、娱、游、购”链条发展的程度以及当地旅游管理与服务水平都处于较低状态。乡村旅游者多为国内游客，他们利用节假日旅游，行为具有明显的季节性，带来的经济效应不够显著，乡村旅游收入仍然不是主要经济来源。

（三）成长阶段（2008~2016）：农家乐旅游

2006 年国家旅游局将全国旅游主题确定为“中国乡村旅游年”，2007 年国家旅游局和农业部联合发布《关于大力推进全国乡村旅游发展的通知》，为乡村旅游步入规范发展提供了政策指导与政策保障。此外，2007 年次贷危机的到来使经济脱实向虚的问题不断涌现，大量社会资本转型与调整的需求促使国家加大了对乡村旅游业的扶持力度，为发展乡村旅游创造宽松的政策环境，也为企业投资提供了方向，由此激发了乡村旅游投资热潮，使乡村旅游在 2008 年步入快速发展、规范提升的轨道。自 2011 年公布首批 40 家全国休闲农业与乡村旅游星级企业后，直至2016年，全国农家乐数量达192万家。随着乡村旅游大规模、快速、普遍兴起，其量与质、长远规划与短期利益、本质与表象的矛盾也逐步凸显，呈现马波(2018)所说的乡村旅游开发火热但产业动力不足、成长整体乏力的局面。

(四)转型阶段(2017年至今)：投资带动

2017年，党的十九大报告指出："中国特色社会主义进入新时代，我国社会的主要矛盾已经转化为人民日益增长的美好生活需要和不平衡不充分发展之间的矛盾。"也就是说，消费结构的不断调整升级和人民群众生活品质的不断提高，会对产业产品结构以及产品质量提出新的要求。在乡村旅游业大发展的阶段，乡村旅游企业数量大幅增加，乡村旅游业投融资金额大幅增加，乡村旅游业规模急剧扩大，而乡村旅游消费规模虽有所提升，但仍处于较低水平。据有关部门的数据统计显示，目前乡村旅游中90%的民宿处于亏损状态，全年平均入住率仅为15.8%。且民宿企业数量仍在继续增加，从2014年的9万家到2017年的27万家，增长2倍。2017年全国乡村旅游达25亿人次，旅游消费规模仅为1.4万亿元。

在乡村旅游业供给大幅提升的背景下，想要提升消费市场规模，满足人们的美好生活愿望，乡村旅游业高质量发展势在必行。因此，从2017年到现在，乡村旅游业正在升级转型中不断摸索前进。

三、乡村旅游在现代农业产业园规划与设计中的运用

广大乡村地区拥有着丰富的旅游资源及农业产业资源。更好地融合乡村旅游资源和农业产业项目，是提高乡村旅游度假区建设价值的重要任务。

(一)乡村旅游综合体在现代农业产业园中应用的优势

第一，重塑农业产业链。旅游业的发展建设可以形成一个联动乡村产业相关链条的运行机制，进而对乡村生活的多方面进行整合与串联，形成良性的产业联动体制。

第二，提升农业经济附加值。农村的民俗文化及秀美风光可以在旅游产

业的带动下发挥其相应的价值，从而带动相关的休闲和养生项目的发展，创造更多的附加利益。

第三，实现资本增值。稻田文化及相应的自然景观是农业生态系统中不可忽视的新兴资本。实现“农业、农村、农民”三农资本的有机融合与有效转化，是实现农业资本增值并促进农业资源共享的有效途径。

第四，利用品牌效应拉动农业价值空间增长。农业产业园作为一项农村“不动产”，其温泉养生、景观游览等静态标签会在旅游业介入之后作为农业发展的区域优势被有力地放大，进而形成相应的区域品牌，打造相应的经济竞争优势，延伸经济领域的相应增长，提升整个农业产业的经济发展优势。

（二）乡村旅游综合体在现代农业产业园规划与设计中的发展模式

1. 协调新乡村建设与农村风情

结合乡村旅游及新型城镇化的发展，建设主体要实现乡村建设中人文与经济的协同发展，需要依靠旅游引进的相关力量，使劳动力、土地及资本等有效地发挥其作用。建设新农村，要在引进现代化建设理念的同时保护乡土风情。通过挖掘乡村旅游资源，将乡土风情、山川秀水、乡村民俗的合理保护与科学开发有机整合，对于具有地区特色、板块历史及民族特点的农村土地要重点开发。采用合理的规划与政策对乡村旅游的开发建设进行合理的指导，以保持传统乡村风貌为基础，加大村民居住环境整治力度；坚决遏制以地产为导向，人为建造、隔离乡村景观，背离传统文化的乡村旅游开发。

制定旅游业的服务标准，完善相应的乡村基础设施建设。为乡村旅游项目制定可行的行业规范，协调乡村文化的传承与资源的可持续利用，大力推广相关旅游行业标准。制定具有历史文化价值的传统村落及民居的保护名录，以此方式来实现保护与利用的合理配合，并且采取建设旅游项目的形式为相关农村文化设施赋予产业价值。

2. 协调科学技术与旅游业态

借助移动互联网技术等相关新兴科技对乡村旅游和现代农业进行改造。在很多乡村地区，很多居民已经开始使用智能手机来进行交流，因此，可以利用互联网等相关技术实现乡村区域和外部的接轨，利用互联网的优势发展乡村旅游业。旅游消费也可以促进电子商务、在线物流、网络营销等新的相关经济形态的整合，使旅游方面的消费与信息方面的消费协同发展。

在农业方面，新型的景观、技术、农业产品等会随着农业产业园及乡村旅游的建设而发展。旅游业是发展新型消费业态、扩大内需的主要内在增长点，要实现现代农业及旅游业的有效融合，建设主体需要凭借中心城市的集群效应形成规模经济，在一些发展形势好的地区率先试点，以此来促进集生产、观光、度假及乡土生活的参与体验等方面于一体的综合性农业产业园建设，进而促进乡村经济向多元化方向发展。

3. 协调原乡文化与旅游体验

要想发挥乡村旅游产品的品牌效应，形成当地独有的乡村意象，建设主体需要在保护乡村事物实体的基础上，对原乡文化进行宣传。

相关的乡村民俗活动组成的原乡文化是乡村意象的承载点。原乡文化的价值观需要游客在旅行过程中通过切身融入乡村生活来体会，在此过程中乡村建筑及乡村活动中的生存智慧和精神世界得以向游客呈现，真正发挥原乡魅力。综合来看，旅游产业园与农业商品经济的协调发展需要依靠市场的推动来对多元文化进行整合与吸收，以此完成传统文化的加工及改造工作，使原生活力在乡村旅游中得到体现。

建设主体凭借乡村的生态优势及文化优势，充分结合文化产业的发展，拓展乡村文化旅游空间，并对相关旅游资源进行开发，以此实现旅游业与乡村农业的协调发展。

4. 协调乡村日常与旅游活动

旅游与生活方式可以形成双向的融合，旅游消费及交流在改变着旅游者的生活方式的同时，也在调动着农民的创造、创新和创业活力。因此要加强乡村设施软件及硬件的建设，开展培训班、俱乐部等活动，促进居民与游客的沟通与融合，提升乡村的信息交流能力。

老年旅游项目在乡村旅游市场中具有巨大的市场潜力，建设主体可以依靠老龄人口对于自然风光及乡村生活的向往，按照老年人的生理特征及身体需求，采取土地流转及股份合作等方式，在一些距离大城市较近并且环境宜人的乡村，建设老年疗养院和度假村等符合老年人旅游需求的配套旅游设施。与此同时，建设主体也可以利用旅游资源的发展逐步使乡村居民的生活理念及生活方式得到有效提高，实现旅游建设与乡村生活的互惠。

5. 协调公共服务与旅游服务

由于相应的基础设施和公共服务落后，乡村地区有着巨大的新增投资需求，乡村旅游在引进现代农场、休闲养生园、农业科普示范基地等现代乡村旅游业态以及整合资源和资金等方面架起了桥梁。因此，建设主体应当统筹利用惠农资金，实现旅游公共服务设施及农村基础设施建设的融合发展，全方位打造现代乡村服务体系。

在实现乡村旅游提档升级、提高乡村旅游服务水平等方面，建设主体需要在政府和企业的扶持引导下，有组织、有计划地对乡村旅游从业人员进行培训，并采取“走出去”和“引进来”相结合的方法提高整体服务水平，从多方面为乡村旅游发展提供智力支持；加强农村社区自治组织规范化建设，尤其要注重社区的参与和发挥行业协会等非政府组织的作用；积极开展村内公益事业建设与管护，提升农村社会文明程度，促进农民安居乐业，加强旅游产业建设。

6. 协调农业产品与旅游商品

结合当地文化，将特色农产品、民间手工艺品等特产进行整合包装，以此提高农业产品的议价能力，创建农业产品品牌，抓住城镇化背景下食品消费结构转型升级的契机，促进现代农业和乡村旅游的双向发展。

为了完善乡村旅游商品供销体系，实现农业产品到旅游商品的转化，相关建设者可以在农产品或者手工艺品中精心选择那些乡土特色及市场竞争优势突出的产品，并对其着重扶持；策划发展一批“乡村旅游必购商品”，积极对接各地的旅游商品推荐名单，在重点旅游景区、主干道周边建设具有乡村特色的特产超市或旅游购物街等相关农产品的销售网点。

随着电子商务平台在当今时代的迅猛发展，乡村农产品的销售渠道得到有效扩展。建设者在发展乡村旅游业的同时可以借助线上平台对相关农产品进行销售和推广，在提升农产品的知名度的同时，还可以促进农产品销量的增长，提升品牌效应和农业产业园的发展水平，实现乡村旅游与乡村农产品销售的共同发展。

四、民俗休闲旅游发展的特点

(一)民俗休闲旅游的内涵

旅游民俗与民俗旅游是经常出现的两个概念，也是易发生混淆的概念。分析二者的差异，有助于我们更好地理解两者的内涵及其之间的关系。首先，民俗旅游是以民俗文化和民俗事项作为旅游资源和旅游对象而产生的旅游活动，强调对民俗进行"旅游"；旅游民俗则是指能够为旅游业所应用的作为旅游资源的民俗，强调对用来"旅游"的民俗文化的探讨。其次，从研究重点来看，民俗旅游侧重于将民俗旅游资源开发作为一种手段来促进旅游活动的发展，多讨论策略性问题；旅游民俗则重在讨论作为旅游资源的民俗与旅游活动之间的关系是什么、民俗作为一种文化如何被更好地应用于旅游，属应用民俗学的研究范畴。

与传统民俗文化的原生性不同，被用于旅游的民俗与旅游活动是同时产生的；同时，被旅游吸收运用的民俗将具备更多的文化功能和旅游功能。

1. 民俗旅游，文化是基础

民俗旅游的兴起使民俗文化得以传承和展现，令人欣慰。同时，我们也看到了另外一个事实，即原本作为一种民间生活、生产的文化的民俗，逐渐被物化为一堆了无生机的做旧建筑、被设计成为千篇一律的僵硬仪式，导致民俗文化丧失了精神内核。民俗旅游的"文化"属性在很大程度上依然流于形式，缺乏对民俗精神核心的解读。

民俗又称民间文化，是指一个民族或一个社会群体在长期的生产实践和社会生活中逐渐形成并世代相传、较为稳定的文化事项，可以被简单概括为民间流行的风尚、习俗。而民俗旅游正是游客离开了常住地，到异地去体验当地民俗的文化旅游行程。

我国幅员辽阔，文化历史悠久，各地民俗千差万别却又各具特色，其所引起的游客对异域民俗的强烈兴趣和好奇，是目前民俗旅游得以存在和快速发展的根本原因。游客在民俗旅游活动中，观赏、参与、体验当地民众的技艺传承、信仰传承和与生产生存相关的民俗传承，自然也不可避免地融入当地民众的现实生活当中。以当地居民为载体的“乡愁”式的文化体验活动具有独特性、文化性和参与性，它们形成了民俗旅游的强大吸引力，使其具有广泛的客户群体，为民俗旅游的发展奠定了良好的基础。

2. 具有丰富文化内涵才能持续发展

民俗是一门博大精深的学问，民俗旅游应以文化为核心，不断挖掘和丰富其文化内涵，方可持续发展。

(1)尽量维持民俗的原文化场景，切勿过分商业化。在一些民俗旅游景点，一些比较正式的节庆民俗和婚俗、礼俗甚至祭祀风俗都被搬上舞台，每天重复演出，以满足游客了解当地民俗的愿望。民俗文化展现的主要载体是人，并不是高科技的舞台和精心设计的剧目。民族特色和民俗的展现需要有其自身的空间维度和文化场景，离开日常生产环境的民俗文化是一种无生命力的文化。要保持特色民俗旅游的生命力，就应该在原生态的民俗生活中挖掘出富有特色的、可供观赏的民族文化资源，经过原住民、规划者、民俗文化表演者及游客的共同参与开发，形成品牌旅游产品。例如，根据时令变换的农忙农耕活动、采茶活动，以及春节期间的舞龙灯、划龙船等。

(2)保持文化本真性，遵循民俗文化法则。民俗旅游兼具经济和文化属性，民俗旅游在保持其文化“本真性”的同时，也必然遵循经济规律和文化法则。例如，保持原村落自然形态来为民俗文化提供充分的展现环境，将村民日常的生产生活包装为旅游内容，以“寻找乡愁文化”作为营销口号。但是，有些地区的民俗景点为了迎合游客寻求刺激和猎奇的心理，将神鬼地狱等东西视为民俗，并修建“龙宫”“阴曹地府”等，用高科技制造出一些血腥和恐怖的场面，以达到刺激游客的目的，有些甚至在民俗表演过程中加入色情和暴力等成分，对目的地的社会风气和民俗文化造成了极大的污染。这些随意“制造”、改动内容和表现形式的“伪民俗”不但亵渎了真正的民俗，而且容易误导游客对民俗文化的理解，更无法让游客领会到当地丰富而深刻的民俗文化内涵，严重背离了民俗文化的“本真性”。中国民俗文化博大精深，若置文化内涵于不顾，随心所欲、粗制滥造，不但违反了商品化原则，更不可能获得长远的经济效益。

(3)提倡全域文化，持续创新民俗旅游产品。笔者走访了很多地区的民俗村落或者民俗景点，它们大多孤零零地伫立在那里，出了门方圆多少公里内都没有相应或类似的配套民俗内容，甚至杳无人烟。显而易见，这些景点从一开始就缺乏从整体空间展现民俗文化的设计思路，它们只注重局部民俗文化资源的利用，而忽视整体民俗环境的整合利用，更谈不上深层次挖掘民俗文化资源的区域优势。如果无法形成流动着民俗文化情愫的旅游景观体系，让民俗旅游活动依然处于普通餐饮、住宿和在附近景点游玩的“三板斧”，就无从谈起让游客的记忆留存并使游客数长期稳定增长。迪士尼乐园建园六十几年来，长期在游乐业立于不败之地的秘诀就是具有不断挖掘和创新的精神。

(二)民俗与旅游的关系

1. 民俗为旅游沉淀了丰富的文化内涵

人们的旅游活动本质上讲是一种文化活动。即使是以欣赏自然风光为主的旅游活动，其根本目的都是满足人们愉悦身心的心理需求。与单纯为了满足物质需要而进行的生产活动相比，旅游活动的文化性是明显的。想让旅游活动能够满足人们更高层次的心理上的需求，就要求旅游活动要有更深厚的文化内涵。因此，民俗文化作为一种具有很强旅游吸引力的文化形式，自然就加入了旅游的队伍中来，甚至对旅游而言是不可或缺的。它为旅游沉淀了丰富的文化内涵，是现代旅游者最向往的旅游资源之一。

2. 民俗文化是克服旅游季节性瓶颈的有效途径之一

季节性是制约以自然旅游资源为主的地区旅游产业发展的最大瓶颈。明显的季节性在造成旅游业发展不均衡的同时，也使得目的地旅游经营企业将盈利目标集中于旅游旺季，由此带来了旅游服务水平下降、旅游接待能力不足、景区超负荷运转等一系列问题。要克服旅游季节性及其带来的问题，就要从挖掘旅游地的地域文化入手。“十里不同风，百里不同俗”，正是民俗文化的差异性，使得不同旅游地或相邻旅游地之间存在不同的地域特色，具备了吸引旅游者的内在特质。民俗是生活的文化，它广泛地存在于人类聚居的各个区域，这也为旅游目的地挖掘民俗文化资源提供了基础。因此，民俗文化的非季节性使其成为打破旅游季节性瓶颈的有效途径之一。

3. 旅游开发有助于挖掘民俗文化的产业价值

传统文化的现代化和新时期对文化功能的挖掘，使文化产业化成为人们越来越重视的课题。地域文化和区域民俗成为文化产业化的重头戏，而旅游文化产业则是文化产业化的主要形式。文化产业的发展不仅能够丰富某一地域的文化底蕴，同时也能够促进其经济发展和社会文明的进步。然而，许多学者对文化产业化、特别是民俗文化产业化的态度一直不积极，认为产业化极易导致对传统民俗文化的歪曲和误读，过度包装和商业化更使得民俗文化成为促进经济发展的牟利工具。事实上，对传统民俗文化的再次挖掘和利用，意义在于在充分肯定其价值的基础上将其从历史的尘埃中唤醒，使人们产生对文化的再认识和思想共鸣。

在现代社会，民俗的传统社会功能已逐渐淡化，文化受众的范围越来越小。人们仅将自己所处生活环境和地域中的少数几个主要民俗活动和民俗事象作为沿袭的对象，而很少对区域传统民俗文化有全面了解和关注的意愿。因此，民俗文化亟待产业化：它需要融入新的时代元素，并通过一种更“通俗”的手段去诠释，以便能够为更广泛的人们所认可和接受。而我们要注意的，就是如实地反映民俗文化的本真面貌，准确地传达民俗文化信息，努力寻找传统文化与普罗大众之间最适合的衔接点。

在民俗文化产业化的过程中，旅游产业将起到最有力的推动作用。旅游作为最大众化、最受欢迎的休闲娱乐方式已经深植于人们的生活。因而，可以对民俗文化进行旅游开发，让民俗以一种全新的形态展示出来，这种展示不仅是区域性的，更是区域间甚至国际化的展示。同时，旅游开发手段的多元化和现代化也将使传统民俗元素更适应现代旅游者的需求。

4. 旅游有助于实现民俗文化的保护、传承与发展

在很多旅游地，一些濒临消失的传统民俗正是由于得到了异地旅游者的关注，才被发现并发掘出来，成为备受欢迎的旅游资源，进而受到高度重视和有效保护。由于民俗原始社会功能的弱化，其旅游功能开始凸显，加之人们对于民俗文化的旅游开发，诸多民俗文化找到了更广阔的生存平台，得以延续和发展。因此，人们开始重新认同和接受民俗的价值，愿意从事到民俗演示、传承和保护工作中来。一些民间手工艺又恢复了新的活力，甚至吸引很多年轻人开始了对这些工艺的学习和传承。

（三）休闲民俗旅游的特征

1. 差异性

不同地域和不同族群之间的民俗文化是具有差异性的，在历史发展的不同阶段，民俗的呈现也不同，即使是相邻的两个地域或同一民族的不同部落，其民俗也会有所区分。这种差异性就是民俗能够成为旅游资源的重要前提。没有哪个旅游者愿意体验与居住地重复的旅游文化，民俗文化的差异性才是吸引其前往异地甚至异国旅游的动力。因此，有差异的民俗是形成旅游资源的基础，也是人们的旅游动机，是产生强烈旅游吸引力的源泉。

尽管民俗文化的差异性是客观的历史存在，但在旅游开发过程中，人们却往往忽视差异的存在。当一种休闲民俗旅游应用得当并受到强烈欢迎的时候，效仿便开始了。不分地域和族群特点的旅游效仿行为带来的是对休闲民俗旅游的劣质开发和旅游者的厌倦心理。因此，在休闲民俗旅游的开发过程中一定要将其差异性重视起来，“差异”才能使一个旅游地具有持久的生命力。

2. 参与性

休闲民俗旅游的参与性体现在两个方面。一方面，休闲民俗旅游文化以民俗活动的形式展示出来时，旅游者可以参与其中，在与当地居民零距离地亲密接触中体验地域文化。另一方面，休闲民俗旅游只有在特定的文化语境中才能彰显其最大魅力。休闲民俗旅游的参与性要求旅游者必须前往该民俗的所在地，即使不参与到民俗活动中，至少也要身在其环境中。民俗文化必须有自己的文化场域，离开文化场域就很难对一个地域的民俗进行很好的解读。只有实现参与性才能使旅游民俗全面客观地呈现出来，充分发挥其文化魅力和感召力，这也是旅游开发和应用中要努力实现的。

3. 可操作性

休闲民俗旅游能正确阐释民俗，发挥其文化的积极作用。因此，在尊重地域民族习惯和宗教信仰的基础上，许多传统民俗事项是不适宜作为休闲民俗旅游项目的。一些以骇人和迷惑人为主的封建迷信项目，由于其传递的错误观念和信息，也不应属于休闲民俗旅游的范畴。因此，休闲民俗旅游要具有现实的可操作性，不能够被随意应用。它除了具备强大的旅游吸引力外，更要能够弘扬优秀传统文化，发挥文化正能量。

4. 变异性

休闲民俗旅游的变异性是由民俗的变异性决定的。同一民俗会随着时空变化而产生变异，演化出新的形态。民俗文化正是在其历史发展中、在与外来文化的碰撞交融中传承至今的，休闲民俗旅游也不能局限于民俗固定的、陈旧的传统表达，而应在保持其基本特质的情况下融入新的时代元素，以符合新的时代要求。同时，民俗的变异性也给休闲民俗旅游的生存和发展提供了思路，使得休闲民俗旅游在开发运用中可以结合现代需求产生多种多样的表现形式。例如一年一度的洛阳牡丹花会，其作为洛阳市的民俗庆典仅有三十几年的历史，却成为对周边地区乃至全国都产生影响的重要旅游活动。当然，民俗变异性并不意味着我们可以对民俗进行任意捏造，而仅意味着我们可以在结合旅游的传统文化脉络的基础上进行文化创新。

第二节　休闲农业对旅游业产生的效应

一、休闲农业提升旅游需求

(一)休闲农业增加消费者的旅游支付能力

一方面，休闲农业的提供群体主要是农民。休闲农业项目的开发和实施，带动了相关产业的发展，有效解决了农村剩余劳动力的就业问题，扩大了农民的收入来源。旅游农产品大多在当地生产和销售，节省了农户在销售农产品的过程中很多中间环节所需的成本，使农民能够在最短的时间内得到更多的现金收入。同时，农民利用休闲农业洁净的环境，种植新鲜、优质的瓜果蔬菜和花卉苗木，以此提高农产品的市场竞争力，扩大农产品的销售市场，增加收入。农民收入的增加，提高了他们的旅游支付能力，刺激了他们对其他形式乡村旅游和城市风景名胜的旅游需求。

另一方面，相对于城市风景名胜的旅游消费，休闲农业产品作为城市风景名胜的替代品，其价格比较便宜，这就直接刺激了低收入人群的旅游需求。此外，对于旅游支付能力强的人来说，体验休闲农业会使他们的相对收入增加，为了维持旅游效用不变，他们会增加旅游消费，即所谓的收入效应和替代效应。

(二)休闲农业改变人们的旅游偏好

休闲农业的消费群体主要是城镇居民。休闲农业的开发，为城镇居民提供了走进农村、亲近大自然和体验田园乐趣的机会，加深了城镇居民对农业、农村和农民的认识和了解。休闲农业的发展，为城镇居民避开纷扰复杂城市的短期旅行提供了场所。同时，农民会向往外面的世界，希望能走出去见世面，农民与城镇居民的交流，也使农民的传统思想观念得到更新，这样既提高了农民的物质生活水平，也丰富了农民的精神生活。

（三）休闲农业打破旅游时间的限制

在“五一”“十一”等时间较长的假期中，人们会计划去某个旅游景点度假。但是在周末或者一两天时间的假期里，去那些城市风景名胜区就很不方便，不仅时间非常仓促，并且游客还非常多，花费也很大，旅游变得匆匆忙忙，不能尽兴，很多人就此选择待在家里。休闲农业项目的开发，给人们提供了一个好选择。发展休闲农业的地方一般都在城郊或者距离城区不太远的乡村，当天就可以来回，旅行者完全可以自己控制游玩的时间，尽情享受悠然恬静的广大农村，亲身体验农作的快乐，在这里度过一个短暂且惬意的旅行时光。

二、休闲农业增加旅游供给

（一）休闲农业节约旅游资源的开发成本

休闲农业依托“三农”资源和乡土文化，强调原生态。旅游资源的开发既保留了休闲农业基本的农业特色，围绕该农业特色开发旅游产品，避免了出现农村过度城市化的现象，也节约了旅游资源的开发成本。例如乡村采摘游，直接在农产品生产基地开发旅游项目，只需要建立完善的旅游配套基础设施即可，节约了其旅游资源的开发成本。

（二）休闲农业保护旅游生态环境

旅游生态环境主要包括大气、水体、土壤、地质地貌、动植物、微生物和景观等。清新的空气、透明的水体、肥沃的土壤、独特的地质地貌、丰富的物种和奇特的景观是使一个旅游景点具有持续吸引力的生态环境因素。休闲农业在发展过程中，为了让旅游者在实际体验中感受到大自然的奥秘，更强调人们的环境保护意识，以保护当地脆弱的生态环境、珍贵的文化资源和自然景观。

（三）休闲农业明朗了旅游预期

政府对休闲农业的大力扶持使农业休闲旅游得以蓬勃开展。旅游产品的供给方对旅游市场的预期是乐观的，这样的乐观预期刺激供给方增加旅游投资、改进旅游产品的生产技术，加大旅游产品的供给。

三、休闲农业延伸旅游产业链

休闲农业的开发，使得旅游产业链可以向上延伸到农业基础环节，向下拓展到市场营销环节。基于游客对农业体验的需求，农产品生产基地也被开发为农业休闲旅游的景点。乡镇逐步开放了农产品生产基地，游客不仅可以亲身体验育种、播种、施肥等农事活动，还可以参与农产品的采摘，农副产品的初次加工、深加工以及农副产品的营销过程。休闲农业的开发构建了旅农林渔产业链，利用休闲农业的辐射和带动作用，拉长了旅游产业链，向林业、渔业延伸。在休闲农业的发展过程中，发掘林业和渔业的生态维护、休闲观光、文化秉承、特色旅游功能，促进林业、渔业向旅游业转型，发展生态旅游林业和生态旅游渔业，丰富生态旅游产品，满足游客亲近大自然、感受原生态的个性需求。延伸旅游产业链，挖掘旅游市场潜力，激发游客的消费欲望，打造以旅游业为龙头，农业、林业和渔业为支撑，相互促进、相互融合、共同繁荣的良性互动生态链条，构建立体、高效的旅农林渔复合生态产业体系。

四、休闲农业增强旅游业竞争优势

(一)休闲农业丰富旅游资源

传统的旅游一般以风景名胜区为目的地，这些风景名胜有很多坐落在城市中。然而，对于大都市的人们来说，长期的城市生活使他们希望体验到不一样的风景，他们更向往大自然的宁静、农家小院的快乐，崇尚自然生态美以及人与自然的和谐统一，所以绿色对于大都市的人来说具有绝对的吸引力。休闲农业旅游的兴起给城市人带来了不一样的旅游选择，拓宽了城市人的旅游空间。

此外，传统的旅游一般都是观光型，旅客走马观花式地欣赏景点、拍照留念。而农业休闲旅游则扩展了旅游业的娱乐、体验因素，在综合性的休闲农业区，游客不仅可观光、采摘、体验农作、了解农村生活、享受乡土情趣，而且可住宿、度假和游乐。

（二）休闲农业刺激旅游投资

休闲农业大部分选在近郊和农村进行开发，旅游地原有的交通道路、住宿餐饮等状况都比较落后，使部分旅游者望而却步，这会影响当地的旅游形象和市场竞争力。随着休闲农业的发展和农业休闲旅游需求的旺盛，政府更加重视农村旅游环境，加大对农村旅游基础设施的投资建设。休闲农业的经营者也积极改善旅游景点的道路、供电、供水、餐饮和住宿等基础设施的建设，不断完善内部设施，营造干净、卫生、安全的休闲旅游环境，提升旅游景点的美誉度；根据农作物生长季节上的差异设计各类节庆活动，努力做好旅游产品的包装策划，利用新闻媒体等各种渠道大力宣传推介休闲旅游，扩大旅游知名度，主动将客人引进来。

（三）休闲农业带动旅游相关产业的发展

旅游业是综合性的产业，一个成熟的、面向市场的旅游产品，必然跟餐饮、食宿、交通、购物和娱乐密切相关。休闲农业的发展，带来人流、物流、资金流和信息流，将与吃、住、行、游、购、娱六大要素相关的企业聚集在一起，以市场为导向进行合理布局。这些企业在目标顾客的选择、定位、产品设计、价格制定、渠道选择和形象推广等方面配合默契，为了共同的经济、社会和生态效益，分工合作。

休闲农业的发展，带动了乡村道路的建设，使得游客在往返旅游景点时更加安全和快捷；带动了运输业的发展，农民可以随时将农产品带出去展销，顾客也可以随时来农产品生产基地进行实地考察和购买，更方便游客邮寄特产给亲朋好友；促进了餐饮业的发展，游客对食宿餐饮的需求，促使休闲农业和农民主动改善餐饮食宿条件，加强餐饮食宿的软硬件设施建设，保证餐饮食宿的卫生和安全；促进了信息业和通讯业的兴起，旅游景区要更好地宣传自己、做出品牌特色、扩大影响力，就要利用高端的通信技术，把企业的发展战略、品牌定位、活动安排、优惠政策等信息发布在新闻媒体上，让尽可能多的民众知晓，也方便游客在旅游活动中与外界紧密联系。

(四)休闲农业优化旅游企业的经营战略发展

休闲农业的战略一出台，各县市争先恐后开发农业休闲旅游，其中一些有资本、有实力的公司会参与旅游资源的开发和经营。旅游企业为了打败竞争对手、抢占市场，从企业规模、发展战略、目标任务、组织结构、经营策略、企业品牌、管理经验以及合理的旅游产业组织结构等方面着手，建立服务型企业，增强企业的核心竞争力。如针对游客的不同需求，开发多样化、差异化的旅游项目，刺激旅游者的旅游欲望；积极改善旅游点的道路、供电、供水、环境和住宿等基础设施的建设，不断完善内部设施，营造干净、卫生、安全的休闲环境。

农业休闲旅游的火爆也促使旅行社更加重视自身的发展，以扩大旅行社的影响力。旅行社更加重视人力资源的开发和管理，不仅对员工进行岗前业务培训，还会进行岗中培训；愿意花更大的成本引进高水平、高素质的旅游经营管理人才，提高旅游服务质量。产品的多样化、营销的差异化、服务的专业化，这些内容都有利于旅游企业和旅行社争夺客源，赢取利润，有利于旅游业的发展。

(五)休闲农业对旅游业发展的综合作用

旅游业的发展与旅游需求状况、旅游供给状况、旅游产业链以及旅游竞争优势等密切相关。休闲农业的发展增加了旅游需求，丰富了旅游供给，延伸了旅游产业链，提升了旅游竞争优势。而旅游需求、旅游供给、旅游产业链和旅游竞争优势的共同作用，又极大地促进了旅游业的发展。

具体而言，旅游业的发展与居民的收入、旅游偏好、旅游时间、旅游资源的丰富程度、旅游投资、旅游企业的服务质量、旅游交通条件和旅游相关产业的发展状况等密切相关。休闲农业的发展增加了收入，提高了旅游支付能力，改变了人们的旅游偏好；居民的生活水平越高，旅游时间越充裕，旅游偏好就是越有效的旅游需求。有效的旅游需求越旺盛，旅游业就越具有生命力，能够促使旅游资源进一步被开发和维护；开发和经营旅游资源的企业规划越科学，考虑越周到，项目越独特，旅游企业和旅行社的人力资源素质越高，服务就越人性化。旅游服务的完善也包括交通条件的改善，旅游景点之间的道路状况越好，交通网络越便捷，与外界联系越紧密，相关产业配合得越默契，旅游景点的影响力就越大，客源增加越多，旅游企业和旅行社的业务会更繁忙，盈利会更多，对地区经济的贡献就越大。如此一来，政府税收就会增加，政府对旅游地的投资也会更有信心，从而加大经济扶持，使得该地区的旅游投资和旅游支付能力都有所增加。

政府及相关旅游企业对旅游投资的重视和实施，反过来使旅游资源的开发和维护更科学。良好的旅游交通条件，也方便酒店、商场、金融、通讯和传媒等相关产业在景区附近合理布局和顺利开展业务，更好地为旅游业提供服务。旅游相关联产业的发展延伸了旅游产业链，丰富了旅游资源。

总而言之，休闲农业通过影响旅游需求、旅游供给、旅游产业链和旅游竞争优势，最终影响旅游业的发展。

五、乡村旅游田园综合体发展模式的可行性

(一)国家政策支持

田园综合体建设最初是在2017年中央“一号文件”中发布提出的，该文件指出：田园综合体是在有条件的乡村进行建设的，将农民合作社作为主要载体，让农民贯穿于整个建设、发展、收益过程，通过农业的综合开发、农村的综合改革、转移支付等渠道实现集循环农业、创意农业、农事体验于一体的综合体。

2017年5月24日，财政部发布的《关于开展田园综合体建设试点工作的通知》(财办〔2017〕29号)中提出：一要充分利用自身的自然资源、交通区位、文化历史、产业发展等优势，围绕农业特色以及田园资源，打造农业产业化集群；二要充分利用“旅游+”“农业+”“生态+”等模式，开发农业的多种功能，促进农业与旅游业、教育业、文化业、康养业的深度融合，实现田园

综合体的体系化、系统化发展。同时，其中还确定了首批国家级田园综合体的 18 个试点地区。

2017 年，财政部发布了《关于做好 2017 年田园综合体试点工作的意见》(财办农〔2017〕71 号)，该文件指出：各试点地方要不断创新财政投入的方式、方法，努力探索政府与社会资本的合作模式，通过运用先建后补、以奖代补、贴息、担保补贴、风险补偿金等方式鼓励财政和社会资本共同投入田园综合体的建设之中，鼓励社会各类金融机构扩大对田园综合体的建设力度，统筹整合各个渠道的资金来支持田园综合体建设，对政府的债务以及村级的债务进行严格把控，减少其债务风险。

(二)发展前景良好

1. 田园综合体发展背景深厚

田园综合体的发展有其必然原因和背景，主要包括以下几方面：

(1)农业功能增多。随着我国经济社会的快速发展，我国的环境保护形势不容乐观，我们对环境保护的要求越来越高，农业在生态保护的大环境下不仅需要从“量”到“质”的转变，还要带动农民增收。

(2)传统农业亟需转型升级。在农业发展的新阶段，因为传统农业的生产环境发生了改变，使得传统农业的示范带动作用不符合区域发展过程中的条件需求，农业发展面临较多困难，因此传统农业需要转型升级。

(3)农业综合发展期望较强。2021 年末，我国城镇常住人口达到 91425 万人，比 2020 年末增加 1205 万人；乡村常住人口 49835 万人，减少 1157 万人。乡村人口不断减少，而城镇和农民的人均可支配收入分别为 39250 元和 14617 元，城乡收入比约为 2.68∶1。以上数据表明我国农业正处于快速发展时期，而农业的快速发展也让农业有了更多的发展期望。

(4)农业发展寻求土地开发利用的突破口。国家先后出台了《基本农田保护条例》《农村土地承包法》等法律法规，尤其是国土资源部与农业农村部联合出台的《关于进一步支持设施农业健康发展的通知》，进一步明确了土地开发管理用途。在严格管理土地的情况之下，农业的发展必须依靠创新的模式。

2. 田园综合体试点顺利

在 2017 年颁布的《开展农村综合性改革试点试验实施方案》中，有 10 个项目成为第一批国家级田园综合体(表 9-1)；2018 年出台的《乡村振兴战略规划(2018-2022 年)》也提出要加快田园综合体建设，实现田园综合体项目落地。

表 9-1　国家第一批田园综合体试点

序号	省份	项目名称	特色资源	备注
1	山东省	沂南县朱家林田园综合体	文创+旅游+生态建筑	第一批
2	河北省	迁西县花香果巷田园综合体	药用牡丹、板栗和杂果种植	第一批
3	四川省	都江堰田园综合体	红心猕猴桃、水稻、蔬菜	第一批
4	广西壮族自治区	西乡塘区美丽南方田园综合体	蔬菜、葡萄种植、茶叶、白莲、水稻	第一批
5	福建省	五夫镇田园综合体	茶叶、白莲、水稻	第一批
6	山西省	襄汾县田园综合体	小麦、棉花、葡萄种植	第一批
7	重庆市	三峡橘乡田园综合体	柑橘种植、农业+旅游	第一批
8	陕西省	铜川市耀州区田园综合体	苹果、樱桃、草莓种植	第一批
9	云南省	保山市隆阳区田园综合体	蔬菜、食用菌、玫瑰、苗木	第一批
10	海南省	共享农庄田园综合体	热带农产品，民宿+旅游	第一批

从公布的国家级田园综合体试点来看，各省农业主要以果蔬、花卉为主。从试点省市的地区分布来看，试点大多分布在二线城市，分布相对分散，东南沿海地带分布较多，其次是西南地区，中西部分布较少。

田园综合体目前已成为国家关注和政策推进的一个着力点，发展田园综合体既能满足人们的休闲旅游需求，又能振兴农村经济，是缩小城乡二元差距的战略发展决策，成为继特色小镇之后的又一风口。2017 年财政部《关于开展田园综合体建设试点工作的通知》中又将河北、四川等 18 个省的 26 个项目确定为田园综合体的建设试点。

(三)田园综合体能解决乡村旅游的瓶颈

1. 田园综合体的特征

(1)文化创意与产业发展结合。田园综合体以传统乡村文化为发展底蕴，将当地的乡规民约、家风家训、传统文化习惯、风土人情等挖掘整理出来，让游客在参与田园综合体的各类活动中感受我国传统文化礼仪和悠久的农耕文化。此举能够更好地助推城市和乡村文明融合发展，为传承我国悠久的农耕文化提供契机，乡村治理工作也可以因此获得深层次的文化支撑，产业也能够得到更好的发展。

(2)农业资源合理配置。随着城市化的快速发展，大量的资源、人才、资金涌向城市，农村资源散乱，闲置增多，农村空心化和资源浪费现象严重。田园综合体充分利用农村产权制度改革的机会，通过“企业+合作社+农民”的管理模式有效地将农村闲置土地、宅基地等资源整合起来，并实施科学合理的规划，完善基础设施条件。如此一来，既带动了农村经济、区域经济的发展，又增加了农村闲置资源的附加值，统筹了城乡经济和区域经济发展。

(3)强调农民主体地位。农民作为乡村发展、乡村振兴以及“三农”工作中的主体，不仅要参与农村生产生活、享受农业产业发展成果，而且要承担农村经济发展过程中存在的经济和产业风险。如果将农民排在农村发展之外，那农村的经济发展就会失去灵魂。农民的广泛参与是田园综合体发展的基础，农民以劳动力、技术、土地、宅基地等资产入股，参与田园综合体的建设发展，吸引农民回归田园能够影响周围地区的经济发展、有效协调田园综合体与农村区域之间经济发展的关系，最终实现农民、企业与地方经济共赢。

(4)促进“三产”融合发展。田园综合体依托农业生产基础较好的农业种植养殖基地，以升级传统的农业生产方式为基本，综合布局与农业发展相关的工业产业和服务业，围绕农业和工业的原料供给以及农业和服务业的优美生态环境，建设加工、研发基地，引进康养、休闲、创意、体验项目，打造观光休闲基地，带动了各产业发展，建立起现代农村三产融合的新载体和新模式，延伸了农业产业链条，提升了农业发展的附加值。

(5)创新土地开发模式，有效利用土地资源。田园综合体以组为单位，对现有集体经济组织进行股份化改造，组内农民以土地经营权入股，组建集体经济股份合作社，通过整治林盘、整理宅基地等方式集中规划使用土地。

这样有助于集约化、规模化利用土地，能够最大限度实现农业现代化经营及最大化地保障农民利益。

2. 田园综合体在乡村旅游转型升级中的作用

田园综合体的发展特征符合乡村旅游转型升级的需求，具体分析如下：

（1）突出乡村旅游文化特色，实现文化创意发展。想要实现乡村旅游的转型升级首先要做好旅游的品牌化建设，品牌化的发展体现了消费者对旅游产品的认可。要形成品牌就要体现特色，而田园综合体将当地的传统文化发展作为底蕴，深入挖掘当地的乡规民约、传统文化习俗等，让游客在田园综合体中感受到文化特色，从而助推城市与乡村文明的融合发展，突出乡村旅游转型发展之中所强调的文化特色。

（2）实现科学规划与合理配置。农业资源要实现转型升级就必须做好合理的规划，才能实现长久的发展。转型升级的重要条件就是合理配置各类旅游配套设施，而田园综合体能够充分利用农村产权制度改革的机会，通过“企业+合作社+农民”的管理模式有效地将农村闲置土地等各类资源整合起来，实现农业资源的合理配置，达到乡村旅游转型升级的合理规划要求。

（3）鼓励农民参与，强调农民主体地位。要实现转型升级，就不能将农民这一主体排除在外，要将农民的利益放在首位，让农民主动参与到乡村旅游的发展之中，享受乡村旅游发展成果。田园综合体强调农民的主体地位，将农民的参与作为田园综合体发展的基础，鼓励农民参与到田园综合体的建设中来，达到了乡村旅游转型发展中维护农民利益的目的。

（4）实现产业深度融合与促进三产融合发展。产业的融合发展是乡村旅游转型升级的必要准则，要实现产业的融合发展就必须延伸农业的产业发展链条。田园综合体以农业种植养殖基地为基础，以升级传统农业生产方式为基本，综合布局综合体内的农业产业及与之相关的工业和服务业，建设加工、研发基地，打造观光休闲基地，从而达到在乡村旅游转型升级中带动各产业融合发展、延伸农业产业链条的目的。

（5）合理规划土地用途与有效利用土地资源。要实现乡村旅游的转型升级，必须利用好农村的闲置土地。田园综合体以组为单位，对现有的集体经济组织进行股份制改造，农民以闲置土地、宅基地等入股，能够最大限度地集中使用土地，利用好土地资源。

综上，田园综合体通过"农业+""文化+""旅游+"的方式来优化农业的产业结构，促进经济社会的发展，推动农业供给侧结构性改革，统筹城乡一体化和现代农业的发展，同时赋予农业由单一作物生产功能向生态优良、休闲综合体验、提升农民经济利益等多种功能演变，为我国农村经济社会的发展提供了新的路径和方式。田园综合体作为新型的农业发展模式，其主要特征与乡村旅游转型升级路径中的做法一致，能够解决我国乡村旅游存在的问题（图 9–1）。

图 9–1　乡村旅游转型路径与田园综合体特征对比

第三节　产业融合产生的共生效应

一、产业融合相关概念界定

(一)乡村产业融合的内涵

乡村产业融合，从狭义层面来讲，是指乡村产业的各类经营主体以农业生产为基础，同时能够进行以农产品为原材料的加工流通和提供休闲服务，让大家能通过自己的劳动，分享全产业链中的收益；从广义层面来讲，是指经营主体能够立足于农业产业，依托于农产品加工业，通过资产动力、创新活力，将产业之间的要素集聚，实现交叉重组和跨界融合，形成新业态和新模式，延伸产业链和价值链，因为扩大产业的范围、开发产业的功能，拓宽农民的就业渠道，把由于城乡发展不均衡导致的农业产业流出的劳动力吸引回来，让农民也全面分享全产业链条中加工业和服务业所产生的价值收益。乡村产业融合发展与传统产业融合一脉相承，传统产业融合是乡村产业融合的理论基础。

(二)乡村产业融合的价值

学者们主要从产业分工视角、交易成本视角、创新驱动视角分析了产业融合发展的动因和机制。他们普遍认为乡村第一、第二、第三产业融合的主要驱动力是技术的创新，而通过制度创新能够保证三产融合的顺利开展。李小静(2017)提出要大力培育乡村新型农业经营主体，通过集中土地让规模化效应发挥到最大，提高乡村经济发展水平，而这一切的重点在于资金的大力投入。赵霞等学者(2017)提出农村三产融合离不开技术创新、主体利益、市场需求和政府政策的驱动。宗锦耀(2015，2017)认为，产业融合发展的动力是不断追求经济效益最大化，这取决于产业分工中的精深化、专业化程度以及不同产业关联、交叉重组的成熟度。

（三）乡村产业融合的价值创造特征属性

1. 低成本属性

乡村产业融合促进了现代通用技术在各产业中的广泛应用，使产业发展中的信息成本不断降低；同时资产灵活性、模块化、标准化的特点，使得它在产业边界中发挥重要作用，能够快速提高全产业链中的产业融合程度。从实际应用来看，信息、生物、工程等技术在乡村产业领域的不断渗透使得农业产业的技术基础不断提升。产品、业态、服务以及市场之间的要素流动、交叉融合，信息交流成本的不断降低，使得ICT农业、数字农业逐渐发展壮大。发达国家共享网络信息资源，组建了农情监测、产量估算等系统，使农业不断向数字化、集成化和智能化的方向发展，大大节省了人力成本。

2. 高附加值属性

从全产业链条的微笑曲线来看，产业链两端的生产种植以及品牌营销环节的附加值较高，而处于中间的加工生产流通环节附加值较低，增值空间较大。乡村产业融合能够培育农业产业新兴业态和新的经济增长点，使第一产业的种植生产环节联结到价值增值空间较大的第二产业中，把传统意义上的第一产业的产业链拓宽、拉长并增强，使产业链条的效率提高、风险得到防控、机会增加，进而完成链条的溢价和增值。

3. 创新属性

产业融合成为全球发展的热潮主要得益于各个领域的技术创新。通过技术创新，原有产业的生产效率不断提升、生产空间和生产范围不断扩大，产业边界日趋模糊。此时市场消费者的用户体验和产品需求出现变化，大家期待更多的创新型产品和服务，从而倒逼产业链条持续创新，不断更新优化产品，长此以往，产业发展的动力不断增强。

二、乡村振兴背景下的乡村旅游融合发展

在乡村振兴战略与乡村旅游转型发展的关联度DSR模型中，乡村旅游在乡村振兴战略总体要求的指导下，紧紧围绕“产业兴旺、生态宜居、乡风文

明、治理有效、生活富裕”开展，构建乡村旅游“五大融合”实施路径，即“农旅融合、生旅融合、文旅融合、治理融合、主客融合”，实现乡村旅游转型升级与可持续发展，如图 9-2 所示。

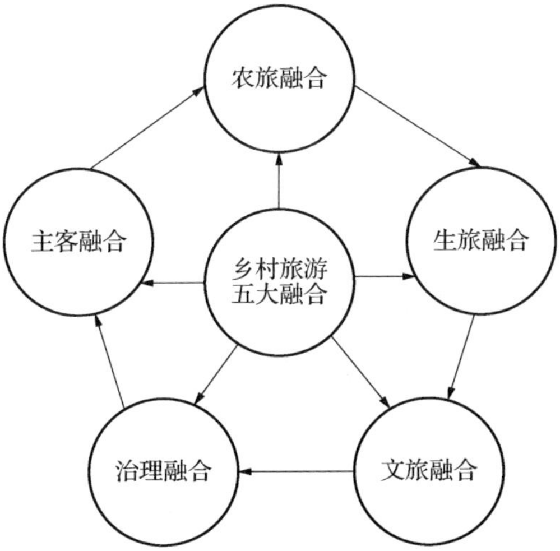

图 9-2　乡村旅游产业“五大融合”实施路径示意图

（一）农旅融合

在对产业融合理论研究的基础上，本文将农旅融合定义为乡村农业产业与乡村旅游业在发展过程中相互交叉渗透、相互影响，最终实现互促互利的双赢效果的活动。农旅融合以休闲农业为基础，将农业生产过程中的生产环境、劳作活动、特色农产品等作为核心吸引物，推动旅游行为发生；同时，为满足游客需求，大力发展服务业，拓展乡村旅游与农业产业的发展空间。根据产业融合理论，农业产业与乡村旅游融合发展应以休闲农业为抓手，从横向拓展式融合、纵向延伸式融合及功能嵌入式融合入手，如图 9-3

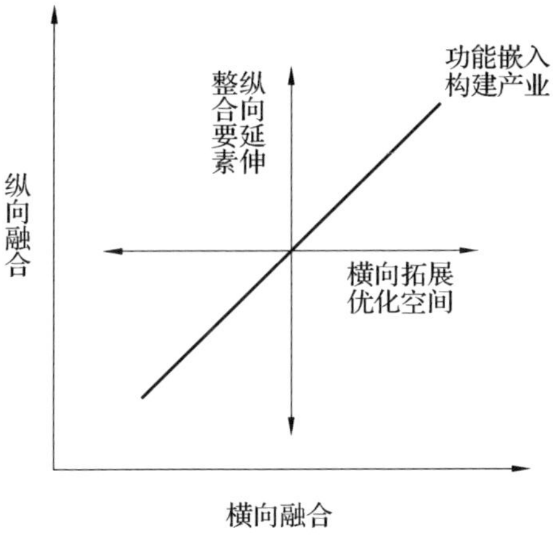

图 9-3　农旅融合发展路径体系

所示。

1. 横向拓展式融合

“横向拓展式融合”的拓展方向是旅游产业外的其他产业，即乡村旅游产业向第一、第二产业以及除旅游业之外的第三产业不断拓展融合。农旅融合的横向拓展应整合乡村生产空间与乡村旅游活动开展空间，优化乡村休闲旅游产业空间整体布局，推动乡村产业发展，促进旅游者与市场要素流动，形成互动客源、互为市场、互相发展的良好局面。

2. 纵向延伸式融合

“纵向延伸式融合”指旅游产业内部的纵向延伸。其以旅游企业为龙头，从传统旅游六要素“食、住、行、游、购、娱”和新时期旅游六要素“商、养、学、闲、情、奇”入手，深度开发上下游产业，形成集生产、加工、营销于一体的乡村旅游产业链。

3. 功能嵌入式融合

“功能嵌入式融合”指将旅游产业的价值功能嵌入其他产业之内，使该产业具备旅游功能。经过多年的实践，以农家乐为代表的乡村旅游形式已不能满足人们的需求，休闲娱乐、康体养生、科普教育等复合型乡村旅游产品正如雨后春笋般出现。从长远看，农旅融合发展，必须立足于乡村一、二、三产业融合发展，进而培育乡村康养度假、乡土文创、休闲游览等高端业态，丰富乡村旅游产品形态，增强乡村旅游活力。

（二）生旅融合

生旅融合，即推动生态建设与乡村旅游产业融合互动发展。根据产业融合理论，乡村生态建设占主导作用，乡村旅游开发起辅助作用。乡村生态建设包括资源利用、环境保护、国土空间开发、生态制度建设和生态文化建设五个方面，这之中与乡村旅游开发密切相关的有环境保护与生态文化建设，而乡村旅游业由市场系统（客源市场、产品市场）、出行系统（交通设施、旅游服务、信息促销）、目的地系统（吸引物、设施、服务）和支持系统（政策法规、旅游环境保护、人力资源）构成，其中与乡村生态建设密切相关的有旅游设施（交通设施、旅行服务）以及支持系统中的旅游环境保护。本书认为生旅融合应在旅游生态化和生态建设旅游化上寻找融合点，营造宜人宜居的乡村生态环境。

1. 推进美丽乡村建设

生态文化建设主要目的是营造人与自然和谐共存的人文环境。风土人情差异塑造了乡村各地区的特色，所以在乡村建设中要因地制宜，深度挖掘乡土文化，避免千篇一律、百村一面，将乡村建设成为既有现代气息又有乡土特色的地方。

2. 保护乡村生态环境

乡村生态环境保护要从乡村自然生态环境保护和乡村社会生态环境保护两方面入手，通过优化农村人居环境、保护乡村自然生态环境，营造人与自然和谐共存、宜人宜居的乡村环境。

（三）文旅融合

文旅融合发展是实现乡村文化振兴的重要手段，也是人与自然协同发展、和谐共生的内在要求。乡村文化是乡村地区千百年来人们生产、生活积淀的产物，它包含乡村物质文化、乡村制度文化和乡村精神文化三方面，如图9-4所示。

1. 挖掘乡村文化内涵

文化是乡村旅游的灵魂。乡村旅游只有找到文化根源，才能正确塑造其应有的价值取向。挖掘乡村文化内涵应从保护乡村物质文化、传承乡村制度文化和弘扬乡村精神文化三方面入手。

2. 搭建乡村文化传承平台

坚持保护与开发并行，通过与旅游业的融合，搭建乡村文化传承平台。乡村文化种类繁多，无论是手工技艺还是民间艺术，都能实现娱乐休闲的功能。乡村旅游开发应在挖掘这些文化的基础上，丰富乡村文化的表达形式。

（四）治理融合

良好的治理体系、有序的治理环境是产业发展的基础。以乡村旅游业带

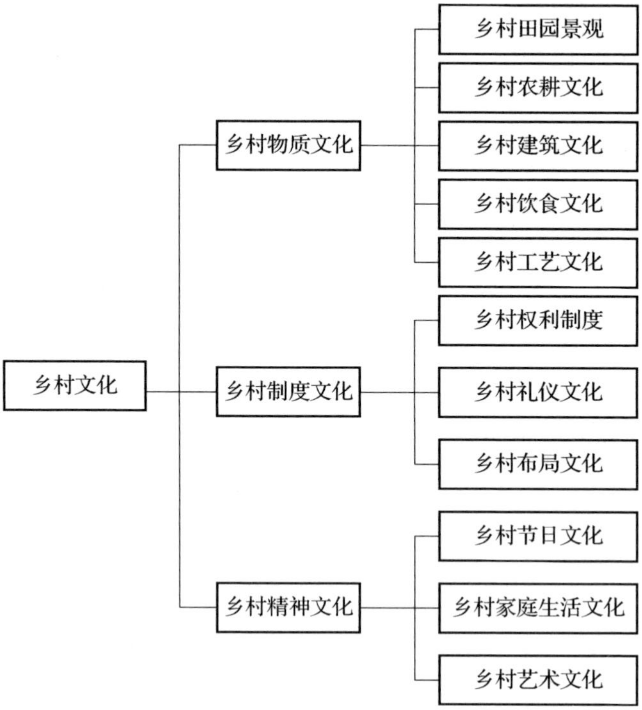

图 9–4　乡村旅游中的文化素材构成

动乡村振兴，能激发提升乡村治理水平的潜在动力，推动乡村治理水平提升。乡村作为原住民的生活空间、游客的消费空间、乡村旅游经营者的生产空间，三重空间叠加使得协调这三类人群的利益关系成为治理融合的重要内容。优化行业管理方式、创新组织形式与经营方式并完善利益分配机制是乡村旅游治理体系的关键，也是适应乡村共建共治的具体要求，因此，乡村旅游与乡村治理融合发展主要强调以下三方面。

1. 优化乡村旅游管理体系

乡村旅游为乡村地域带来巨大的经济效益与社会效益，同时也为旅游业相关部门、乡村旅游目的地所在乡镇（社区）党委政府的综合协调管理提出更高要求。乡村旅游市场无序发展、旅游服务质量参差不齐是当前乡村旅游发展面临的首要问题，因此构建并维护乡村旅游市场秩序、提升乡村旅游市场整治效果、更加有效地处理游客投诉是实现乡村管理体系优化的合理手段。

2. 创新乡村旅游经营方式

充分发挥乡村旅游公司、协会、合作社等组织形式在推进乡村旅游规模化、组织化工作中的积极作用。依靠乡村旅游的多种组织形式，引导乡村旅游发展实现向规模化、标准化、统一化发展，从而解决乡村旅游规模小、经营散、竞争弱等问题。

3. 建立乡村旅游利益分配机制

明确农民的主体地位，建立并完善以农民为主体的多主体参与、多元利益联结的机制，是协同利益分配的有效手段。各乡村旅游经营主体要重视农民在乡村旅游中的作用，把握好各利益主体的诉求，平衡各主体间的关系。此外，还要引导农民盘活乡村沉睡资产，并将资产转化为乡村旅游发展的相关要素，在保证居民获得乡村旅游发展基本收益的基础上，提高股权分红收益的比例。

（五）主客融合

生活富裕是乡村振兴的根本目标，主客融合共享发展果实是乡村振兴和乡村旅游的落脚点。乡村振兴中对生活富裕的衡量标准也不仅是城乡居民收入比、恩格尔系数，同时还包括对基础配套设施、公共服务体系是否健全的考量。乡村振兴战略背景下的乡村设施配置要兼顾本土居民生产生活和游客体验两方面的需求。因此主客融合主要从两方面开展。

1. 补齐乡村基础设施

乡村基础设施包括生产性基础设施、生活基础设施、生态环境建设基础设施与社会发展基础设施四部分。我们要从乡村旅游发展实际出发，推动乡村基础设施完善。在乡村振兴背景下，完善乡村旅游设施主要从补齐生活基础设施入手。

2. 完善乡村旅游公共服务

公共服务是指为满足游客共同需求，由政府或其他社会组织打造的具有明显公共性的公益服务的总称，其服务对象包括最终受益者（即潜在的和现实的旅游者）以及中间受益者（即旅游公共服务主体，如政府、旅游企业、社区)两大群体，其体系框架包括硬件和软件服务设施两部分。提高乡村旅游目的地的公共服务水平，首先要灵活安排公共服务设施的供给方式，避免相关资源的浪费；其次，要提升公共服务软水平，让主客共享乡村旅游公共服务。

第十章

全域旅游视域下的农旅产业融合路径

第一节　构建休闲农业与乡村旅游管理体系

在中央政府的宏观政策调控下，地方政府及相关部门的大力扶持和有效管理是休闲农业与乡村旅游可持续发展的根本保障。

一、加强政府调控

第一，仅以生态文明的理念发展乡村旅游会产生外部性问题。乡村旅游景区在以生态文明的理念发展的同时，要自觉将企业利益与社会利益统一起来。政府应适当介入，制定合理的政策，纠正因外部性产生的市场失灵。政府部门应该对乡村旅游开发建设进行统筹安排、整体规划，防止经营者盲目投资与开发。

第二，政府有关部门应该从全局的角度出发，打造统一的乡村旅游产品，形成统一的区域旅游线路，进而打造乡村旅游品牌；政府还应发挥主导作用，制定各项优惠政策扶持乡村旅游发展，例如对以生态文明的方式发展乡村旅游的景区给予低息信贷、税收减免或政府补贴等政策支持。

第三，通过完善当地基础设施等手段来鼓励和推动乡村旅游的发展。加大建设投入，完善交通、通信、卫生等基础设施的建设。加强新农村建设与乡村旅游的联动发展，完成城乡清洁工程的同时也为乡村旅游提供了整洁、优美的村庄环境。只有当乡村旅游改变小而散的自由发展状态并走上规模经营道路、最终形成规模效应时，才能更好地促进基础设施、服务设施的完善。

第四，在政府的引导下，在全国建立几个有代表性的示范的生态乡村旅游景区，从而对其他地方发展乡村旅游起到了带动、宣传、示范的作用。

二、加强生态文明教育

加强生态文明教育有利于以生态文明的理念发展乡村旅游：旅游消费者将转变消费观念，在旅游的过程中注意环境的保护，爱护旅游资源；旅游景区经营者将积极引导消费者的旅游消费方式和旅游价值观，大力倡导生态旅游、低碳旅游、健康旅游，并适度控制景区的游客接待量；旅游地居民将自觉参与到旅游开发与景区环境保护、文化保护之中。

培育生态意识，加强生态文明建设，应采取以下措施：

(1)政府部门应积极进行生态文明的宣传与教育，使环保理念和厉行节约的行为深入公众内心；抓好学校的生态意识教育。在幼儿园、小学、中学、高中乃至高等教育阶段建立起生态意识教育体系，将生态教育贯穿于国民教育的全过程。

(2)注重社会和媒体的引导。生态意识教育是一个庞大的系统工程，仅靠学校的教育是不够的，还要靠社会和媒体的引导，引导人们树立起生态意识、环保意识，提升人们的道德修养，形成生态文明的价值观。

三、加强行政管理

(一)乡村旅游行政管理要体现生态优先

基于此，保持生态环境就是保护了可持续发展的根本，这正体现了现代政府先进的行政理念。政府在谋求地方经济发展的同时，还要考虑社会效应，更要考虑国计民生的根本——生态环境的保护。所以，政府部门在实际工作中要树立生态行政的理念，加强对行政人员的培训，把生态环境意识扎根到每一个行政人员心里，形成具有地方特色的生态行政大背景。

(二)完善社区参与乡村旅游生态行政管理机制

乡村生态旅游职能部门要从实际出发，结合当地的乡风民俗和人文环境特点，将乡村生态旅游行政管理体系、管理理念和管理目标融入社区管理，向社区居民宣传生态环境保护观念，鼓励和引导社区居民积极参与生态环境保护；让社区参与和行政管理角色互换，即让政府行政职能部门回归服务角色，而让社区居民充分体现主人翁地位，让他们积极参与到乡村旅游行政管理中，用治家的理念治理当地的环境，这样就可以真正实现乡村旅游的健康发展。

（三）完善乡村旅游行政管理体系

乡村旅游行政管理部门要履行生态行政职能，就一定要完善乡村旅游行政管理体系。要遵循管理体制内部的行为规范和具体要求，结合当地的旅游发展实际情况，在健全机构的基础上完善其管理职能，这样才能使生态系统和乡村旅游管理系统实现有效互动和良性循环。这就需要当地的政府明确各相关部门的行政职能，体现对当地旅游工作的领导和组织，对当地的乡村旅游管理形成有效的监管和统筹安排并协调运作，坚决避免因多头管理而无所作为的现象。要切实保护好具有当地特色的优质旅游资源，制定切实有效的规章制度，使管理工作做到有法可依有章可循，避免过度开发行为对当地生态环境的破坏。

四、制定相关法律法规

要在发展乡村旅游的同时融入生态文明的理念，实现可持续性发展，应采取以下措施。

（一）完善休闲农业与乡村旅游法律法规体系

完善的法律法规体系是休闲农业与乡村旅游健康可持续发展的基本前提，当前休闲农业与乡村旅游的快速发展、农业农村环境的严峻问题都对相关法律法规的完善提出呼唤。

首先，在现有《旅游法》的基础上制定和出台与休闲农业和乡村旅游相关的法规条例，全面、整体地规定休闲农业与乡村旅游相关的法律问题。

其次，在《旅游法》和相关法规条例的基础上，各地政府和相关部门应根据各地休闲农业与乡村旅游发展的基础和现实，制定休闲农业与乡村旅游的部门规章制度、地方性法规，配合《旅游法》和相关法规条例的实施，构建完善的休闲农业与乡村旅游法律法规体系，为休闲农业与乡村旅游的发展保驾护航。

（二）加强休闲农业与乡村旅游管理执法力度

加强管理和执法是法律法规得以实现的主要手段。

首先，为了保障休闲农业与乡村旅游的可持续发展，在休闲农业与乡村旅游各相关部门之间，应设立科学协调的管理体制，明确各相关部门在管理中的职能职责，避免出现权责不明的情形，进而有效提高各部门的行政执法效率。

其次，加强休闲农业与乡村旅游发展过程中的监督效率和处罚力度，进行不定期高频率的实地检查，坚决打击违规开发经营行为、惩处非法开发经营活动。

最后，提升休闲农业与乡村旅游执法人员整体素质，尤其是增强其责任意识和环保意识。

(三)建立休闲农业与乡村旅游服务管理体系

我国休闲农业与乡村旅游起步晚但发展快，政府在其发展过程中承担了较多的责任。为更好地满足休闲农业与乡村旅游进入全面发展阶段的需要，政府相关部门应建立服务管理网站及行业协会组织。

第一，各地应建立休闲农业与乡村旅游的专门网站，设立行政服务中心；还应设立信息平台，及时发布和更新各类休闲农业与乡村旅游的服务信息，满足各类旅游者的需求。

第二，成立休闲农业与乡村旅游协会，通过协会制定行业规范，适时对休闲农业与乡村旅游活动进行指导和监督，及时协调和维护休闲农业与乡村旅游市场秩序，规范经营管理者行为，真正提高服务质量。

(四)增强休闲农业与乡村旅游经营管理者和旅游者的法律意识

增强经营管理者和旅游者的法律意识是保障休闲农业与乡村旅游建设可持续发展的必要手段。

第一，休闲农业与乡村旅游的经营管理者要具有强烈的依法经营管理的意识，他们应坚持诚信经营、优质服务，杜绝有损旅游者、破坏农业农村环境的行为的发生。

第二，旅游者在参与休闲农业与乡村旅游的过程中既要具备强烈的依法维护自身合法权益的意识，更要有保护农村环境的意识，从自身做起，保护农业农村生态环境。

五、建立有效的公众参与机制

要想在全社会范围内树立生态文明意识，既要通过教育进行普及，更要通过物质设施的建设来进行引导。比如很多景区设立了爱护花草、爱护文物、节约用水等指示牌，这种方式实现了生态文明理念的传递。以生态文明的理念发展乡村旅游，需要包括政府、旅游业的经营者、旅游者、旅游景区的居民等各方的参与、推动。

六、完善产业链

旅游业是关联效应很强的行业，涉及景点、交通、住宿、餐饮、购物、娱乐等多个方面。在旅游过程中，任何一个环节不完善都会影响游客满意度。

(一)乡村振兴环境下乡村旅游经济产业的优化升级要求

1. 推动乡村旅游业的发展

在乡村振兴环境下，乡村旅游经济产业优化升级的主力是群众。乡村旅游产业的发展能有效带动乡村旅游经济发展，提高乡村群众的整体素质。乡村振兴的发展前提是摆脱贫困，随着国家对农村改革的不断重视，有关部门加大了对乡村旅游经济产业的扶持力度，这样不仅能推动乡村旅游业的发展，也能提高人们的收入。

2. 发挥对乡村振兴的带动作用

乡村振兴战略的基础是产业兴旺。社会经济水平的不断提高带动了乡村旅游经济产业的发展，对乡村旅游经济产业做好优化升级，既能丰富乡村地区的产业模式，又能带领乡村旅游走多元化产业的发展道路。

乡村旅游经济产业的优化升级，不仅能带动乡村农业规模化生产，还能带动乡村旅游服务业的发展。所以，在乡村振兴环境下做好乡村旅游经济产业优化升级的同时，还要结合乡村的环境类型、民俗文化及资源优势，合理选择乡村旅游产业类型。

另外，还要结合农业做好融合发展。实行“旅游+农业”的发展道路，构建新型的农业经营体系。这样，在帮助乡村群众实现创新和自我发展的同时，还能进一步推动衍生农业产业链的发展。

3. 打造绿色宜居的乡村环境

乡村振兴战略提出乡村地区发展应以绿色宜居为前提。

有关部门要考虑环境保护和经济发展之间的关系，从整体布局考虑，合理规划乡村旅游经济产业，同时重视乡村环境的治理，为群众提供更加绿色宜居的乡村环境。

(二) 乡村振兴环境下乡村旅游经济产业的优化升级

1. 强化基础设施建设

当前乡村旅游经济产业发展的最大阻碍是乡村基础设施不完善。乡村旅游经济产业要想吸引众多的游客，不仅要依靠优美的风景和当地的文化，还必须配备完善的基础设施。乡村良好的设施与生活水平对游客有很大的吸引力，有的游客会因为乡村的基础设施或是舒适的居住条件前来旅游。政府在乡村旅游发展中起到主导作用，当地政府应加大对乡村旅游经济产业的扶持力度，合理调配专项资金或邀请专业人员对乡村旅游产业及时进行规划，进而建设与当地特色最相融的设施或景区。有关部门也应意识到偏远地区道路建设的重要性，这样既能吸引更多游客，又能推动乡村旅游经济产业的转型升级，从而实现乡村旅游经济产业的持续发展。

2. 合理规划乡村旅游经济产业

第一，当地政府在对乡村旅游经济产业进行优化升级的同时，还应发挥自身的主导作用，主动承担起发展乡村旅游业的职责。不仅如此，有关工作人员还要研究乡村的文化特色并进行合理规划，进而保持乡村发展旅游经济产业的优势。第二，要对乡村旅游经济产业做好精准定位，文化、美食或其他对乡村有利的事物，都能成为乡村宣传旅游经济产业的着力点。只有乡村旅游经济产业定位精准，才能让规划发挥出最大的作用，从而有利于乡村旅游经济产业的升级优化。第三，要创新乡村旅游经济产业的宣传形式，不能仅靠广告单向给游客灌输乡村旅游概念，而要根据当地乡村的文化特色建立休闲度假区或是新农场，以此来增强游客的代入感，让游客沉浸式体验乡村生活。第四，在乡村旅游经济产业的优化升级过程中，应充分发挥绿色发展的优势，重视对环境的保护，并将其作为新的乡村旅游宣传点。

3. 推动乡村旅游经济产业的优化升级

首先，乡村旅游业和其他各个产业有着较为密切的关联。有关部门在发展乡村旅游经济产业时，应加大同各个地方产业的融合，促进共同发展。比如依照当地的特色制作相关的衍生产品，吸引更多游客的注意力，从而将旅游衍生产品同商场或是特色产业相结合，有效提高乡村旅游经济水平。其次，当地政府部门还可以做好乡村旅游文化和精神内涵的深入推广，形成独特的乡村旅游品牌，有效提高其竞争力。这样也能吸引到更多的工厂投资者在乡村投资建厂，既能积累人力资源，又能带动乡村旅游经济产业的发展。最后，还可以借助有关政策的帮助，将乡村旅游产业同就业体系相结合，让乡村旅游业更具竞争优势，这样也有利于实现乡村旅游经济产业的优化升级。

4. 充分调动乡村群众的积极性

首先，在乡村旅游经济产业的发展过程中，政府应坚持以人民为中心，充分调动乡村群众发展旅游产业的积极性。旅游经济产业能够做好的前提是确保乡村群众对旅游业发展的认可，只有群众自身对旅游业有积极的态度，才能更好地实现乡村旅游经济产业的转型和优化升级。其次，有关部门还应征集群众对乡村旅游业的看法和建议。最后，有关部门要依法征用乡村群众的土地，建设乡村自然风景区，建设同乡村旅游业有关的产业，进而为乡村旅游经济产业的发展创造条件，让土地资源得到最大化利用。

5. 重视乡村旅游的品牌建设

在对乡村旅游经济产业进行优化升级时，不仅要做好合理的科学规划，还要明确发展的定位，做好市场调研，同时通过现代化的营销方式，做好乡村旅游经济产业推广工作。因此，为了提高乡村旅游经济产业的知名度，应合理利用自媒体或者是网络平台，做好乡村旅游特色品牌的宣传工作。不仅如此，为了强化宣传的效果，有关政府部门还应建立乡村旅游经济产业的网络平台，让群众能够在网站上及时了解各地乡村的旅游内容和产品。与此同时，可借助整合营销的策略，树立乡村旅游品牌观念；还要重视公共管理，在优化升级的过程中，明确品牌定位，结合乡村文化特色及节庆风俗等，进一步扩大乡村旅游经济产业的影响力。

第二节　创新休闲农业与乡村旅游产品和项目

休闲农业与乡村旅游在前期开发阶段虽然设置了采摘、住宿、餐饮、休闲、养老、度假等多种多样的产品和项目，但存在低端、同质化严重等问题。若要使休闲农业与乡村旅游走上高质量发展道路，必须不断深入挖掘与开发乡村资源，形成特色与亮点。

一、文化与产业的拓展型融合：袁家村模式

乡村振兴是新时代中国农村发展的重要国家战略。青海省“袁家村·河湟印象”项目就是在这一时代背景下出现的，其文化构建、运行模式乃至存在的问题都具有重要的研究价值。

（一）青海“袁家村”是古丝绸之路再现的文化符号

1. 青海“袁家村”凸显古丝绸之路的厚重历史

陕西西安与青海平安驿是丝绸之路上重要的商贸据点和文化交流场所。西安袁家村凭借自身的地理位置和人文优势，打造了“关中印象版”的民俗村落，吸引了大批游客来此体验民风。在古老的建筑与粗茶淡饭中追忆往日岁月的休闲活动弥补了住在高楼大厦、享受锦衣玉食的人们缺失的乡愁。而居于“河湟间”的平安区是古丝绸之路“青海道”的交通要道，也是目前我国“一带一路”建设的重要通道。据史书记载，汉宣帝于神爵二年（公元前60年）设安夷县，明洪武十九年（1386年）设平戎驿，嘉靖元年（1522年）建平戎城，清代改为平安镇，由此具有祈福意味的“平安”二字传承至今，今为青海省海

东市平安区。平安区是个有多民族共同居住、守望相助、文化多元的汇聚之地。

海东市平安区凭借“一带一路”的发展蓝图，携手陕西袁家村文化旅游公司，打造了青海版“袁家村”，将古丝绸文化与河湟地区传统文化融为一体，形成了浓缩版的青海高原“文化展板”，并依靠现代化管理模式与乡村旅游的火热市场，构建了“袁家村”青海模式。

2. 青海“袁家村”呈现高原文化全景图

“袁家村”文化品牌从陕西西安移植到青海平安，是一次成功的文化转移及发展模式创新。作为乡村振兴、村落城镇化的新模式，它全景式地展现了青藏高原各民族的传统文化。在这里游客不仅可以聆听关中地区粗犷质朴的秦腔，也能聆听青藏高原各民族千百年来传唱的“花儿”；既可以品尝到关中一带的美味佳肴，也能尽情享受青藏高原极具特色的传统美食，如熬饭、杂碎汤、酿皮、手抓羊肉、土火锅、酥油糌粑等。当然，呈现最多的文化现象或民俗民风依然是青藏高原特有的传统文化。如游客能领略到当地传承多年的牛角弓、牛羊毛口袋等古老传统手工艺的制作过程；能欣赏到青海地区特有的土族轮子秋、土族婚礼、传统社火、皮影戏等特色民族文化；还能见到河湟剪纸、撒拉族刺绣、化隆回绣、互助盘绣、彩绘等传统艺术品的制作与展示。这些青海地区传承已久的多民族传统建筑风格、民族美食、民族工艺、民族艺术、民族体育等构建了一个巨大的“文化场域”，它留住了人们对青海地区的古老文化的记忆，重塑了青海各民族的乡愁文化，吸引了成千上万的游客到此体验这种古老又传统的乡土文化。“袁家村”模式的成功构建与运行，将青藏高原特有的文化以产业集聚的方式展示在特定的区域，打造了集生态、旅游、休闲、养生、度假为一体的青藏高原文化“展板”。因此，青海“袁家村”模式是一个浓缩版的青海民俗文化博物馆，是一幅极具特色的高原文化全景图。

(二)青海“袁家村”是乡村振兴与文化耦合的产物

乡村是国家治理下的社会细胞，是由自然生态、社会文化、经济类型、居住群体组成的地域综合体，兼具生产、生活、生态、文化等多重功能。乡村与城镇互促互进、共生共存，共同构成人类活动的主要空间。实施乡村振兴战略是传承中华优秀传统文化的有效途径。

1. 乡村振兴与物质文化的耦合

青海“袁家村·河湟印象”项目的建设与运行，是乡村振兴与民族文化的耦合。青海“袁家村”的灵魂就是青海各民族遗留下来的历史文化，其中，物质文化最能体现乡土社会以往的生活方式或空间结构。

物质文化是自然形成或人为加工而产生的各种器物和可接触到的具有物质实体的文化事物，是人的物质、生产活动方式和产品的总和。从“袁家村”的物质文化构建来看，它主要突出了青海地区不同民族特有的物质文化。如农业方面体现河湟地区农耕文化变迁的犁具、铁锹、石磨、镰刀等；饮食方面反映出青海地区各民族饮食特征的熬饭、熬茶、杂碎汤、手抓羊肉、老八盘等；建筑方面，青海“袁家村”以青海农区、牧区或半农半牧区为取材对象，呈现出不同民族的建筑特色，如藏族碉楼、土族院落、撒拉族大院等，其院落横梁、飞檐斗拱、砖木精雕全方位展现出青海地区建筑文化的风貌和历史演进轨迹。

这些物质文化是青海“袁家村”这个文化场域的外在表现形式，也是吸引游客、发展乡村旅游的重要内容。

2. 乡村振兴与精神文化的耦合

“设神理以景俗，敷文化以柔远。”这句话非常形象地反映了“袁家村”模式所主张的文化精神，它通过构建“平安”祈福文化来传播河湟文化，以此实现振兴乡村经济的目的。只有塑造以先进精神文化为主体的乡村传统文化体系，打造文化乡村，培育文明乡风，让村民富裕、环境美丽、精神振奋，乡村振兴战略才能真正实现。

青海“袁家村·河湟印象”将精神文化的塑造作为项目整体的灵魂。

青海“袁家村”集中展现了青海地区的各种艺术、戏剧、民间信仰，是青海文化的汇聚之地，这些文化项目也是景区最有活力的部分，充分体现了青海各族人民在生产劳动中创造的具有地方特色的艺术形式，有着顽强的生命力。青海“袁家村”就是一个浓缩版的“乡土文化体验馆”，是一个留住记忆与乡愁的文化场，是典型的传统文化带动乡村旅游的发展模式。这种文化与乡村发展的耦合必将推动城乡融合发展，为乡村振兴战略的实施开辟了新的路径。

3. 乡村振兴与制度文化的耦合

制度文化是人类在社会实践中组建的各种社会规范。这些规范是人们日常行为的准则，有约定俗成的习惯，也有明文规定的规章、制度和法律条文。了解一个社会的文化，可从认识这个社会的规范开始。

青海“袁家村”的制度文化具体体现在现代旅游文化公司制度下运行的新模式。它不同于陕西“袁家村”，不是由村委会管理下的全民参与的乡村旅游模式，而是陕西袁家村文化旅游有限公司和青海正平旗下的青海金阳光投资集团有限公司共同投资成立的乡村振兴项目。

青海“袁家村”的建设与运行，完全是市场经济条件下契约文化的具体体现，是双方以法律文书的形式展开合作，并遵循各项条款，在以互利互赢、共同发展为宗旨的背景下建设的特色项目。项目按合同分期建设，分为五大板块，其中最先建成的是突出民俗特色的“乡愁民俗板块”。这个板块是制度条款约束下的文化模式，主要体现河湟地区各民族特有的民俗民风。不论是民族饮食、戏剧文艺、花儿演唱、民族建筑、作坊工艺都按照最传统、质朴、生态的民间祖传规则制作、传承、加工而成，吸引了大量的游客到此感受这种原生态的文化模式。

（三）青海“袁家村”模式是村落城镇化的模板

1. “模式化”是嵌入式乡村城镇化的内生力

“模式”是事物内在本质的全面展现，是事物普遍性和特殊性的具体统一。“文化模式”又是人类学、社会学研究的重要内容，一般分为普遍的文化模式和特殊的文化模式两类。特殊的文化模式是由各种文化特质与“文化集丛”有机结合而形成的一个有特色的文化体系；普遍的文化模式是指一切文化都是由各个不同的部分组成的，这种文化构造适用于任何一个民族的文化。

青海“袁家村”是文化移植或文化传播的产物，它是将“模式化”嵌入乡村经济发展的结果，形成了一个巨大的“文化集丛”。平安驿景区内集聚了不同文化形态、风格各异、特色鲜明的商铺、作坊、门店、庙宇、塔楼等文化实体，每天引来众多的游客，给当地创造了可观的经济效益，为我国“一带一路”和“乡村振兴”的经济发展战略注入了活力，加速了当地城镇化的步伐。

2. 乡村旅游是乡村城镇化的新引擎

城镇化从某种意义上说，就是通过产业机构的调整，使农民改变以往的传统生活方式和生存方式。“袁家村”的到来，促使平安区张家寨的村民改变了以往以农业为主的生活方式，也改变了他们传统的思维方式。他们以“袁家村”为中心，通过从事第三产业，提高了家庭收入，推动了当地城镇化进程。可见乡村旅游带动产业发展是城镇化的新引擎，是实现乡村振兴战略的重要发展途径。同时，城镇化的发展又给乡村旅游开拓了空间，为农民增收和农民市民化提供了动力机制。

3. 产业集群是乡村城镇化的推进器

产业集群以城镇作为载体，通过聚集效应和规模经济不断发展壮大。实现产业集群与城镇化的有效融合发展，对培育新的城镇化空间、实现产业升级、加快新型城镇化建设具有重要意义。“袁家村·河湟印象”项目五大板块的建设，就是五大产业集群，它们即将形成一个很大的经济发展园区。“乡愁民俗板块”已经建成并正式运行，年接待游客估计在130万人，大量的游客将拉动当地消费快速增长，且入驻的公司快速增多，可以形成一个大的商业场。“汽车营地板块”预计建设面积2.4万平方米，投资1.56亿元，建成后以自驾游营地、酒店、娱乐中心为主，这也将刺激城镇经济发展，拓宽城镇化发展空间，带动就业和消费。

“乡土电商板块”“富硒科技板块”与“乡野田园板块”全面建成后将聚集更多的企业或公司来此发展，届时平安区的城区规模、文化内涵、经济效益将会发生重大变化。这种产业集聚将倒逼平安区加大基础设施建设、拓展城镇发展空间、提高三产服务水平、改变行政管理模式，促使这个小城镇向城市化发展。显然，产业集群的形成将加快乡村城镇化发展道路，城镇化的快速发展也将聚集更多的公司到此创业，这种互动发展模式将改变当地经济发展单一的局面，是最有效的经济发展模式。

二、文化与产业的复原模型融合：小穿芳峪村模式

乡村旅游的发展契合了全域旅游、乡村振兴的发展理念，乡村旅游发展中人居环境的优化过程也是构建乡村生态意识、生态行为和绿色生态链的过程。天津市蓟州区小穿芳峪村由于缺乏长远规划，村民环境保护意识不足，加上周边村的影响等，造成人居环境出现问题。该村庄和人文资源丰富，乡村旅游发展前景广阔，因此在人居环境管理方面需要合理规划，采取环境保护、整治和提升策略，加强基础设施建设，建立健全农村环境管理，强化环境保护理念，将小穿芳峪村打造成生活环境优美、生态系统稳定健康、人与自然和谐共生的生态宜居康养型美丽乡村。

（一）天津市蓟州区小穿芳峪村的基本情况

小穿芳峪村是天津市蓟州区穿芳峪镇下属村级单位，位于穿芳峪镇东部，距蓟州县城和穿芳峪镇政府各 12.8 千米和 0.2 千米。该地属于典型的半山区地貌，多丘陵山地，地势西北高、东南低，村庄内地势相对平坦。小穿芳峪村自然环境优势明显，其以村北部的卧牛山为核心，三面群山环绕，村庄西北方是穿芳山，正北方是半壁山，东北方是鹦哥山；历史文化资源丰富，留存下晚清八位文人所建的园林群落遗址和大量历史文献；自然和人文旅游资源丰富，已在 2015 年成为宅基地改革试点，村民以宅基地入股，宅基地流转进入村集体，再由村集体交给旅游公司统一招商，打造从农家住宿到地方旅游景观再到古园林文化体验和会展服务延伸的全产业链条。目前，小穿芳峪村已经建成了“乡野公园”“农耕文化体验园”和“房车基地”等休闲旅游项目。小穿芳峪村在 2014 年被评为“全国休闲农业与乡村旅游示范点”，2015 年被评为“全国美丽宜居村庄”，2016 年入选农业部“中国美丽休闲乡村”，2019

年入选文化和旅游部“全国乡村旅游重点村”。

（二）全域旅游理念下天津市蓟州区小穿芳峪村人居环境存在的问题

小穿芳峪村在发展中贯彻“绿水青山就是金山银山”的发展理念，做好污水处理和垃圾回收等环保工作，在绿色植被覆盖、噪声防备和环保宣传方面取得了部分成就。但是它也存在诸多问题。

1. 乡村基础设施和服务设施不完善

小穿芳峪村旅游起步较晚，但近几年发展速度较快，游客逐年增多，因此生活污水排放量也在增加。虽然建有专业的污水处理厂，具有较完善的排污系统，但是由于处理厂建设早，排污系统容量小，排污能力有限。随着游客量的增加，原有排污系统已无法满足日益增长的排污需求，部分生活污水被直接排放入河道、坑塘，造成污染。此外，虽然村里规划建设有垃圾收集场所，由村里统一收集后转运到镇上统一处理，但是垃圾处理能力有限，缺少细化垃圾清理、转运的设施，具体的垃圾堆放和处置场所数量太少，导致出现了村民乱堆乱放垃圾的现象。并且，由于早期的盲目开发和与周边村庄的无序竞争，甚至盲目追求景观的“洋”化和时尚化，破坏了部分原生环境。有的区域没有合理规划，随着客流量、物流量和车流量的不断增大，有限的设施不能满足需求，这些都对旅游环境的承载力造成较大的压力，造成人居环境的破坏，给旅游者带来了不好的旅游体验。

2. 环保意识薄弱

由于游客、经营者和管理者的环保意识不强，缺乏绿色发展理念和社会责任感，使得环境卫生变差，垃圾和生活污水对小穿芳峪村部分旅游人居环境造成破坏。同时，由于农村经济收入普遍较低，加上乡村旅游地具有季节性，收入不稳定，投入环境改善的内外部资金有限，因此人居环境承载力差。再加上村子没有健全的管理体制，管理粗放，过度注重经济效益，缺乏对生态环境的重视，服务不到位。

3. 周边村庄低端“农家乐”的副作用明显

小穿芳峪村被定位为高端“农家乐”，并且大部分以包院的形式进行交易，所以形成了农家院内环境的良性循环。而临近的莺歌寨，以发展低端“农家乐”为主，吸引了大批的低端客源，但是该村没有休闲项目，所以游客都来到了小穿芳峪村观光、休闲，无形中增加了小穿芳峪村的环境承载量。在旺季时，没有充足的公共厕所、没有足够的环卫工人，接待的游客数量超过了小穿芳峪村的环境承载量，这些都对自然和人文环境都造成了破坏。

（三）小穿芳峪村人居环境优化

1. 强化规划引领

项目建设，规划先行。应对经济发展规划、旅游规划、土地利用规划和环境规划等各级规划进行融合，“多规合一”，建立功能互补的规划体系，科学规划，合理规划，解决各级规划内容的冲突，做好衔接工作。制定出高标准、高起点的旅游规划，进而制定农村人居环境的打造目标。因此，蓟州区各级政府要帮助村里把好关、定好位，在乡村振兴上坚持宜建则建、可建再建的原则；注重构建乡村可持续发展的生态环境，杜绝表面文章，让乡村从一时美向时时美转变；立足资源优势、产业基础和市场需求，制定好发展规划，引导资金、技术、人才等向优势区域聚焦；摒弃重建设、重投资的思维，强化重经营、重品牌的理念。可以预见，乡村旅游是今后一段时间投资建设的热点，必然会带来激烈的市场竞争，在竞争中营造良好的旅游环境是重点，良好的旅游环境带来良好的人居环境，可以提高市场竞争力，树立鲜明的品牌。只有这样，才能保证小穿芳峪村乡村旅游的可持续发展。

2. 采取保护、整治和提升的措施

小穿芳峪村应因地制宜、保护优先，探索多元化、差异化的保护和利用模式。

一方面，对生态环境好的地方要进行保护，对生态环境遭到破坏的地方要进行整治和修复。特别是环境卫生方面，村内外设立垃圾箱，建设村级污水集中处理设施；对生活垃圾，实行村收集、镇转运和县处理的措施；进行村厕改造，做好庭院绿化、坑塘河道清理，建设绿色家园，实现从外在美向内在美转变、从环境美向人文美转变、从形象美向制度美转变，构建乡村振兴的内生动力和长效机制。

另一方面，通过社会主义核心价值观的传播和文明礼仪培训，规范居民行为，培养他们良好的道德风尚，从而形成健康的生活方式；组织村干部进修旅游相关知识，同时外出调研，学习先进地区的经验；对从业人员进行专业培训，提升从业人员的素质和技能，必要时引进专业人士与高素质人才，提升乡村旅游服务质量；挖掘小穿芳峪村的乡风民俗、节事活动，通过宣传、教育、树立典型，逐步恢复乡村的良好民风，杜绝各种陋习，提升乡村软环境的吸引力，把乡风民俗、节事活动打造为独特的旅游产品。

3. 加强基础设施建设、资本驱动

蓟州区各级政府应加强对小穿芳峪村人居环境的基础设施和服务设施的建设和完善，积极寻求相关支持与帮助，合理利用政策，吸引国家资金，同时通过政府购买服务、政府和社会资本合作（PPP）等形式，促使市场主体加大对改善人居环境、设施建设和运行维护的投入。利用制度创新、模式创新，发挥共享、共融理念，以此吸引更多资金投入乡村旅游中。政府在政策上要对乡村旅游给予一定的资金支持，比如优惠贷款利率、政府利率补贴等。发挥财政资金的引导作用，带动更多的金融资源和社会资源用于小穿芳峪村人居环境建设，形成一个多元投入的新局面。借力景区、景点开发和美丽乡村建设，通过集体土地入股、现金入股联营等形式，建立村民参与、社会支持的机制，鼓励社会资本参与“农家乐”、度假村、农特产品加工交易、观光车营运等经营过程。

4. 实行村民自治，建立健全农村环境管理机制

利用年会引导村民形成团结向上的生活态度，树立村民的文化自信，这样不仅提高了其自身的生活品质，也充分调动和提升了广大农民的主动性及积极性，增强了村民的环保意识；政府部门加强环境保护宣传工作，充分借助电视、网站和新媒体等途径来进行宣传，从而增强环保知识的宣传力度。

建立村庄内部治理机制，使村民从“理性经济人”转变为“生态经济人”，全民参与，有奖有惩，使当地居民和旅游经济活动进行有效整合，彼此成为利益共同体，实现居民和旅游区在经济、文化和环境等方面的统一。在乡村环境建设上要充分发挥村民作用，倾听村民声音；在制定环境管理具体措施上要坚持“不唯上、不唯书、只唯实”，不迷信专家、不迷信大师、不迷信领导，把乡村人居环境整治之路铺设为“德治、法治、自治”三治合一的发展之路。

党员干部要起到带头示范作用，每到旅游旺季或者每逢重大活动，村党员干部都要出义工，打扫公共卫生；实行村级组织的治理主导地位，将乡村旅游人居环境是否达标作为各级干部目标考核的重要内容，和领导干部的业绩挂钩，并严格落实责任追究制。

5. 与周边村庄联动，强化乡村旅游环境优化理念

旅游活动具有享受性和高消费性特点，人们进行旅游活动的目的就是实现审美享受和追求高品质的环境质量，因此旅游者对旅游区的环境质量要求也是较高的。乡村旅游中人居环境的保护、整治和提升工作的协调发展需要广大旅游者、政府部门以及旅游经营者积极参与，每个人都必须增强自身的生态环境保护意识，正确认识到保护生态环境的重要性。

小穿芳峪村应该整合周边的莺歌寨和毛家峪村，积极探索小农户与大产业对接的方式，通过“公司+农户”或者旅游合作社的模式实现共赢发展，让整个融合区域的人们统一环境保护理念，规范他们的环保行为。

三、文化与产业的重置型融合：古北水镇模式、节庆旅游模式

民俗是历史文化基因在现实生活中的重要遗存，文化与产业的重置型融合就是通过特定的项目、特别是节庆和会展等形式，把乡村隐藏着的文化要素展现出来，进而提升休闲农业的产业影响力。北京密云的古北水镇属于专业投资打造的旅游景区，他们通过旅游硬件设施和经营机制的全面建设，把长城、染坊、书院、镖局、节庆活动等融合到这片土地上，使其成为一个既有乡土气息又有企业气度的项目平台。

（一）古北水镇模式

1. 概念引入

（1）意象。“意象”是一个中西方共有的概念，其范畴在不同学科的语境中尚存在差异，这使得它的内涵和外延尚未被清晰地界定。西方对“意象”的研究涉及潜意识、象征意义、主观想象等多个层面，而中国的相关研究则可以追溯到《周易》对“象”的解读。本书所使用的是侯幼斌先生的阐释，即意象是融入了主观情意的客观物象，是形象与情趣的契合、是景和情的统一。

（2）景观意象的文化表征。对景观意象的研究主要集中在实体景观物象和思维心理表象两个方面，景观意象可以表现出人们长期以来对景观认知的经验积累、对景观含义的情感体悟和对景观营建的联想与再创作。其中，景观的文化意象着重强调主体对文化要素的感知、联想与复现。其作为景观意象传承和创作的重要参照，不仅能够通过文化环境催生后续的意象再创造，还能为景观意象提供历史性的思维范式和观念参考。

2. 古镇景观文化意象的建构

游人对古镇文化的感知源于意象的创构。物质空间在形成与演变过程中积淀下的文化痕迹与衍生出的文化意蕴，构成了古镇文化的特征与灵魂，也是人们感知古镇的途径所在。当今城市建设显现出同质化现象，古镇景观的文化意象作为规划设计师意识活动的基本要素，在创构过程中必须被予以着重考虑。

（1）历史文化脉络。古北水镇文化意象的创构主要源于古北口，它是长城的一个关口，四周山高势险，易守难攻，因此有“燕京门户”“京都锁钥”之称，现已成为北京市唯一的历史文化名镇。司马台长城工程量极大，是长城留存至今风貌较好的一片，由爱国将领戚继光将军主持修建，具有极高的建筑和历史意义，长城专家罗哲文教授称其为万里长城之最。综上，古北口有着丰富的人文资源，那些关于边关御敌的历史遗迹、人文景观、风土人情和故事传说为景观意象的构建提供了清晰的文化脉络。

（2）符号的转译。罗兰·巴特认为：“人所创造的一切文化都是不同的符号形式。”文化符号学认为文化是一个地区或民族在历史中沉淀的思想与行为的轨迹，而空间则是人类对思想和行为的符号化，是人类对自然世界改造的结果，也是人类在宇宙中建立的一个个多维度的存在，因此也是文化意象的原型与载体。在研究古北水镇景观文化意象的创构时，宜先将古镇看作一个完整的符号体系，通过对空间的符号性转译，理解不同空间所承载的意义。

古北水镇的文化符号体系由北方传统村落的风貌样式与南方特色水乡的空间布局组合而成。水镇以三座原始村落为基底进行建筑的修复与再造，同时对司马台水库和小汤河水系进行综合整治，将水引入古镇，结合两岸地势特征形成了丰富的水街景观。此外，建筑门窗、山墙以及雕花、景观小品等细部的式样与组合，也都表达着特定的文化意象。此外，建筑的细部还反映了一定历史时期的技术工艺，这些在广义上来讲也属于文化的范畴。对这些文化符号的转译，为创构水镇景观的文化意象提供了框架与导则，并和山水空间符号一同构成了古北水镇特有的文化符号体系(图 10-1)。

图 10-1　古北水镇夜景

(3)主题的设立。在创造与构建景观文化意象的过程中，文化主题的表现蕴含着主客体多方面的特质：一方面，主题是题材引证、景象描述以及意境营造的表达；另一方面，它还是由强调个性、特色和创构发展而来的。除了“长城古镇”“北方乌镇”等概念主题外，古北水镇的主要景点也都具有不同的主题。如“杨令公祠”作为古北水镇的重要物质遗产，其文化主题的设立很好地反映了边关重镇的历史文化，八旗会馆、震远镖局、密云大戏楼等主题，则是作为老北京文化甚至北方文化的代表出现。而司马小烧酒坊、永顺染坊、英华书院、月老祠等主题，虽然在开发商的解释下和当地文化产生了关联，但依然有浓重的江南水乡文化的色彩。如此便形成了豪放与柔情、乡土文化与“舶来”文化的共存，而不同的主题又在“历史古镇”这一大的文化意象下得以融合共存。

3. 景观文化意象的表达

文化意象广泛存在于景观设计和使用者活动中，它既能以物化的形象出现，也能够以非物态化的影像存在，还能够以创造性的思维表象和心象存在。景观意象的表达是设计从主观构思到传递信息和含义的过渡。其表达方法和结构有助于表达设计蕴含的深层意义。

(1)空间格局的语法运用。水乡文化意象的表达，形成了古北水镇沿河地带的线性空间，相比于北方古镇由街坊逐级形成的块面体系，其水系形态与空间格局是一种街沿河走、屋沿河建的线性设置，将水体与街道和建筑空间融为一体。茶、酒等文化意象在水边建构起来，并有商铺集聚，使水边古镇界面被塑造成具有活力的水岸空间，并作为水镇文化的空间载体。而随着离水边距离的增加，两侧小路由高低起伏的山墙所围成，趋于狭小幽静，形成北方山脚小镇生活文化的感知空间。

(2)物质景观的语素选择。小品、材料、微型的院落和街巷空间等要素，也是文化意象的细节表达。古北水镇利用地形和建筑的自由式布局，在街头巷尾甚至是院落中形成层次或空间丰富的微型角落，这些角落看似低调，但往往是空间趣味性的源头。在建筑细部上，沿用北方民居中的清水脊、照壁门、窗、砖雕和木雕等细部的做法，做到简洁而不简单、精致而不繁琐。

在景观小品上选用能凸显北方特色的小品类型，例如木质板凳、古式灯具等。在小路两旁点缀藤本植物，通过前期人工定型形成参差错落的攀缘姿态。在材料选择上，优先选择在司马台地区生产石材，古北水镇的各种建设活动都争取就地取材。例如石块砌墙，石板铺路等，在满足审美要求的同时保持与场地自身文脉、地脉的和谐。文化空间的语境表现了古北水镇景区引入都城文化的意象，通过建筑的形式让人感受到所处地域的深厚文化氛围。作为景区的主入口，也是游客接触到的第一幢建筑，游客心中抽象了城门的符号，将建筑的主入口处理成古代城楼庄重而有气势的形式，凸显了人口在整个建筑中的重要地位，使游客在迈进大门的时候有一种仪式感。

(二)节庆旅游模式

随着旅游业的快速发展，乡村节庆旅游的规模也随之扩大，现在已经发展为旅游业不可或缺的一部分。乡村节庆旅游主要以田园风光和传统文化为基础，同时开发更多的娱乐项目，将娱乐、休闲、观光融为一体而产生新的旅游项目。在发展乡村节庆旅游的同时应遵循其应有的性质，为其可持续发展做好相应的工作，通过节庆旅游最大程度地去改变农村现在的落后景象。

1. 节庆旅游的概念

节庆旅游是个人置身于节庆活动中，以追寻愉悦体验为主要目标而度过的一种具有社会、休闲和消费属性的短暂过程，是根据一些拥有明确主题的公众性庆典活动作为旅游吸引物而开发出来的一种现代新型旅游模式，是在一定的范围内能对旅游者产生吸引、有可能被规划发展成旅游消费对象的各类节庆庆典活动的总和。对游客来说，节庆旅游是一种经历，一种活动，所以节庆旅游要全面发挥出在可体验性、可悟性、可观赏性等方面的优势，以此来展现自有的旅游价值。

2. 乡村节庆旅游的性质

游客进行节庆旅游的根本目的在于参与节庆活动、享受节庆气氛、体验快乐、享受美好的田园风光、亲身体验乡村生活，从而感悟到自然的魅力和环境的重要性，由此受到教育和启发。可观赏性、可体验性、可感悟性和可发展性是节庆旅游应具有的基本观光条件和性质。

(1)可观赏性。乡村的节庆旅游通常把乡野农村的风景和娱乐项目作为吸引物，使人们在参加乡村节庆活动的同时，欣赏到城市中没有的田园风光；把乡村的自然景观和人文景观有机结合起来，开发成一个完整的游览环境。现如今城市环境的污染日益严重，“蓝天白云”只能出现在孩子们的课本里，成为难得一见的奢侈品，恶劣的环境污染和不健康的农作物也促使疾病逐渐增多，这些使城市里的人们迫切希望能利用空闲时间到乡村度假。人们可以在乡村呼吸到清新的空气，观赏到蓝天白云、青山绿水、乡村建筑，了解乡村民情、礼仪风俗等，还可以观看当时的乡村土产、果树、河流、山涧并了解它们的过去，目睹渔、林、牧、农民的生产和生活情况(图 10-2)。

图 10-2　广阔乡村的美丽景色

(2)可体验性。在进行旅游观光时，人们不单是用眼睛去欣赏景色，还希望全方位地置身其中，去参与当地的生活。由于人们空闲时间和工资收入的增加，生活和工作的压力不断加大，越来越多的人希望到乡村体验日出而作、日落而息的简单生活，也就因此形成了以休闲化、个性化、参与性为主要趋向的旅游新形势。

乡村节庆旅游活动能满足旅游者户外游憩的需要，可以让游客回归自然、休假疗养。不仅乡村的辽阔土地为建设各种层次、类型的个性化户外运动提供了便利条件，而且游客在参与乡村节庆旅游活动的同时，还可以住在当地农家院，吃着农民自己种植的绿色食品，参与简单的农事劳作，采摘果蔬、垂钓品茶，体验与平时不一样的生活。

乡村节庆旅游还可以使游客了解并体验当地的居民生活。很多地区以及少数民族有自己独特的节日和风俗，通过举办特有的节庆活动，给旅游者提供亲身参与的机会，旅游者可以借此机会学习当地的民俗文化、历史传统等，如傣族一年一度的泼水节，各地的游客慕名前往，只为了体验当地特色的传统节日，穿着少数民族的服装和饰品参加当地载歌载舞的活动，这是一种很特别的体验，并且很好地带动了当地的旅游业和乡村产业经济的发展。通过参加节庆活动还能加深对农民、农村和农业的认知，特别是可以开展以青少年为主要对象的旅游活动，比如学校可以借此组织学生进行学农活动，带领学生们去了解农作物的种植和生长。

(3)可感悟性。农村节庆旅游既有观赏性，更有教育意义，可以使旅游者深切地感受到人类生存对土地环境和生态的依赖，培养人们爱护土地、热爱环境的意识。

合理保持乡村特色风貌有利于优化乡村环境。随着节庆旅游的发展，人们会感到优美的自然环境、传统的民俗、淳朴的民风也是一种生产力。因此，人们会更加自觉地保护生态环境，传承民族文化。而且乡村节庆旅游的发展还能使各地游客通过自身的所见、所闻、所做，挖掘出“乡村传统文化”，比如当地居民的建筑风格、服饰餐饮特色、生活工具等物质文化，以及风俗习惯传统礼仪、信仰等人文方面的文化。让人们在旅游中学习、感悟，有助于保护我国传统民俗文化，将之更好地继承和发扬。青少年在参加乡村节庆旅游的过程中，可以了解食物的由来，感悟到农民的辛苦，这能教育孩子们从小就要珍惜粮食、保护环境、珍惜现在的幸福生活。

(4)可发展性。自然资源的长久利用是实现经济可持续发展的物质基础。农村和农业的可持续发展，是中国可持续发展的根本保证。节庆旅游活动丰富了乡村精神文明生活，提升了农村居民的素质，保障了可持续发展的实现。乡村节庆旅游活动有效地促进和带动了当地经济的发展，为当地村民增加了就业机会，引导人们发展当地配套旅游产业，由此改善了当地的金融环境，为衰弱的传统经济注入新的活力。农民在节庆活动中获得合理的收益，提高了经济水平，也有助于乡村节庆旅游的可持续发展。另外，游客在进行乡村旅游的过程中也能受到启发和教育，树立可持续发展的意识。

四、创新休闲农业与乡村旅游饮食文化资源

乡村饮食文化拥有浓厚的民族特色，也承载着深厚的传统文化，因此，针对乡村饮食文化的开发策略非常重要。为了更好地带动乡村经济发展，振兴乡村农业，应当开发出新的饮食文化资源。对饮食文化资源的开发程度要遵循科学合理的发展规律，在开发资源的过程当中，应当考虑所在乡村的发展现状，既要做到资源的有效利用，也要对已经开发的资源进行保护。

（一）乡村饮食文化资源的开发利用

利用乡村饮食文化资源可以使农村旅游特点更加明显，饮食文化资源的开发利用，关键就在于“文化精神”。在饮食中讲求文化精神，在旅游中发扬文化精神，可以让旅游消费者以体验美食的方式，取得精神和物质的双重收获。农村历史社会文化资料中关于食物生产的文化背景、史料联系、风俗传说、人物事迹、风俗习惯等都是非常具有魅力的农村文化现象，例如有些当地名菜或小吃就常常伴随着传说和神话故事，可以对此进行开发利用，使游客能够边听（听神话故事）、边看（看原材料、施工）、边尝（尝味道）、边思（体验意境），真正地乐在其间。

（二）利用乡村饮食文化资源发展特色旅游产品

乡土传统文化资源是农村特色旅游产品发展的重要基石，中国茶文化、美酒和乡土特色美食是农村饮食文化资源的主要组成部分。在世界各地都流传着不少中国传统民俗食品，它们不仅制造工艺技术独具特色，而且拥有很深厚的中国文化内涵。对中国的茶文化、酒文化和特色美食传统文化的利用

有如下两个方面：一是中国茶文化、酒文化和特色美食传统文化资源具备很大的观赏性和参与性，可成为乡村民俗旅游内容的重要部分；二是发展了多种特色旅游产品，各少数民族都提供了各种名茶、美酒和食品，其中大部分“藏于深闺人未识”，商业化程度非常有限。可以以市场为导向，利用现代科技改良传统的农村食品，让中国传统农村食品迅速地走向国际市场，对发展特色旅游产品具有很大助益。

（三）乡村饮食文化资源对农村旅游发展的重要性

食物是旅行中重要的六要素之一，由于现代人追求返璞归真、崇尚休闲自由的心理，乡村饮食文化资源也得到了人们的重视，可以“住农家房，吃农家饭，干农家活，随农家俗，交农家友”的农村观光旅游日益成为新兴的潮流，而带有强烈乡村自然特色的农村文化也自然成为消费的大热门。所以，农村饮食文化资源对农村旅游发展而言是非常关键的，唯有全面地发掘它，并使其合理地与观光旅游相结合，才能使农村旅游良好地发展。

（四）深度挖掘乡村传统饮食文化资源

乡村传统饮食文化资源非常丰富，各个民族、各种地区都有自己的传统饮食文化。但由于本地的民族特色传统饮食文化资源开发不足、现代食品快速下乡，使得各地农村的传统饮食趋于同质化，没有当地特点。所以，为了丰富农村旅游的内容，必须重视对农村饮食文化资源的挖掘与整合。农村饮食文化资源的挖掘应主要从以下一些方面着手。

1. 古代菜谱

中国遗存的古代菜谱甚多，有名的《山家清供》《居家必用事类全集》《中馈录》和《素食说略》等均记录了内容丰富的中国民间菜。清人的《调鼎集》里就有很多绝佳的中国民间功夫菜。

2. 文人诗歌

历代作家喜爱游玩风景，寄情诗酒，以至于对民俗美食也多有溢美之词。例如杜甫《佐还山后寄三首》中的“白露黄粱熟”，白居易《即事寄微之》中的

“饭下腥咸小白鱼”，陆游《野饭》中的“苦笋馔白玉”，李调元《南海竹枝词》中的“南人顿顿食鱼生”等。上述作家笔下的民俗美食，都有相应的颇具传奇色彩的掌故传闻。

3. 地道祖传

乡村的祖传美味名吃，具有很重要的历史研究价值。例如，明代最有名的官府食书、收菜1010种的《宋氏养生部》便是由宋诩及其父母一生辛勤执掌中馈的结晶；还如“芥末墩儿”便是由满族市井之家创制的美味小菜。

4. 民族村寨

少数民族群众创制的本民族传统特色美食，是民俗食物的重要组成部分。例如赫哲族的杀生鱼、朝鲜族的神仙炉、蒙古族的羊背子、白俄罗斯族的苏波汤、锡伯族的南瓜饺子、哈萨克族的烧马肠、彝族的坨坨羊肉、羌族的熏猪膘、苗族的瓦罐烩狗肉、傣族的烧烤花蜘蛛、毛南族的露蒸红薯、仫佬族的甜炒蝶蛹等。

（五）大力发扬乡村传统美食文化

农村食物的主要特性便是“天生本味”。人们在追求天真、重返大自然的时候，也着迷于天生本味，农村食物也就顺理成章地博得了人们的盛赞。所以，不管是深入发展农村传统文化资源还是传统餐饮，或是创新乡村旅游传统文化特色产品，只有保留“天生本味”的传统特色，才能产生永恒的文化魅力。“天生本味”的文化特色表现在“乡土”特性的保留上。

所以，在对中国农村的旅游文化资源进行研究时，首先应该确保食物制作工艺、食物包装材料都要具有民族特色或乡土气味，以引起游客领略当地味道的兴趣。比如农村饭店的招牌菜，其原材料一定是当地特产，做法一定是当地传统手法，而且采用当地的“土”制器具。其次，美食旅游经营地要创设浓厚的农村田野生活环境，比如设置“乡土风味餐馆”或“村野美食街”。

第三节　打造休闲农业与乡村旅游知名品牌

有效的宣传和良好的营销渠道是休闲农业与乡村旅游实现可持续发展的重要保证。品牌文化有助于打造休闲农业项目的个性特点，促进休闲农业业态升级，提升休闲农业项目的市场影响力和竞争力，进而实现区域经济的高质量发展。

一、休闲农业发展中品牌文化的作用路径

休闲农业品牌文化，尤其是集约品牌的美誉度和品牌声望，对持有人品牌竞争力的影响和作用路径主要有直接路径和间接路径两种。

直接路径是在地域品牌伞状保护的效应下，区域内或集团内的所有休闲农业经营户均可以享受地域的整体效益，每个经营户能够获得更多资源支持、实现销售渠道共享；不断拓展相关产品或服务的市场声誉，大力宣传地域特色产品与服务，可以提升市场占有率和品牌吸引力，进而促进中小型休闲农业经营主体品牌竞争力的提升。

间接路径是利用休闲农业地域品牌美誉度扩散形成的品牌辐射效应，为集团内经营主体的品牌形象提升提供便利。个体经营主体通过不断提升自身品牌价值，加强个性品牌文化的深度挖掘，提升个体品牌的竞争力，成为集团内的龙头企业或骨干项目。在此基础上，以龙头企业或骨干项目为核心，促进区域内不同企业之间的交流与合作，降低交易成本，形成地域品牌的协作效应，强化以品牌建设为主线的核心能力及应对外部环境变化的能力，提升项目品牌自我发展和价值创新的能力。

对于休闲农业经营项目而言，依托区域品牌形象，能够获得消费者的信任，降低消费者的搜寻成本，培育消费者的品牌忠诚度，有效排斥来自区域外的竞争对手。也就是说，经营者把休闲农业地域品牌的美誉度引申为自身的品牌文化，把消费者对地域品牌的忠诚转化为对个体经营项目的信任，让

经营者在很小的市场开发代价下获得稳定的消费者群体。

二、休闲农业品牌文化效应的实现手段

休闲农业品牌文化与休闲农业自身的发展存在一种相互依存、相互促进的关系。休闲农业品牌文化的形成来源于休闲农业项目的发展实践，优秀的品牌文化又会对休闲农业项目的持续和扩大发展具有显著推动作用。

(一)创新产品和服务

休闲农业品牌文化的培育、形成与效应发挥需要一定的时间，还需要政府、行业协会与企业等多方主体共同参与，按照品牌化发展目标对休闲农业进行总体规划。这一过程与休闲农业自身发展的生命周期密切相关。一般而言，在休闲农业发展初期，由于休闲农业企业自组织发展、低水平建设、休闲农业产品和服务同质化等问题，休闲农业总体处于低端发展状态。推动休闲农业品牌化发展，是在激烈的市场竞争下，为了更好地满足消费者多样化、个性化消费体验，实现休闲农业差异化发展和业态升级的重要途径。休闲农业品牌文化的树立能够促使休闲农业企业由传统营销转向品牌营销，进而提升企业价值，同时促进了休闲农业产品和服务不断创新，以获取竞争优势，还促进了休闲农业产业本身不断进化和升级。

(二)强化地域根植性

休闲农业具有特定的地域根植性，对区域社会历史、文化观念、产业基础和关系网络等具有显著的路径依赖。休闲农业品牌文化的准公共产品特性，使得外部区域难以获取品牌优势，从而对休闲农业在本地的发展起到形成品牌壁垒和品牌保护的作用。区域内的休闲农业企业如果想要获取品牌优势，就必须依托该区域开发休闲农业产品和服务，与区域品牌形成良性互动、互相促进。从这一过程看，品牌文化强化了休闲农业的地域根植性。

(三)增强休闲农业产业竞争力

休闲农业产业竞争力的形成是指休闲农业产业在与其他产业竞争过程中，

能够更好地满足消费者需求、不断开发目标客户群进而获取更大的盈利能力和市场占有率的过程。休闲农业品牌文化的形成和效应的发挥，能够有效集聚和吸纳生产要素，不断提升休闲农业产业的影响力；品牌声誉能够吸引新的消费群体和生产者加入，不断壮大产业规模和实力，进而提升资源整合能力，形成资源整合网络。休闲农业品牌文化的持续发力需要有高质量的产品和服务作为支撑，要不断挖掘品牌文化的核心内涵，树立品牌形象，使消费者形成持续性购买行为和品牌忠诚度，从而让休闲农业品牌价值不断提升的同时提升产业竞争力。

三、休闲农业品牌文化建设对区域经济发展的促进作用

（一）品牌扩散和辐射效应

休闲农业是一个新兴产业，其积淀下来的优秀品牌文化有助于扩大其所在地的知名度，进而提高本地域的外部影响。集体化的品牌形象比单个项目品牌的影响力更强大也更长久，消费者和公众对某一休闲农业区域品牌的认同和由此产生的品牌忠诚度会推动整个地域和相关产业的发展，有助于形成良好的外部形象和口碑，良好的外部形象和口碑又会进一步强化品牌文化的影响力，使休闲农业区域品牌赢得社会范围内乃至更广泛区域市场的好感和信任。这对向外界宣传区域优势资源、优势产业和区域文化具有重要作用，对扩大相关品牌产品的销售具有强大的推动作用。

（二）资源集聚效应

休闲农业品牌文化形成之后，特色资源和经营要素的集聚会极大促进休闲农业和相关产业经济效益的提升。特别是随着区域品牌文化的传播和扩散，品牌要素集聚体现出较为明显的资源优势、成本优势、市场优势、管理优势和效益优势，产生了显著的品牌示范效应，使这一地域具有优于其他地区的吸引力，能够吸引更多的投资项目、经营人才、配套服务和媒体宣传等资源，从而形成更为健全的全域旅游服务体系。

品牌文化的扩散在农村地区形成了效率更高的产业集群化发展体系，对

于农村地区的管理提升和现代经济体系的建设具有引领作用，能够带来区域经济倍增效应。伴随着相关产业资源要素的地域性集聚，休闲农业产业的发展壮大还会带来相关产业的发展，也会对特色农产品的加工和销售等产业产生辐射作用，从而促进整个区域经济体系的立体布局和全面发展(图 10-3)。

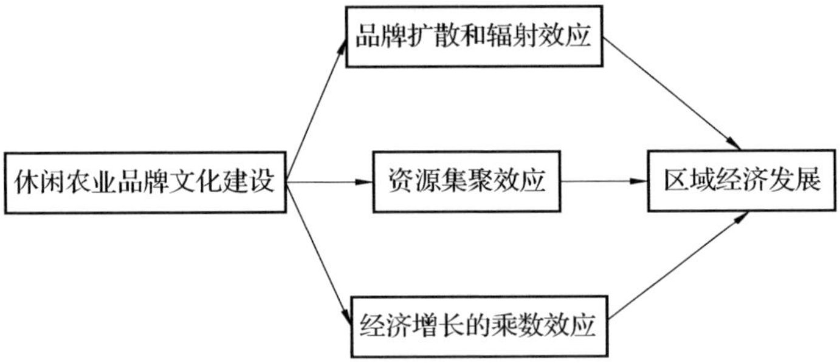

图 10-3　休闲农业品牌文化建设对区域经济发展的作用机理示意图

(三)经济增长的乘数效应

一是做好顶层设计，为培育休闲农业品牌提供指导。制定休闲农业发展政策时要明确品牌化发展道路，树立品牌发展理念，为休闲农业品牌文化找准定位，注重突出区域特色、挖掘历史文化资源和优势产品及服务；发挥产业政策引导作用，加大对休闲农业品牌培育资金的支持力度，给予资金扶持、土地使用、税收优惠和人员培训等支持。

二是实施休闲农业品牌文化建设工程。加大对休闲农业龙头企业的培育力度，鼓励区域内龙头企业和优势企业创名牌企业和名牌和产品，培育一批有影响力的品牌和产品，营造良好的品牌文化建设氛围，打造具有竞争优势的特色品牌。

三是对培育休闲农业区域品牌给予政策支持。政府在休闲农业品牌体系、标准体系和质量体系建设中给予指导，在品牌标识建设上加强引导和监督，健全市场监督机制，打击假冒伪劣商品，从而为休闲农业品牌的建设营造良好的外部环境。

四是加大对休闲农业品牌的宣传力度。通过加强区域性专业市场建设，组织休闲农业企业参加国内外大型展销会、博览会等活动，扩大区域产品和服务的知名度和影响力，提升区域品牌美誉度。

四、智慧旅游为休闲农业与乡村旅游资源开发与利用赋能

智慧旅游在现代信息技术的基础上重塑了人们对旅游业的认知，打破了传统旅游业的发展模式，是旅游资源开发、旅游管理、旅游营销、旅游产品与服务等方面的全面变革与提升。

（一）智慧旅游如何赋能休闲农业与乡村旅游

1. 智慧旅游赋能休闲农业与乡村旅游资源开发与利用

首先，智慧旅游在休闲农业与乡村旅游资源开发与利用中的作用体现在现代信息技术的应用。在发展传统休闲农业与乡村旅游的过程中，农村地区优质的旅游资源的开发与利用受到地理空间与地形地貌等因素的限制，难以满足游客更深更广的旅游需求，并且这样往往会错过优质的旅游资源；或者在旅游过程中，游客受自身体力或行程的影响，主观上无法完成对所有景点的观赏与体验，这时候就可以利用现代技术来深入挖掘旅游资源和弥补旅游体验的缺失。比如借助无人机的画面回传技术，结合虚拟拍照技术或AR虚拟现实等丰富游客的感官体验，深化对旅游资源的开发，满足游客的旅游服务体验需求。

其次，大数据技术支持下的旅游数据采集与利用。在旅游资源的开发与经营管理中，通过智能化的现代技术实现资源开发的数据采集，有利于随时检测乡村地区旅游资源的使用与开发现状，避免旅游资源的过度开发与利用给当地自然环境造成不可逆的损害。而在休闲农业与乡村旅游的经营管理中，更是可以借助旅游数据的共享性，对数据进行深度挖掘与分析，这样不仅可以做到及时疏导游客、引导游客分流，还可以采集游客对休闲农业与乡村旅游的搜索、预订与互动等相关数据进行分析，实现对游客需求的深度挖掘。借助对数据的洞察，把握休闲农业与乡村旅游的市场动态，这是指导休闲农业与乡村旅游资源开发与利用的关键点。

最后，智慧旅游推动完善休闲农业与乡村旅游资源开发与利用的配套支

持系统。智慧旅游不仅有利于完善旅游基础设施，还能够提供更为高级的旅游设施配套服务。智慧旅游概念被提出后，很多地区着手打造智慧景区，而建设智慧景区首先需要完成技术变革，这种变革实质上是强化互联网技术对休闲农业与乡村旅游资源的支持，通过景区停车场、购票系统、语音导航以及游客的人脸识别等智能服务系统的建设，构建休闲农业与乡村旅游资源开发的智慧化服务网络，解决休闲农业与乡村旅游资源开发的后顾之忧，以优质服务强化旅游资源的持续吸引力。

总之，智慧旅游改变了传统休闲农业与乡村旅游资源的开发路径，为休闲农业与乡村旅游资源开发与利用的科学性智慧化以及绿色生态特征提供了技术支持。

2. 智慧旅游促进休闲农业与乡村旅游的发展

首先，智慧旅游拓展了休闲农业与乡村旅游的技术外延，丰富了休闲农业与乡村旅游服务的内容，对改变休闲农业与乡村旅游运营管理思路具有不可忽视的推动作用。很多行业已经验证了移动互联网时代“流量为王”的说法，休闲农业与乡村旅游借助互联网技术的支持，同样能够开启用户流量与产品及技术的整合应用。在智慧旅游的影响下，休闲农业与乡村旅游的主要数据来源是旅游网站、景点导航以及各类广告推广等，这些数据可以形成休闲农业与乡村旅游营销的智慧化基础，在此之上将用户进行分类整理和标签化处理，作为休闲农业与乡村旅游营销推广的决策依据和精准推送目标，提高休闲农业与乡村旅游营销的精准度。

其次，智慧旅游有利于提升休闲农业与乡村旅游的服务质量，赋予游客更优质的体验与感受。有研究认为，智慧旅游的核心就是服务，即基于新技术满足游客更加多元化的信息需求与体验需求。以无人机的应用为例，在面对突发事件时，无人机可以借助热成像技术对突发事件现场进行实时画面传输，为日常巡查以及救援等提供支持。同时，各地区旅游景区的智能导览、语音导览以及互动投影等智能服务让游客通过手机 App 就可以获得旅游线路定制、旅游景点介绍以及虚拟场景活动等服务。而旅游基础设施服务中的智能票务系统、闸机系统以及电商门户的智能化、智能机器人服务等基础设施也提升了休闲农业与乡村旅游的服务水平。

最后，智慧旅游改进了传统的旅游管理方式，促进了休闲农业与乡村旅游转型升级。智慧旅游的内涵是将各项高新技术应用于旅游业，以促进旅游资源和信息数据在全社会的共享共用，提高旅游管理水平、营销水平及旅游服务质量及体验质量。从智慧旅游建设的各类数据中心以及服务平台，比如行业管理平台、公共服务平台、营销推广平台和智慧体验平台的建设与应用来看，智慧旅游将传统旅游中相互分割的成熟系统汇总成为统一的旅游管理系统，通过大数据的分析与定位、技术支持与流量汇总来构建休闲农业与乡村旅游产业互联网，全面连接休闲农业与乡村旅游地区之间的吃、喝、购、娱以及休闲体验等产业链，并对旅游产业链进行再造与升级，打造休闲农业与乡村旅游智慧化经营管理与产业结构，为休闲农业、乡村旅游与农村经济的转型升级提供了无限空间。

（二）休闲农业与乡村旅游智慧化发展存在的问题

根据智慧旅游的概念与发展目标，从理论上来说，智慧旅游对休闲农业与乡村旅游的资源开发和经营管理均具有重要作用，其对休闲农业与乡村旅游的赋能可以盘活农村经济发展的技术流和信息流，促进农村经济快速发展。目前，在休闲农业与乡村旅游的发展过程中需要大量的资金投入和技术支持来完成智慧旅游基础设施的建设。但是，我国大部分乡村并不具备打造智慧旅游的能力，甚至有些休闲农业与乡村旅游发展过程中存在的问题还成为休闲农业与乡村旅游智慧化发展的制约因素。

1. 休闲农业与乡村旅游发展理念滞后

休闲农业与乡村旅游发展观念滞后主要体现在两个方面，一方面是大部分休闲农业与乡村旅游地区对当前发展现状比较满意。相较于农村地区落后的经济发展水平而言，休闲农业与乡村旅游对农村经济发展和提高农民收入作出的贡献是不可忽视的，这也导致很多地区在不了解智慧旅游建设对休闲农业与乡村旅游发展的利与弊的情况下更加倾向于维持传统旅游现状。另一方面是对智慧旅游的认识不足。虽然国家对智慧旅游的发展持鼓励态度，但是，目前智慧旅游项目建设更多倾向于旅游区的部分智能化，且主要出现在具有较强经济实力的旅游企业和城市中。而乡村地区信息相对闭塞，对智慧旅游的认识不够全面，无法判断智慧旅游的发展方向和投入建设情况，导致当地智慧化建设滞后。

2. 休闲农业与乡村旅游从业人员素质难以支撑旅游智慧化

传统的休闲农业与乡村旅游之所以迅速发展，很大程度上得益于对当地劳动力就业的贡献。在城市化推动下，乡村地区持续的人才外流早已成为常态。休闲农业与乡村旅游从业人员大多数受教育程度不高，他们没有接受过系统的旅游服务培训，更多的是在实践中摸索出工作经验和经营管理经验。智慧旅游的关键部分是对现代新兴技术的应用，因此需要大量的信息技术人才和旅游专业人才。但是，乡村地区普遍缺乏的也恰恰是旅游专业人才，更遑论集信息技术与旅游管理于一体的综合型人才。虽然有些发展较为迅速的地区已经着手建立休闲农业与乡村旅游公众号和服务平台，但是人才的缺乏制约了智慧旅游在乡村地区的发展，乡村地区无法通过旅游服务网站、新媒体等开展休闲农业与乡村旅游基本的营销工作与服务工作，难以借助现代互联网技术进行信息与数据的分析与应用。

3. 智慧旅游资金需求远超乡村经济承载能力

资金投入不足是休闲农业与乡村旅游智慧化建设难以开展的另一个因素。从资源开发到管理与运营，都需要智慧化技术的优先建设。但是，对于乡村而言，其经济发展水平低，地理与交通条件差，一般性的旅游资源开发与利用往往需要由政府牵头，吸引旅游企业来投资开发建设；旅游开发建成后，休闲农业与乡村旅游的游客吸引力与经济覆盖面有限，各地区经济效益不高，难以支持智慧旅游建设。智慧旅游从基础设施搭建、各类设施运营与使用、技术培训等任何一个环节都需要持续的巨大投入，但是收益却往往受更多因素影响。因此，无论是政府还是旅游经营管理单位，都缺乏投资智慧旅游的能力与动力。

4. 休闲农业与乡村旅游技术基础设施建设不完善

休闲农业与乡村旅游地区不具备智慧旅游建设需要的基本通信设施。虽然近些年全国各地区信息化建设不断取得了可观成效，我国农村信息网络覆盖率已经无限接近100%，但是，农村信息化建设的基础设施并不能满足智慧旅游建设的大数据与互联网对技术的要求，特别是综合性的AR虚拟技术、大数据终端处理技术等对互联网基础设施的要求更是超出了传统休闲农业与乡村旅游地区的基础设施承载能力。同时，智慧旅游的建设要基于综合性的休闲农业与乡村旅游景点汇总和信息收集整合。但是，我国休闲农业与乡村旅游分布范围广、种类多，信息采集不便，因此很难建立起智慧化的数据库。

（三）休闲农业与乡村旅游资源智慧化开发与利用的政策建设

1. 加大财政支持，增强休闲农业与乡村旅游信息基础设施的建设力度

智慧旅游的关键是对信息的共享共用，对信息基础设施的使用也是基于共建共享原则的。鉴于休闲农业与乡村旅游地区经济能力对智慧旅游建设的制约作用，有关方需要从多层面寻求财政资金支持。

政府要从政策层面转变智慧旅游建设思路，强化以区域为单位的智慧旅游信息化建设，突破传统休闲农业与乡村旅游一地一建、各地区分散管理的局面，从智慧旅游的共享性方面提高区域协调性。协同旅游部门、金融部门以及农村发展部门，共同制定财政支持智慧旅游建设的指导方案，增加政府财政支持力度，鼓励金融机构为智慧旅游建设提供信贷支持。同时，构建良性的合作机制，引导技术型企业、旅游企业共同合作参与休闲农业与乡村旅游的智慧化建设，为休闲农业与乡村旅游智慧化发展提供技术支持和管理运营支持，打造休闲农业与乡村旅游信息共享平台，提高休闲农业与乡村旅游智能支持水平和数字支持力度。

2. 构建休闲农业与乡村旅游智慧化协同发展机制，推动旅游产业链融合发展

智慧旅游对休闲农业与乡村旅游模式的改变很大程度上取决于其对旅游产业链的影响，如何通过信息化和智慧化结构重组休闲农业与乡村旅游产业链，是智慧旅游推动休闲农业与乡村旅游转型升级的关键。因此，要想推动休闲农业与乡村旅游的智慧发展，就要构建休闲农业与乡村旅游产业链和供应链的协同发展机制。从产业链来看，智慧旅游需要交通、住宿、餐饮与娱乐等相关产业的支持，同时也需要旅游资源开发、旅游精细化管理以及旅游数字化营销等服务的共同发展。因此，要通过构建协同化的旅游产业链智慧化发展机制，从根本上全方位打造智慧旅游管理体系与服务体系。同时，在产业链融合发展过程中，该机制也有利于旅游数据的深度挖掘与使用，可以促进旅游营销策略制定和旅游市场把控的一致性，提高休闲农业与乡村旅游产品与服务创新的顾客满意度，从整体上提高休闲农业与乡村旅游的发展质量。

3. 完善智慧化管理制度，提高信息运营与利用效率

智慧旅游建设与管理要保障海量信息管理的高效性与安全性，因此，要完善智慧旅游信息管理的体制机制，优化制度体系，为休闲农业与乡村旅游智慧化的信息管理提供制度依据。

一方面，制定智慧旅游信息共享的协同管理制度。由于在传统旅游管理机制下，各地区与各部门往往会形成信息孤岛，很难实现信息互通与共享；而智慧旅游建设打破了信息孤岛，实现了信息的整合分类与互联互通。那么，原有的信息管理体制与制度体系就不再适用，需要建立跨部门与跨地区的信息管理制度，明确各层级与部门的信息使用权限，防止因操作不当和地区或部门利益驱使而导致的信息不安全问题。另一方面，也要制定休闲农业与乡村旅游数据的市场化管理制度，强化政府对数据安全的风险管控作用，发挥专业信息管理企业对数据分析与监测的优势，规范休闲农业与乡村旅游信息的运营和管理，提高信息利用效率。

4. 加强信息化人才培训，提升从业人员综合素质

对智慧旅游建设而言，人才是关键。休闲农业与乡村旅游要想实现智慧旅游的开发与运用，必须重视对新兴技术人才的培养。新兴技术人才在任何一个行业内都是紧缺人才，休闲农业与乡村旅游在地区经济发展水平与未来发展前景的吸引力缺乏竞争力的情况下，要更加专注于对人才的培养与培训，实现新兴技术人才的快速增加与补充。人才培养要借助政府、旅游企业和智慧旅游建设企业的资源协调能力和专业技能培养能力，构建集政府、企业和休闲农业与乡村旅游地区为主体的三层次人员培养体系，制定以信息技术和旅游管理培训为主、以实践提升为辅的人才培养模式，快速提升现有相关从业人员的综合能力。

第四节　完善休闲农业与乡村旅游人才队伍建设

面对当前休闲农业与乡村旅游从业人员的实际情况，应着重改变人才培育模式，完善人才队伍建设。

一、健全企业人才管理体系

（一）转变观念，积极承担企业社会责任

树立“专业的人做专业的事”的观念。休闲农业企业在面临人才短缺问题时应该意识到参与休闲农业教育对企业发展的意义，由被动变主动，避免校“热”企“冷”的现象。

转变思路，弥合校企联动人才培养的目标诉求上存在的差异或分歧，改变以往通过接受学生实习来降低劳动成本满足企业人才短缺问题的思维。企业应主动承担一定的社会责任，通过提供实训场地和有经验的老师来积极寻求校企合作，从而探索行之有效的工学结合、订单班或学徒制等方法来解决院校学生人才培养中有关实训实习的难题，从而解决休闲农业企业人才不够用的问题。

（二）健全企业人力资源管理体系，留住人才

首先，要注重企业文化和福利制度的构建，尤其要关注和重视青年员工的个性化需求，为员工的成长设计不同的文化板块，让员工既能发现自己的进步又能感受到快乐，让员工有归属感。

其次，要明确员工工作职责，提供合理的绩效薪酬体系，明晰员工晋升通道。通过有效的激励机制让员工自我肯定的同时也能为企业创造最大效益，保证企业人才的稳定性。

最后，要做好员工再教育深造的规划，健全企业人才储备机制。定期为员工做好培训、继续教育和对外交流学习来提升员工专业技能，提高员工素养。

二、创新休闲农业人才培养模式

（一）要明确为谁培养人才

院校应关注行业需求动态，找准该专业的核心竞争力，培养懂规划、开发、设计和新媒体运营的符合企业需求、适销对路的实用型和复合型人才。

紧跟时代的变化，融合时代需求来优化人才培养体系，不仅要满足休闲农业市场对人才的要求，也要能为学生创新创业打下坚实的基础。

（二）要明确如何培养人才

因为休闲农业专业实践性非常强，所以必须构建一支专、兼职教学队伍。专职教师参与休闲农业行业协会，并定期轮流到企业顶岗锻炼来提升业务技能；兼职教师保障实训技能训练。

在专业课程设置方面，要考虑休闲农业企业的实际需要，突出岗位技能培训，严格按照岗位认知、专业实训和顶岗实习递进式地完成专业课程的开发和设置。

探索 1+X 证书在休闲农业专业的应用。注重休闲农业“+”的内涵，体现休闲农业科技、休闲农业数字化、休闲农业新媒体等技术来开发 X 证书，增强学生专业技能，开阔学生视野，进一步拓展人才就业创业本领，缓解结构性就业矛盾。

三、政府应提供强有力的政策支持

（一）落实引进人才的优惠政策

激励学农和从事农业的专业人才，尤其是在大城市，如增加产业导向分值，对于休闲农业专业人才在申请户籍时实行政策倾斜，优先给予解决当地户口或提供住房帮助。

健全农业与乡村旅游人才吸纳机制，吸引国内外休闲农业相关人才在休闲农业领域扎根。通过休闲农业市场及业务的不断拓展，为人才提供施展才能的舞台，吸引并留住人才。

（二）推动校企联合与协同育人

政府要扶持、鼓励有资质的休闲农业企业参与到休闲农业职业教育中来，在其发展过程中给予必要的政策倾斜和资金支持。政府可以与高校、休闲农业企业联合，以政府为主导，以高校为基地，由企业提供资源支持。积极创造条件举办大学生休闲农业产品设计展览、非物质遗产技艺传承展示、文创市集等活动，以此作为当地旅游节庆的一个项目，让资源和技能活起来，进一步深化校企合作，为人才培养创设健康长效机制。

积极构建助力休闲农业和乡村旅游发展的信息化平台，及时发布权威的有关休闲农业行业的新闻、培训、讲座、对外交流及休闲农业人才供需动态，提升休闲农业品牌影响力，为休闲农业人才培养提供桥梁。

（三）推行“多元化”人才培养战略

首先，从休闲农业产业可持续发展的角度来看，为加快休闲农业“国际化人才”培养，要定期选派优秀青年农场主前往国外休闲农业发达国家学习先进经验。其次，启动院校涉农专业招收一线从业人员的“农民班”来改善目前休闲农业人才结构性短缺的问题。目前，上海和北京有农业院校在做试点，但需要进一步科学有序地推进。

第十一章

全域旅游推进农旅产业协调发展的政策建议

推进农村三产融合发展，最为关键的是要有相应的组织载体、利益联结和融合模式。无论农业组织形态如何变化，始终绕不开龙头企业和农户之间的关系。组织载体影响牵引力，利益链接决定凝聚力，两者共同形成不同融合模式。农业产业化是产业链条的纵向延伸，包含了利益联结关系，是现代农业发展的方向，是农业经营体制机制的创新。专业合作社是自愿联合、民主管理的互助性经济组织，关涉利益链建设，它可以成为产业融合主体的横向合作，可以从事农产品的加工和销售。农产品加工是产业或新业态的贡献者，关涉价值链提升，既可以嵌入纵向延伸，也可以横向融合，还可以拓展农业产业功能，加工企业空间集聚可带动基地化生产及服务业集聚。打造全产业链，搭建组织载体，创新业态，创新融合模式，有利于构建三产融合发展的长效机制。如果将三者放在同一层面的话，就是分别突出产业链、利益链和价值链，因为它们是能够实实在在推动农村三产融合发展的主要力量和现实出路。

第一节　推进农业产业化，打造全产业链

市场竞争已经转变为整个产业链的竞争。过去就农业抓农业，种养业搞种养，没有把加工、流通、销售等连接起来，这是有缺陷的，应该要全产业链、全价值链打造，推动农业不断增值、增效和农民增收。现有的分散经营无法使经营主体分享产业链、供应链的产品附加值，难以跳出农业收入“低水平陷阱”。推进农业产业化经营组织形式，不断创新和完善，是农业农村发展的必然要求。通过增值分享和风险共担等机制把不同主体分别经营的三次产业或者其中的某些环节有效地联结起来，一般称为“产业化”。

20 世纪 80 年代末，山东最早提出了农业产业化，各地探索出了“公司+农户”“公司+大户+农户”“公司+合作社+农户”等一系列产加销一条龙、农工商一体化等模式，但早期农业产业化存在契约不完善、组织稳定性难以保证等问题。农业产业化要形成完整的产业链条和建立健全的、高效的社会化服

务体系，来解决结合不紧密、融合不深、政策支持力度不够等问题。全产业链是一种战略思维，也是一种经营模式。农业全产业链融合是通过制度、技术和商业模式创新，将农业与农产品加工、流通和服务业等渗透交叉，形成新产业新业态新模式，实现产业跨界融合、要素跨界流动、资源集约配置、联农带农紧密的经营方式。

一、农业产业化与农村三产融合发展的有机联系

20 世纪 90 年代，农业产业化发展推动乡村产业从种养环节拓展到加工流通环节，从农业拓展到二三产业，在创新产业形态、拓展产业空间上做出了重要贡献。从历史的角度来看，由于工农城乡发展不平衡，资源要素交换不平等，乡村发展环境不优、农村产权制度不完善、经营机制不灵活、资源优势难体现、集聚效应难形成。农业产业化发展存在一些问题，但是并不妨碍其成为农村三产融合发展的重要内容和发展源头。农业产业化从经营规模、生产工艺、产品附加值、影响水平和营销能力五个方面提高农业企业的内在价值。

(一)农村三产融合发展的要求和趋势就是农业产业化经营

农村三产融合在外延上包括但大于农业产业化，是新时期农业产业化的根本任务，是农业产业化的延伸版和拓展版(见表 11-1)。产业融合发展的产业边界更加模糊，业态创新更加活跃，利益联结更加紧密，商业模式创新更为丰富，技术创新更具有整合集成和跨界融合的特征，经营主体更加复杂多元，产业功能更加多样。农村三产融合是经济转型的重要突破口，转换主导地位和拓展资源配置范围，是农业产业化的产业化，是农业产业化的扩展与升级。因此，通过三产融合可实现安全农业的可持续性。

表 11-1　农业产业化与农村三产融合发展的有机联系

维度	农业产业化	农村三产融合发展
主体地位	农业产业化实质上没有实现农民的主体地位	以新型经营主体为生力军，合作制形式使农民处于主体地位
资源配置	更多地被局限于农业内部	实现资源的跨界整合，拉长农业产业链条，扩大农业获利空间
农民的理解	农民是单纯的“生产型”	农民转变为综合的“经营型”
农业的理解	以传统农业为基础，对经营方式方面的改造	农业内涵和外延得到扩展，丰富的经营方式和产业模式促进业态升级

(1)农业横向产业化促进农村三产融合。农业横向产业化伴随农业功能扩展，是农业从食品等产品向文教、休闲、环保、创意、服务等领域扩展，增加农业产业化幅度的过程。其表现为靠技术进步和需求升级过程中农业内部横向分工深化而催生新产业的过程。农业横向产业化引发技术创新、提高农业生产率和品质，具有极强的综合性、联系性。新业态包括以食品和纤维产业为主题，涵盖了休闲农业、生态农业、能源农业、医药农业、保健农业等。

(2)农业纵向产业化促进农村三产融合。农业纵向产业化是将农业产前、产中、产后一体化经营，是把农业生资供应、产加销等链接成一个有机的整体，并实现经济主体间要素的组织和协调，实质上是农业产业链的构建、整合和延伸过程。同时，也伴随着价值链、组织链、创新链的整合。农村三产融合是农业产业链条拉长的过程，表现为农业产业链中间环节增多、加工度提高和价值增值程度提高，是农业围绕价值创造实现纵向分工深化和协作整合的过程。从产业链维度分析，主要有加工销售型、产加销综合型、休闲体验型、直销型和产城融合型等。美国以“农业综合企业”为实体，打造连接产加销与服务全过程的产业链。

(二)农业产业化联合体是推进农村产业融合的有效组织

联合体是农业现代化的必然产物，是农业产业化经营的组织形式创新。

在交易成本、风险规避、技术创新、要素需求等内生因素与市场环境、政策培育等外生因素作用下，农业生产通过主体相互融合，结成利益共同体，形成分工协作、优势互补、互惠互利的农业产业化联合体。2018 年 10 月，六部门联合发布的《关于促进农业产业化联合体发展的指导意见》提出了指导思想和总体要求。农业产业化联合体是以农业产业链为依托，由龙头企业、合作社、家庭农场及利益相关者组成的产业化经营组织联盟。其中，龙头企业是组织创建与经营发展的关键带动主体，农户和家庭农场是基础，合作社是纽带。

农业产业化联合体是农村三产融合发展最前沿的组织创新形式和路径创新，其实质是一种产业融合，其基本动力是农业产业链分工细化、农业技术进步以及农产品市场格局转变。农业产业化联合体具有高度专业分工和稳定要素流动机制，具有内部产业链条完整，产业分工细化、契约紧密交易稳定、增进要素共享、产业链条的多元交叉融合、改善规模经济、扩大范围经济等优势特点。联合体可有效解决经营主体功能定位不清、稀缺要素导入不畅、产需失调等问题，破解农村三产融合发展的“瓶颈”。联合体通过专业化分工形成优势产业集聚、品牌化经营、集聚生产要素和规模经营，提高农业综合生产效益。联合体完善协作模式、产业分工和契约体系，破除产业联结断点，提高生产效率，创造和提升组织绩效。联合体可降低交易成本，产业链与供应链交叉融合，实现整个产业链、供应链与价值链的潜在收益，提升产业链整体效益。联合体增进核心要素流动和共享，降低生产与组织成本，形成以龙头企业为中心的横纵交叉联结的网状结构，带来更为突出的范围经济。联合体既细化产业链分工，破解交易与分工的两难困境，又提升了生产效率与经营效果。

（三）农村三产融合发展“四链”融合的理论逻辑

农业产业链是一个贯通资源和需求市场，由为农业产前、产中、产后提供不同功能服务的单元组成的网络结构。农业产业链具有农业的自然约束性、资产专用性以及天然弱质产业的特点，其不确定性影响产业链的稳定性；农业产业链具有“发散型的蛛网效应”；农业产业链内部交易费用较高；农业生产具有地域性，产业链也是。农业产业链型农村三产融合发展的目标，是实现价值链基础上的供应链、生产链和消费链“三链”的有机融合、良性协同。根据不断变化的农产品市场需求，灵活高效地配置要素资源，构建起供给适应快、投入产出效益高的高质量供给体系。“四链+利润链”相互影响，形成如图 11-1 所示复杂的融通逻辑关系。四个链中起核心引领作用的是利益链，产业链起关联中枢作用，产业链使用符合市场需求的品种，生产出适合消费链的产品，实现供应链、产业链与消费链之间的融通。产业链要获得理想的收益，必须围绕利益链来使用肥料、农药和农机等生产要素，肥料、农药和农机供应商为其提供营养、植保和机械化等全程解决方案，并通过技物结合提供服务，实现良种良法配套，提高要素的生产率，达成供应链与产业链的融通。供应链起协同增效作用，产业链与供应链协同升级，进而提升农产品产量和质量，实现价值链的提升。消费链起导向和价值实现作用。

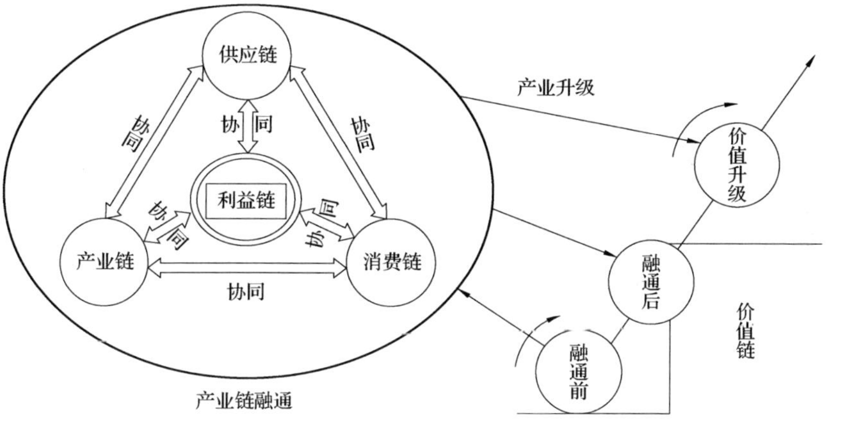

图 11-1 “四链”相互影响的融通逻辑关系

随着消费的升级，消费链将更高级的市场需求反馈到产业链，产业链创新出更高品质、更高效益的产品，推动“四链”融合协同升级，产业链创造的价值链将出现阶梯式上升。也就是说，随着产业升级的进程，价值链是螺旋式上升的一个过程。利益链和价值链是农村三产融合发展能够实现目的的两个支柱。

(四)农村三产融合应突出“产地”的产业融合

产地是三产融合的起点和重要载体。当前，产地建设滞后，农业生产在种养环节很少考虑加工转化和功能拓展，产加销脱节；缺乏产地预冷分选分级包装和冷链物流设施；加工企业缺少专用原料基地；农业电商等新兴业态发展受限，这是制约农村三产融合发展的主要“瓶颈”。推进农村三产融合要突出“产地”在产业融合中的核心地位。

(1)优质原料基地是三产融合的源头。大力鼓励和扶持新型经营主体建设优质原料基地，引导农业龙头企业与基地农户或合作组织之间对接育种、种养、加工、营销、物流配送等农业全产业链延伸，实现农产品标准化生产和质量可溯源，不断提升产品品质。同时，加快农业内部融合发展，净化产地环境，保障生态安全和产品基础品质。

(2)产地初加工是三产融合的关键。建设产后初加工设施装备，特别是田头预冷、产地干燥和保鲜等关键环节，扩大补助范围和规模，推进把产地农产品储藏、保鲜、分等分级、包装、加工等产后初加工项目作为农业基础设施重大项目的建设内容，这是利乡利城、利农利工、利国利民的大好事。

(3)产地市场是三产融合的重要动力。农产品生产的区域化、规模化、专业化水平显著提升，迫切需要专门的集散场所对农产品进行集中、商品化处理和批发交易。加大产地市场体系建设，支持发展直销、配送、电商等农产品流通业态，构建“田头市场+电商+城市终端配送”等多种营销模式，利用“互联网+农业”，提高农产品流通效率，增加农民收入。

二、农业产业化促进农村三产融合的政策建议

产业化如何促进三产融合发展？坚持多主体参与、多要素发力、多业态打造、多利益联结、多模式创新，建设生产联动、风险共担、利益共享的产业化联合体，促进农村三产融合发展。需要根据湖南自然禀赋和经济条件，要从区域主导产业入手，根据产业类型来延伸产业链，要聚焦产业、产品逐个研究；即使产业间的融合，也要遵循分工分业的规律，整合要素资源，打

造融合平台。

(一)整合农业产业链，培育新型农业经营主体

产业是产业融合的基础，全产业链是以消费者为导向，从产业链源头做起，涉及农产品产、加、运、销等诸多环节，包括农业产业链上的各部门、组织机构及关联公司是一个有机整体。全产业链的根本就是产销连接、产销对接。实现农产品生产流通对接正规化、制度化和法治化。

(1)根据产业化的类型，整合农业产业链。根据分工方式、形态、关联方式、整合方式和主体不同，分情况整合产业链，产业链、供应链和功能链三大类型农业产业链发展加快。对于专业市场带动型，专业批发市场是整合产业链的关键。专业批发市场中，大批中间商参与批发交易再对接农户和消费者。对于合作社带动型，有利于构建“市场+龙头+基地+农户”的农业产业链经营模式。合作社从事农产品的加工和销售，向产业链后端延伸。龙头企业可通过订单农业、股份合作、“社会化服务等形式+合作社(基地)”，形成紧密合作关系。用产业集群驱动加工(流通)企业空间集聚，带动基地化生产及服务业空间集聚，形成“双园区(产业和物流)+基地+农业”的产业体系。对于拓展农业功能型，需要将农业生产与文旅融合，形成新兴农业产业链。因此，要因地制宜地采用多种形式发展农业产业链组织。

(2)农业产业链构建培育新型农业经营主体的途径。整合产业链的关键就是实现各主体的有效对接。让种养大户、家庭农场、农民合作社、龙头企业等成为发展现代农业的主力军，形成多元经营主体共同发展的现代农业经营体系，打造成以第一产业带动融合发展的引领力量。一是推动农民进入产业链。提升农民科技素质，提高其具备参与产业链的能力。专业大户和家庭农场是未来三产融合的基础力量，农民合作社是农村三产融合的主导力量，可为农户、龙头企业等提供信息资源，监督服务，建立稳定的合作销售关系，让农业产业链增值的成果更好地留在农村，增加农民增收就业的机会，最终形成三产融合发展的态势。二是加强农商互联，完善农产品供应链。通过政策引导、市场参与的方式，促进流通企业与农业经营主体进行全面、深入、

精准对接，实现联产品、联设施、联标准、联数据、联市场。打造上联生产、下联消费，利益紧密联结、产销密切衔接、长期稳定的新型农商关系，构建符合新时代农产品流通需求的农产品现代供应链体系，提升农产品供给质量和效率。此外，财政资金支持主要做好基础性、公共性工作，支持供应链体系的薄弱环节和重点领域。

(二)强化利益联结，促进三产融合发展

(1)保证要素自由流动与融合，创新流通机制。农村三产融合发展的前提因素是赋予农民对基本生产要素具有充分的配置权、获取权和交易权。通过生产经营合作、土地股份合作等形式，创新农村金融服务，促进农村产业融合发展与新型城镇化建设有机结合，引导农村产业集聚发展。鼓励农民采取转包、转让、出租、互换、抵押等形式流转土地承包经营权，用于农村三产融合发展。将农村土地流转与农村劳动力转移结合起来，解决好土地流转后农民的住房安置、就业、养老、社会管理等问题。推进招商，寻求用大项目、大产业、大园区承载农地规模经营，引进一批科技含量高、带动能力强的农业龙头企业或项目。完善配套服务体系，形成农产品集散中心、物流配送中心和展销中心。

(2)完善联农带农机制，打造共生价值链。以产业化带动三产融合发展的核心是保证价值链、组织链、创新链、产业链之间的连接顺畅。引导龙头企业与小农户建立契约型、股权型利益联结机制，推广“订单收购+分红”“土地流转+优先雇用+社会保障”“农民入股+保底收益+按股分红”等多种利益联结方式。可发展订单农业，引导龙头企业与农户、家庭农场、农民合作社签订购销合同，形成稳定购销关系。鼓励发展股份合作，产生“1+1>2”的效应，利用“保底收益+按股分红”等较好的利益共享模式。推进土地经营权入股，发展农业产业化经营试点，创新土地经营权入股的实现形式。要尊重农民意愿来选择利益连接方式。目前，各地探索了很多不同形式的农民利益连接方式，如订单农业、保底加分红、股份合作等。“到底哪种形式比较好，完全要由农民自身来选择”。

(三)培植龙头企业，推进农业产业化进程

龙头企业融合引领示范。龙头企业是经营主体融合共生的主导者，是产业环节融合互动的引领者，也是资源要素融合渗透的推动者，龙头企业是推进农业产业化经营的关键，在推进农村三产融合发展中具有重要作用。龙头企业要积极延长产业链，向产业上下游跨界发展；要提升价值链，通过精深加工和精细化管理提高附加值。促进农业转型升级，推进龙头企业与各类主体的有效对接和深度融合。2001 年，全国农业产业化联席会议成立，八部门制定了《农业产业化国家重点龙头企业认定及运行监测管理办法》，明确了国家重点龙头企业认定标准和程序。各地建立了相应的工作机制并制定了认定和监测管理办法。

(1)壮大龙头企业队伍，构建乡村产业发展“雁阵”。培育龙头企业队伍。实施新型经营主体培育工程，培育一批有基地、有加工、有品牌的大型农业企业集团。加强对国家重点龙头企业监测，按照“退一补一”原则，递补成长性好的国家重点龙头企业。引导地方培育龙头企业队伍，构建国家、省、市、县四级格局，形成乡村产业“新雁阵”。推介全国农业产业化龙头企业，推介一批龙头企业典型案例和全国优秀乡村企业家。

(2)引导龙头企业开展全产业链经营。促进加工龙头企业向农业生产前端延伸，通过农业产业化联合体方式建立农产品标准化生产基地，推动产前、产中、产后一体化发展。持续推进“百千万”工程支持农业龙头企业做大做强(2014~2017 年，下拨省财政专项资金 29 亿元)。实施“十大农业企业品牌”培育计划，通过 3~5 年努力，重点培育 10 家左右发展潜力大、带动能力强、产值过 100 亿元的农业产业化龙头企业。每个主导产业重点推选 3~10 家全产业链标杆型龙头企业。支持培育有基础、有优势、有特色、有前景、带动能力强的龙头企业申报国家级农业龙头企业。鼓励各地扶持申报省级龙头企业。

(3)培育支持农业龙头企业创建高新技术企业。省科技厅重点支持企业转型升级，培育具有核心竞争力的高新技术企业，加大科技立项、研发平台建设等支持力度。积极引导高新技术企业申报国家科技计划项目和研发创新平台，不断增强龙头企业自主创新能力和核心竞争力。通过重点研发计划等省级科技计划和专项等支持龙头企业开展关键和共性技术研发。鼓励龙头企业开展新品种新技术新工艺研发，建设科技创新平台，开展产学研协同创新等。

(4)支持组建农业产业化联合体。创新发展农业产业化联合体。鼓励农户以土地经营权入股农民合作社，合作社按企业统一标准进行生产，并由企业负责回收加工，通过“保底收益+按股分红”等方式，让农户分享加工销售环节收益，三者形成分工明确、协作紧密、利益共享的农业产业化联合体。我们将继续推进产业融合强农行动，支持农业产业化联合体的发展。以农村三产融合整县推进试点县为基础，每年申报建设3~5个国家级“三化一体”(标准化原料基地、集约化加工园区、体系化物流配和营销体系)和“三区”(园区、农区、镇或城区)互动的农村三产融合先导区。以试点县龙头企业为重点，不断深化三产融合发展，不断完善产业融合发展机制。

(四)以专业市场和产业园区带动全产业链整合和产业集聚发展

(1)以专业市场带动全产业链整合。鼓励长沙高桥、红星、岳阳花板桥、邵东廉桥等专业市场中间商向产业前端延伸，通过“公司+批发市场+中间商+基地+农户”，把农户有效组织起来，实现种养加、产供销、贸工农一体化经营。加快农产品标准化生产基地建设。围绕十大优势产业和特色农产品，结合农业园区建设，打造一批集中连片、优质高效的标准化种养示范基地，从源头上保证全产业链开发原料供给和农产品质量安全。加强农产品产地初加工、贮藏设施建设。重点围绕农产品产后分类分拣、分等分级、保鲜、包装等关键环节，建设商品化处理全产业链条，降低产后损失率。加快补齐农产品产地“最后一公里”短板，加强预冷库、低温库等田头收贮设施设备建设。加强品牌整合与营销推广。要大力整合现有品牌资源，通过媒体以及各类农博会、展销会等多渠道、多种形式扩大影响力，把“湘”字号农产品打出。

(2)以产业园区为载体引导产业集聚发展。在现代农业产业园区基础上，辐射带动周边区域，延伸发展农产品加工、现代物流等关联产业，促进形成上下游协作紧密，产业链相对完善的农业产业集群。建设现代农业产业园，围绕品牌打造，通过竞争立项的方式，每年支持100个以上省级特色产业园建设。加快现代农业资源要素集聚，推进全产业链发展，湖南每年择优创建10个产业特色突出、产业集聚度较高、品牌影响较大、产出效益较好的省级现代农业特色产业集聚区(现代农业产业园)。根据《湖南省支持企业研发财政奖补办法》，省科技厅实施企业研发费奖补政策。

第二节　发展农业合作社，优化利益链

农民专业合作社(以下简称合作社)是发展农村合作经济的重要组织载体，是新时期推动现代农业发展、适应市场经济和规模经济的一种组织形式。

一、合作社的重要地位和作用

农民合作社是广大农民群众在家庭承包经营基础上自愿联合、民主管理的互助性经济组织，是带动农户增加收入、发展现代农业的有效组织形式，农业合作社是发展方向，也是推动农业规模化的重要手段，有助于农业现代化发展。《农民专业合作社法》实施11年来，农民合作社蓬勃发展，已成长为重要的新型农业经营主体和现代农业建设的中坚力量。现在农民合作社是实现小农户和现代农业发展有机衔接的中坚力量，是组织服务农民群众、激活乡村资源要素、引领乡村产业发展和维护农民权益的重要组织载体，在助力脱贫攻坚、推动乡村振兴、引领小农户步入现代农业发展轨道等方面可以发挥重要作用。农民合作社是一条能拓宽农民稳定增收渠道的“致富路”，是能加快小农户与大市场的联结的“信息桥和服务桥”，是能增强农户抵御风险的能力的“防火墙”，是能催生“三变”改革的红利的“摇钱树”，是能激发群众内生的动力的“连心家”。

(一)农民合作社是农民群众的组织者

合作社在作用和功能上，提高了农民的组织化程度，被农民称为“民主的

大学校，小人物的大舞台”。农户生产经营分散，信息不对称，合作社能有组织地大量收集和分析市场信息，掌握市场动态，根据市场变化趋势科学决策，决定种养什么，种养多少。通过合作社的组织、联系和融通，较容易解决农民缺良种、缺技术、缺资金等难题。联合分散小农户形成生产规模，建立稳定的供销关系和渠道，提高进入市场的组织化程度和市场话语权，降低农户的经营风险。全国200多万家合作社带动农户超过1亿户，有效提高了农业生产经营组织化程度，促进了小农户和现代农业发展的有机衔接。

（二）农民合作社是资源要素的激活者

合作社立足农业农村，通过“人合”的方式，聚集了土地、农机、闲置农房等资源资产；致富能人领办合作社，通过“三变”改革把农村“三资”（资源、资产、资金）和人力等生产要素搞活，提高生产效率。农地流转租赁或折价入股，钱入股分红，部分劳动力围绕合作社的产加销就地就业，增加工资性收入。合作社开放办社为广大乡贤、大学毕业生、返乡农民、工商资本进入农业农村搭建了有效平台，聚集了人才、资金、技术和先进管理理念，形成了要素聚集效应。

（三）农民合作社是农村产业融合的引领者

合作社等新型经营主体来引领乡村特色产业，实现农产品的增值，延长产业链，搞产业扶贫；运用新技术新装备，推动标准化生产、品牌化经营，提升农产品质量安全水平，促进产业转型升级；挖掘农业多重功能，发展观光农业、乡村旅游等新产业，应用电商、互联网等信息技术，发展定制农业、网上农庄等新业态；通过自办加工或与其他经营主体对接融合，延长了产业链、提升了价值链，促进乡村产业集聚、推动产业发展、带动产业升级。因此，从产业融合来看，合作社真正起到了内引外联的关键作用。

（四）合作社是农村产业融合发展的推动者

合作社的治理机制是“一人一票”，农户成员在合作社里都有话语权、决策权。有利于培养、锻炼农户成员的民主参与、民主监督、民主管理、民主决策的意识和能力。合作社由农民自愿联合、民主管理、互助合作，提升合作社质量，有助于扩大合作社对小农户尤其是贫困户的覆盖面，组织带动小农发展乡村产业，提高生产经营组织化程度，加快实现小农户和现代农业发展有机衔接；有助于促进合作社与基层党组织、自治组织、其他经济组织等乡村组织建立紧密的联结机制，实现不同组织间功能互补、协同运转。

二、湖南合作社带动农村产业融合发展的现状

合作社顺应农业多功能和农民合作多需求趋势，通过合作社把农户、家庭农场、农业企业等联合起来，与健全的农业社会化服务体系一起，构建现代农业三大体系。不断拓宽服务范围，开放共享、融合创新，引进现代要素和现代业态，集聚合作社发展新动能，实现三产融合发展。

(一)农民合作社带动产业融合发展的基本概况

湖南加大工作力度，强化指导服务，合作社呈现发展速度明显加快、服务领域明显拓宽、创办主体明显增多、带动能力明显增强的良好态势。

(1)发展速度明显加快，规模化发展水平逐渐提高。截至2018年年底，湖南农民合作社总数达7.9万家(全国220.7万家)，合作社成员达345.7万户，占湖南农户总数的24.9%。2017年，3.3万家合作社创办加工实体，1.6万家发展农村电子商务，6000多家合作社进军休闲农业和乡村旅游。合作社通过共同出资、共创品牌、共享利益成立了联合社1万多家，辐射带动约50%的农户。2007~2018年，中央财政累计安排合作社发展资金132亿元，支持合作社增强市场竞争能力和抵御风险能力。

(2)服务领域明显拓宽，发展能力日益增强。一是不断拓展合作要素。合作社由单一要素联合向资金、技术、土地、闲置农房等多要素合作转变，开展信用合作、互助保险、土地股份等合作。为成员提供农资购买、技术信息、仓储运输、加工销售等服务。专业技术协会等专业合作组织，提供技术服务、信息服务提高生产技术水平，还开始向销售领域延伸。合作社为成员提供农资供应、农机作业、技术信息等统一服务，提供产加销一体化服务的

农民合作社占比达53%。在常德市桃花源管理区、衡东县启动农户以宅基地使用权和农房财产权入股农宅合作社试点工作，目前已制定试点工作方案，待试点经验成熟后，逐步向湖南推开。二是合作社逐步拓展业务领域和产业，涵盖粮棉油、肉蛋奶、果蔬茶等主要产品生产，并且正在由种养业向农产品加工、休闲农业、观光旅游、民间工艺品制作和服务业延伸，其中种养业占70%以上。三是不断拓展产业类型。合作社不断适应消费多样化、个性化、小众化需求，利用生产基地开发农事体验、菜园领养、会员制消费；依托合作社“互联网+”农产品生产销售，开展直供直销和电子商务，实现生产管理可视化、产品销售网络化。有的地方将农家乐整合成标准统一、消费透明、管理严格的乡村休闲旅游合作社集群。

(3)规范化水平不断提升，服务能力不断增强。2006年，全国人大通过了《农民专业合作社法》，保障农民专业合作组织走上依法发展轨道。《农民专业合作社法》实施10年后完成修订，健全了合作社登记管理、示范章程、财务会计、年度报告、信用合作等配套制度，制定了地方性法规，建立了以农民专业合作社法为核心、地方性法规为支撑、规章制度相配套的合作社法律法规体系。全国联席会议九部委联合下发了《关于引导和促进农民合作社规范发展的意见》，细化了五大方面25项具体的规范化内容。合作社规范建设贯穿指导发展全程，围绕依法依章办社，合作社治理能力不断增强，紧密成员合作关系，夯实“三会”有效运行，规范盈余分配。2018年初，依法按交易量(额)分配盈余的合作社数量是2012年的2.5倍。各地以示范社创建为抓手，示范社梯队逐步形成，通过“四级联创”、评定“四有五好社”“十佳社”“百强社”等方式，树立了一批合作社规范标杆和样板，国家级6300家，县级以上约18万家。

(二)合作社发展存在的问题

湖南合作社仍处于发展的初期阶段，已经到了提质转型的关键阶段。合作社规模小，实力弱；区域间、产业间发展不平衡；部分合作社独立于村组织之外，往往成为“孤岛”，难融入村落文化体系，与乡村社区“两张皮”，甚至出现相互掣肘现象。从宏观层面来看，合作社没有形成更高层面的联合，分散的小合作社与农户一样对农业风险无能为力。联合社发展不充分，带动小农户的功能作用还有空间。出现了一定数量的“空壳社”，主要表现在无农民成员实际参与、无实质性生产经营活动、因经营不善停止运行。与农业农村经济发展新形势和新要求相比，农民对合作社的参与程度还不够高，合作社的整体经济实力、带动能力和可持续发展能力还不够强，指导服务体系还不健全，与广大农民的期盼还有差距。许多产业扶贫任务需靠合作社去承担，目前，部分合作社的带动能力与期望还有差距。

三、合作社带动农村产业融合发展的政策建议

坚持“以农民为主体，以服务为根本，以法律为准绳，以规范促发展，创新发展”的原则，牢牢把握质量提升这个主题，把工作重点放在促进合作社高质量发展上来，充分发挥农民合作社组织优势和制度优势，发展壮大单体合作社、培育发展联合社、提升县域指导扶持服务能力，推进农村三产融合发展。

（一）完善和落实法律制度体系和政策法规体系，规范管理

一是要根据新修订的《农民专业合作社法》，出台促进合作社高质量发展的实施意见，继续完善扶持政策体系。依法为合作社的组织建设、登记注册、税务管理提供指导服务，从财税、金融、营销、人才等方面，构建符合当地合作社发展需要的支持政策体系。开展农民合作社相关法律法规和文件的宣传工作，普及合作知识，增强参与积极性。二是促进合作社规范发展，落实九部委农经发〔2014〕7 号文件精神，把合作社规范化建设摆在突出位置。健全各项规章制度和利益分配机制，强化财务管理，督促合作社向工商部门报送年度报告，加强动态管理和监督。联合工商部门对不规范的合作社进行整顿，对“假、冒、空”的坚决摘牌除名，按照“清理整顿一批、规范提升一批、扶持壮大一批”的办法，实行分类处置。促进合作社规范有序发展。有效建立合作社准入、退出机制。拓展企业简易注销登记适用范围。三是从打好防范

化解重大金融风险攻坚战的高度和全局出发，落实行业部门监督管理责任，强化风险排查和监管警示。指导农民提高警惕，防止有些合作社圈钱。

（二）增强合作社自身能力，推进合作社质量提升

（1）健全运行管理制度，提高民主管理水平。加快构建以家庭经营为基础、合作与联合为纽带的立体式复合型现代农业经营体系。加快示范合作社和家庭农场的建设，解决合作社微观动力不足问题。引导合作社提质发展，着力提升经营管理水平和整体水平。以家庭农场和农户为基础，以村落为单位的村社一体合作组织应该成为合作组织的主要形式，通过联合社建设，形成合作社网络，实现合作社规模经济。推进依章办社，完善符合自身实际的章程。推进依法登记，提高资信能力。推进机构协调运行，指导合作社依法建立“三会”，实行民主管理、民主监督。推进盈余科学分配，指导合作社执行财务会计制度，建立成员账户和档案台账，明晰合作社与领办主体的产权关系。加强基础性制度建设，完善合作社财务制度和会计制度。要加快制修订合作社地方性法规。开展合作社法律法规教育宣传，为促进合作社规范发展营造良好环境。

（2）推进合作社的提质增效。从业务、资金结构、服务功能三个方面：一是引导合作社以主营业务为基础，向产加销多种业务拓展，向加工流通延伸。以专业合作为主，兼顾发展土地股份合作、社区股份合作、信用合作。支持合作社发展直供直销、电商等经营模式，鼓励合作社自办加工或者出资入股加工企业，支持合作社开展农业生产托管，支持规模较大、运行规范的合作社和联合社依法开展互助保险。二是丰富出资方式。挖掘农村资源要素价值，引导农民以实物、土地经营权、林权、知识产权、闲置农房、宅基地使用权等作价出资办社入社，扩大成员覆盖面，提高参与度，迸发农民财产的活力。支持合作社建立紧密的利益联结关系，吸纳贫困户自愿入社发展。引导家庭农场组建或入社，鼓励合作社进行组织重构和资源整合。三是增强服务功能。培养有情怀、有本事、懂政策、懂交往的合作社理事长和带头人。选择产业基础牢、带动能力强、信用记录好的合作社，稳妥开展内部信用合

作。推广以合作社为组织载体发展生产、供销、信用“三位一体”的综合业务合作模式。

(3)深入推进示范社区建设行动。深入开展合作社质量提升整县推进试点，发展壮大单体合作社、培育发展联合社、提升县域指导扶持服务水平，创建一批合作社高质量发展示范县。建立县域内合作社登记协同监管机制。科学制定湖南示范社建设规划，创新示范社建立机制。2017 年，省财政通过以奖代补等方式，筹措资金 3000 万元，在湖南重点支持 100 个制度健全、管理规范、带动力强的国家级和省级合作社示范社，鼓励发展“三位一体”综合合作社，提升自身管理能力、市场竞争能力和服务带动能力。制定完善示范社评定监测办法，推进示范社四级联创。开展示范社评定和动态监测。完善农地流转平台，引导农地等资源向合作社集中，发展适度规模经营。重点支持联合社，扩大合作规模，提升合作层次。

(三)培育发展联合社和股份制，整县推进合作社发展

(1)合作社的联合寻求规模经济。坚持“能合则合、乡贤促合、抱团联合、多方混合”的原则，合作社、国有企业、民营企业都出资控股参股，发展横向联合，实现多类资源、多方主体、多个层级、多种所有制的最佳配置和有效组合，以产品和产业为纽带开展合作与联合，组建多种形式的联合社，扩大合作社的规模，发挥规模效应，增强合作社在市场竞争中的主动权。密切产销衔接，实现行业、区域、产业纵横联合，建设产品服务市场占有率高、品牌知名度大、市场谈判地位高、竞争力强的联合社。努力推进区域性联合，服务好当地主导产业。要以家庭农场为基础，以乡村社区为合作社基本单位，在合作社之间建立现代契约制度，实现合作社的联合。大力推进行业性联合，鼓励自愿组建若干家行业性联合社，通过共同出资、共创品牌、共享利益，实现联合社品牌响、知名度高、影响力大、竞争力强。推进产业链联合。要围绕当地特色优势产业，促进产业链各类经营主体联合发展，延伸产业链、提升价值链。创新合作社为农服务方式，推进农业服务综合化，形成“布局合理、功能齐全、机制灵活、产权清晰”的新型供销合作服务体系(案例 11-1)。

案例 11-1　供销社合作社+农民专业合作社

桃江县供销合作社始终向农、服务“三农”，把更好地服务农民作为深化改革的出发点和归宿。“桃江模式”供销社改革值得在全国推广。

一是支持发展特色产业。桃江有楠竹 8 万公顷。桃江供销社模式是帮助办好合作社，以适应农业规模化、专业化、社会化发展趋势，发展产业，致富百姓。近 4 年来，供销社共领办、创办、扶持发展竹笋、水果、蔬菜、茶叶等特色产业合作社 81 个。桃江供销社领办了世林竹笋道关山、白鹤山、马迹塘等竹笋专业合作社，创建“龙头企业+合作社+农户”的产销对接模式，打造高标准竹笋示范基地，提供申请项目资金代理、更新烤制设备等服务。世林合作社的竹笋基地已由 2010 年的 60 公顷发展到 2018 年的 2400 公顷。2018 年合作社共挖春笋 450 万公斤，收入近 2000 万元。通过示范，引导全县 3800 多户农户，促进了农民增收。

二是不断拓展经营服务领域。供销社在农村重点发展电商，拓展经营服务领域。2015 年，供销社合作组建了供销电子商务公司，依托“供销 e 家”提供市场信息、商品流通、缴费、农技培训等综合服务。在全国率先利用“供销 e 家”平台，发挥供销社在农村点多面广的优势，扩大电商农村终端用户。以村为单位设立村级惠民微信群，服务农民生产生活，传播土地确权、灾情补贴等涉农信息，提供危房改造等惠民服务。自主创办了“智慧桃江”平台，注册了“三根毛竹”集体性商标，组建了“供销万联”和“供销物流”两个子公司，并建立农村网点 145 个。目前，“供销 e 家”运营中心设置农村电商网点 191 个，组建村级微信群 41 个，客户 1.8 万人，每天订单 2000 个以上。同时，借助 1 家县级配送中心、3 个乡镇电商农贸批发市场、315 个农产品经营网点，形成“小网点、大网络”现代物流体系和更便捷、更精准的综合服务。

(2)积极发展股份合作制、合作制、股份制等组织形式，打造利益共同体和命运共同体。大力发展股份合作制组织形式，使劳动者的劳动与资本有机结合，形成产权清晰、利益直接、风险共担、机制灵活的制度安排，从合作制的成员需求导向转向消费者需求导向，从一味强调民主控制转向发挥企业家作用，转向高度重视业务模式创新、重视品牌化、电商化、渠道关系的互动化和渠道利益的共同化，以适用于农业农村多种多样的生产经营活动。提倡服务成员、民主控制、自愿退出、利润返还，以适用于农民增加收入。发挥其适应市场、要素集中、权责明确、运营有效的作用。当合作社走向规模经营、走向加工流通时、追求更大附加值时，就会选择股份合作制，这不但是利益共同体，而且是命运共同体。

(四)建立多层级指导服务体系

在农业种植、物流销售、信贷保险等方面，为合作社高质量发展提供强有力的支撑。系统设计财政支持政策，引导合作社提升关键发展能力、激发内生活力，开展集约化、标准化生产，完善利益分享机制，更好地发挥带动小农户进入市场的引领作用。加强对湖南合作社辅导员培训，培育政策理论水平高、业务工作能力强、热心合作事业的业务辅导员队伍。通过成立合作社指导服务专门处室，建立省市县三级辅导、创新服务方式，提供全方位服务。加强合作社实训基地建设，强化培训品牌创建，重点围绕合作社理事长、带头人和辅导员，组织开展多形式、多层次、多渠道的培训，分级建立合作社带头人人才库。建立激励机制，对发展合作社事业做出突出贡献的单位和个人，依法依规予以表彰和奖励。构建政策支持体系，实现在税收、用地、用电等优惠政策上有较大的突破，政策扶持提升县域指导扶持服务能力。要积极跟进与中化、中粮和中国邮政签署三大企业加强合作，共同打造农业种植综合服务平台，实现农业技术标准的数据化、栽培管理的精准化和生产基地运营的智能化；打造农产品物流销售平台，提供线上线下快捷便利的物流销售服务；打造金融服务平台，提供专门的信贷保险服务。

第三节　深化农产品加工，提升价值链

一、农产品加工业的地位和作用

农产品加工既可以是粗加工、初加工，也可以是将营养成分、功能成分、活性物质和副产物等进行再次加工，还可以是实现精加工、深加工等多次增值的加工过程。农产品加工业是延长农业产业链、提升价值链、优化供应链、构建利益链的关键环节，是推进农业供给侧结构性改革、加快农业农村现代化的重要支撑力量。农产品加工业是农村产业中非常重要的产业，没有加工的农业永远是弱势农业。

农产品加工业连接工农、沟通城乡，连接三次产业，对促进农业提质增效、农民就业增收、农村繁荣稳定有重要作用，其是实施乡村振兴战略的动力核心。为耕者谋利，为食者造福，是重要的民生产业，也是国民经济重要的支柱产业。对满足人民美好生活的向往需要，提高人民生活质量和营养健康水平，关乎实现四化同步、全面建成小康社会，对经济社会持续健康发展都有十分重要的作用。

农产品加工业对融合发展具有天然的连接功能，通过前延后伸，延长产业链、提升价值链，构建现代农业“三个体系”，提升农业质量效益和市场竞争力，拓宽农民就业增收渠道，培育农村新产业、新业态、新模式，壮大农业农村发展新动能，促进城乡资源要素合理流动，以产业融合促进城乡融合。促进农产品加工，对于农业提质增效、农民就业增收和农村三产融合发展。农产品加工实现有效供给，要适应消费升级需要，对农产品深度加工，提高农产品品质；推进三产融合发展对农村“三生”资源开发，“引进”消费。

二、农产品加工业提升农村产业融合发展的政策建议

(1)实施科技创新驱动战略。建设农产品精深加工装备研发机构和生产创制企业，推动产学研结合，提升精深加工技术装备研发能力。支持加工企业技术改造、装备升级和模式创新，向产业链中高端延伸，向研发设计和品牌营销两端延伸，提升企业加工转化增值能力。完善农产品加工技术研发体系，依托企业建设专业化实验室、研发中心、检测中心等平台。支持企业牵头成立科技创新联盟，推动“产学研推用”一体化发展。实施农产品精深加工提升行动，加大生物、工程、环保、信息等技术集成力度，建立精深加工和综合利用加工技术装备目录，开展信息化、智能化、工程化的装备研发，支持和鼓励攻克一批关键共性技术难题。

(2)做强农产品精深加工。推动农产品加工业转型升级，促进农产品初加工、精深加工、综合利用加工和主食加工协调发展，提高农产品加工转化率和附加值。加强标准制定，制修订一批农产品加工技术规程和产品质量标准。引导龙头企业建设农产品加工技术集成基地和精深加工示范基地，增加精深加工产品种类和产品附加值，推动加工企业由小变大、加工程度由初变深、加工产品由粗变精。研发和推广关键技术装备，创制蛋白、脂肪、纤维、活性物质、药用价值等提取的精深加工技术装备。

(3)支持农产品产地建设规模适度的预冷、贮藏保鲜等初加工冷链设施，支持农产品批发市场建设冷藏冷冻、流通加工冷链设施，支持适应市场需求的冷藏库、产地冷库、流通型冷库建设，培育和引进实力雄厚的冷链物流企业，探索建立从源头至终端的冷链物流全链条监管机制。省财政对规模冷链物流设施建设给予适当补贴。

三、引导农产品加工业跨界融合发展和集群发展

(1)培育壮大一批全产业链龙头企业。按照一个优势产业集中扶持一批

全产业链龙头企业、一类特色农产品集中扶持一批农产品加工龙头企业，通过并购重组、交叉持股等方式，支持龙头企业对区域内同行进行整合，扩大经营规模，提升经营管理水平，提高对产业链的掌控力。

(2)建设各具特色的农产品加工园区。引导地方建设一批区域性农产品加工园，形成县以上四级农产品加工园体系，构筑乡村产业“新高地”。推动“三区”建设规模种养基地，发展产后加工，引导农产品精深加工产能向“三园”聚集发展，实现节能减排和节本降耗，提高精深加工产品市场竞争力。鼓励加工企业双向延伸，发展原料基地和物流营销网络。引导主产区农产品就地就近加工转化增值，引导城市郊区、加工园区、产业集聚区和物流节点发展主食加工、方便食品及精深加工产业。

(3)创建国家级农村三产融合发展先导区。以加工园区为依托，建设一批产业发展规模大、科技创新能力强、精深加工程度深、示范带动机制好、政策保障环境优的农产品精深加工示范基地。高起点、高标准、高水平创建标准化原料基地、集约化加工园区、体系化物流配送市场营销网络“三化一体”，创建集标准化原料基地、集约化加工、便利化服务网络于一体的产业集群和融合发展先导区，实现“三区互动”的融合发展。建设农产品加工集群，按照“粮头食尾”“农头工尾”要求，支持县域发展农产品精深加工，在专业村镇和加工强县基础上，构建原料基地、加工转化、市场营销、物流配送等环节首尾相连、上下衔接的产业集群。

四、夯实农产品加工业发展的支撑体系

(1)完善农产品加工产业和政策支持体系。统筹整合资金，围绕农产品精深加工、综合利用加工等关键环节以及三产融合需要，将农产品及其加工副产物收集再利用、节能环保等设施设备纳入支持范围。鼓励综合运用贴息、奖补等政策支持精深加工企业发展。重点扶持和培育一批深加工龙头企业，提升区域加工转化能力。

(2)强化金融服务。加大对重点精深加工企业、综合利用加工短缺产能和重要特色农产品原料收购的信贷支持力度，合理提高授信额度，允许符合条件的企业流动资金贷款周转使用，满足企业对差异化金融服务的有效需求。建立偿还意外风险保障制度，支持精深加工企业申请发行农村产业融合发展专项债券、上市、新三板等挂牌，拓宽融资渠道。

(3)细化用地用途，增加农产品精深加工、综合利用加工和仓储流通设施用地规划空间，在新增建设用地上予以倾斜。支持以集体建设用地使用权入股、联营等形式共同兴办农产品精深加工企业。支持将企业总部和加工产能向县城和中心镇转移。

(4)以绿色生态(有机)农产品加工示范基地建设为抓手，进一步拓展和延伸农业产业链，不断夯实农产品加工业发展基础。

第四节　加快信息化建设，增强数字新动能

《中华人民共和国国民经济和社会发展第十三个五年规划纲要》提出要推进农业信息化建设，加强农业与信息技术融合，发展智慧农业。《国家信息化发展战略纲要》提出培育互联网农业，健全智能化、网络化的农业生产经营体系，提高农业生产全过程信息管理服务能力。需要扩大农业物联网区域试验规模、范围和内容，建设重要农产品全产业链大数据，促进农村三产融合发展。《数字乡村发展战略纲要》《乡村振兴战略规划(2018—2022年)》《中共中央、国务院关于实施乡村振兴战略的意见》明确提出，要加快数字乡村战略实施，推进“互联网+”农产品出村工程，实施信息进村入户工程，弥合城乡数字鸿沟。数字乡村是乡村振兴的战略方向，也是建设数字中国的重要内容。2019年，中共中央、国务院出台了《数字乡村发展战略纲要》，明确提出要发展农村数字经济，推进农业数字化转型。进一步解放和发展数字化生产力，

注重构建以知识更新、技术创新、数据驱动为一体的乡村经济发展政策体系，注重建立层级更高、结构更优、可持续性更好的乡村现代化经济体系，注重建立灵敏高效的现代乡村社会治理体系，开启城乡融合发展和现代化建设新局面。

一、农业信息化技术带来的新产业：数字农业和智慧农业

（一）数字农业的发展

数字农业是数字经济在农业领域的重要实践。实质是用数字技术开展农业生产经营管理，把数字技术运用到农业生产、加工、运输、销售、服务等各个产业链环节当中，充分发挥数字技术对促进农业发展的重要效能，不断提高现代农业产业的数字化水平。数字农业包含基础层（包括农村信息基础设施建设、网络芯片、传感器与中间件的设计与制造等硬件）、技术层（依托基础层的运算平台和数据资源进行识别训练和机器学习建模，以及开发面向不同领域的应用技术）和应用层（物联网、云计算、大数据等数字技术向农业各领域的渗透应用）三个方面，本质上是实现数字技术与农业的深度融合。其中，应用层包含农业生产智能化、经营网络化、管理高效化、服务便捷化四个维度（见表 11-2）。

表 11-2　数字农业的应用层面解构

<table>
<tr><th></th><th>原理</th><th>主要工程</th><th>主要应用</th></tr>
<tr><td rowspan="4">生产信息化：生产智能化</td><td rowspan="4">全面感知、可靠传输、先进处理和智能控制的信息技术，提升现代农业生产设施装备的数字化和智能化水平，提高“三率”</td><td rowspan="4">应用物联网、大数据、空间信息、移动互联网等的在线监测、精准作业、数字化管理。实施物联网应用示范工程、智能农业和物联网区域试验工程</td><td>在大田种植上，遥感监测、病虫害远程诊断、水稻智能催芽、农机精准作业等大面积应用</td></tr>
<tr><td>在设施农业上，温室环境自动监测与控制、水肥药智能管理等加快推广应用</td></tr>
<tr><td>精准饲喂、发情监测、自动挤奶等在规模养殖场应用</td></tr>
<tr><td>水产养殖上，水体监控、饵料自动投喂等快速集成应用</td></tr>
</table>

续表

	原理	主要工程	主要应用
经营信息化：经营网络化	利用电商提高农业经营的网络化水平，为农产品生产经营主体提供销售、购买和电子支付等服务	农业农村电商进发，实现农产品流通扁平化、交易公平化、信息透明化，推动农产品进城与工业品下乡双向流通的发展格局	农产品电商高速增长，网上销售农产品的生产者大幅增加，交易品种日益丰富
			农业生产资料、休闲农业及旅游电商平台和模式涌现
			推广农产品批发市场电子交易、数据交换、电子监控等。拓展经营信息化的广度和深度
管理信息化：管理高效化	现代信息技术推动农业资源管理，丰富信息资源，健全质量安全信用体系，强化农业应急指挥，实现农业管理高效和透明	建设省级农业数据中心，开通行业应用系统，信息系统覆盖农业行业统计监测、监管评估、信息管理、预警、指挥调度、行政执法和办公等重要业务	农地确权登记颁证、承包经营权流转和农村集体“三资”管理信息系统与数据库建设推进
			行政审批事项实现网上办理，信息化对农资市场监管能力的支撑作用增强。建设农产品质量安全追溯体系
			农业行业信息采集、分析、发布、服务制度机制不断完善。农业大数据发展应用起步
服务信息化：服务便捷化	运用高新技术到农业生产经营，构建实时互动的“扁平化”信息服务平台	完善组织体系和工作体系，形成政府统筹、部门协作、社会参与的多元化、市场化推进格局	建成覆盖三级的农业门户网站群
			建设12316“三农”综合服务平台，部省协同服务网络，信息进村入户
			公益服务、便民服务、电商和培训体验进到村、落到户
			信息技术的社会化服务组织服务领域和范围不断拓展

农村数字经济发展潜力巨大。发展数字农业，进一步解放和发展数字化生产力是加速实现乡村振兴战略总体要求的重要战略举措之一。一是推动农业大数据资源汇聚及农业大数据技术应用，可以促进农业现代化生产与农产品高效流通、保障农产品质量安全，可以提高农民素质和农业经营效率、优化乡村生产生活生态环境、提升乡村综合治理能力。二是发展数字农业能够

加速推进信息技术与农业的深度融合，将前沿技术应用到更多的现代农业生产和经营管理领域当中，包括农业生产设施装备，改造和重构农业产业链，建设高信息化水平的完整的农业产业链条，推进农业产业结构的信息化升级转型。三是充分利用新一代信息技术，拓展农业多功能，推动现代农业与乡村旅游、休闲民宿、电商、养老等产业的深度融合，促进三产融合发展。四是实现农业生产的自动化精确控制、智能化科学管理，提高农业的可控程度，降低生产成本，减少环境污染，使农业向精准化、环保型和可持续方向发展。

数字技术是数字农业的基础。完善资源遥感监测“一张图”和综合监管平台，对永久基本农田实行动态监测。建设农业农村遥感卫星等天基设施，在农业中应用北斗卫星导航系统、高分辨率对地观测系统。构建信息技术装备配置标准化体系，提升农业生产精准化、智能化水平。推进农业农村大数据中心和重要农产品全产业链大数据建设，推动基础数据整合共享。加快构建覆盖农业资源、乡村产业、生产管理、产品质量、农机装备、乡村治理等领域的数据库。整合空间数据，将耕地资源、渔业水域资源、粮食生产功能区、现代农业园区、特色农产品优势区等区划、特色农业强镇、生产经营主体、村庄分布等数据上图入库，使农业农村资源数据立体化。整合农情调度系统、田间定点监测系统，集遥感信息、无人机观测、地面传感网等于一体，构建天空地一体化数据获取技术体系。建立作物空间分布、重大自然灾害等的动态空间图，形成全域地理信息图。推进农业数字化转型，发展数字农业，推动云计算、互联网、物联网、大数据、人工智能和实体经济深度融合，打造科技农业、智慧农业、品牌农业。信息技术与农业生产经营管理全面全产业链深度融合，成为创新驱动农业现代化的先导力量。

（二）智慧农业的发展

智慧农业是集集约化生产、智能化远程控制、精细化调节、科学化管理、数据化分析和扁平化经营于一体的农业发展高级阶段，是在现代信息技术革命的红利中探索出来的农业现代化发展新模式，集互联网、移动互联网、云计算和物联网技术为一体，与科学的管理制度相结合，把信息技术综合应用于农业，推进农业“智慧”化。从智慧农业发展历程看，20 世纪 80 年代是萌芽期，涉及作物栽培、病虫害防治、生产管理、节水灌溉等方面。20 世纪 90 年代，农业机器人成为农业发展的新方向。进入 21 世纪后，精准农业、无人机植保等开始大规模应用。智慧农业分为四大典型应用场景，分别为数据平台服务、无人机植保、农机自动驾驶以及精细化养殖。智慧农业市场有望在 2022 年达到 184.5 亿美元的规模。智慧农业产业链的发展模式包括：混合纵向一体化的链接机制、“公司+农业园区+市场”的组织形式、“品牌+标准+规模”的经营体制；农业管理高效和透明、行政效能高的行业管理系统。

以智慧生产为核心，以智慧产业链为信息化服务支撑。信息服务与营销、物流、消费全产业链的“生态融合”和“基因重组”，成为智慧农业生产的信息支撑网络，为农业生产提供信息化决策、高效化生产以及差异化服务(表 11-3)。集物联网技术、大数据、无线通信技术及 3S 技术于一体，实现农业可视化、远程诊断、精准感知、灾变预警等智能化管理。智慧农业运用传感器和软件通过移动平台或者电脑平台对农业生产进行控制。此外，广义上还包括农业电商、食品溯源防伪、农业信息服务等内容。利用科学智能的遥控设备实时遥控管理农产品生产状况，水肥药食自动投放管理。精准生产管理、节约人力物力资本、提高产能和质量。通过大数据分析、农产品物流管理技术、品质检测技术，靶向确定农产品具体采摘时间段、采摘数量、物流情况以及品质规格。建设智慧农(牧)场，推广精准化农(牧)业作业。加大前沿技术、核心技术和关键技术的攻关力度，推进精准作业数字化管理与智能决策、变量施肥施药等智能装备、农产品柔性加工、区块链等技术的研发，加快 3S、智能感知、模型模拟、智能控制等软硬件产品的集成应用，不断完善智慧农业技术创新与应用服务体系。

表 11-3 智慧农业发展趋势和主要支撑要素

趋势	支撑因素	建设内容
由人工走向智能	农业生产自动化系统和平台	构建集环境生理监控、作物模型分析和精准调节为一体的系统和平台
	食品安全方面	完善农产品溯源系统
	在管理环节	建设智能设施与互联网应用系统
突出个性化与差异性营销方式	打破农业市场的时空界限	农资采购和农产品流通等数据将会得到实时监测和传递
	个性化服务	为旅客提供个性化旅游服务
提供精确、动态、科学的全方位信息服务	提高农业生产管理决策水平	传播农业科技知识、生产管理信息以及农业科技咨询服务
	提升农业管理部门的监管效能	云计算、大数据推进管理数字化和现代化，促进农业管理高效和透明

目前，智慧农业的人才是自学体系，90% 以上的智慧农业企业数据来源自身的收集及摸索，数据难以共享；农民对新技术认知或者互联网的认知非常有限，智慧农业的应用有一定难度；土地流转的不流畅阻碍了智慧农业发展速度。但是智慧农业技术已经应用到种养、农产品质量安全追溯等诸多领域。在生产管理端口，智慧农业的运用程度超过 90%。需要加快培育一批农业战略科技创新力量，推动智慧农业发展，落实数字乡村战略。

智慧农业已经成为中国未来农业发展的方向，将会成为农业的竞争优势（见表 11-4）。“互联网+”与农业完美融合在先进的信息技术下，推动农业全产业链改造升级：变革农资生产供应方式，农资电商平台为农户提供个性化需求的产品和服务；变革农产品生产方式，实现精细化种植、可视化管理、智能化决策和标准化生产；变革流通方式和销售方式，有助于原料安全、产品安全、供应链安全等领域的管控，从“空间、时间、成本、安全、个性化”全面改变农产品销售市场，增强消费者的客户体验和客户理性；打通农业产业链，帮助整个产业优化、重塑，推动传统农业向现代化转型。农产品加工企业采用移动互联网、云计算、大数据、物联网等技术，提升数字化、网络化和智能化水平，实现农产品加工产品质量可追溯，提高产品透明度和可信度。因此，全方位发展和升级农业农村信息化，是发展现代农业和加快推进全面建成小康社会的迫切需要。

表 11-4　智慧农业发展方向

年份	任务	具体内容
2019	技术攻关	突破职能农业应用的理论、方法和共性关键技术
2020	产品开发	创制农业智能感知、智能控制、智能服务等农业重大技术产品
2021	集成应用	开展农业智能生产和农业知识服务应用示范
2022	引领农业	变革农业发展方式，提升现代农业水平
2025	培育产业	农业软硬件，系统集成，农产品追溯、职能信息服务

二、农业信息化技术带来的新业态：互联网+农业

2014 年的中央经济工作会议正式提出“互联网+”行动。2015 年，国务院制定出台实施“互联网+”行动的指导意见，并将“互联网+”现代农业作为 11 个重点行动之一。2016 年中央一号文件指出大力推进“互联网+现代农业”，应用物联网、云计算、大数据、移动互联等现代信息技术，推动农业全产业链改造升级，印发实施“互联网+”现代农业三年行动实施方案。

近年来，扎实推进“互联网+”现代农业行动。加强顶层设计，七部门共同印发《“互联网+”现代农业三年行动实施方案》，提出了“互联网+”现代农业行动的总体要求、主要任务、重大工程和保障措施。印发了《“十三五”全国农业农村信息化发展规划》，为推动信息技术与农业农村全面深度融合做好顶层设计、完善政策体系，实施农业物联网试验工程，实施信息进村入户工程，推进农业社会化服务综合平台和农产品电子商务发展做出贡献。自 2013 年以来，组织 9 个省份开展农业物联网区域试验示范，发布 426 项节本增效农业物联网产品、技术和应用模式。2017 年启动了实施数字农业建设试点项目，2018 年为农业监测安上了“天眼”。在乡村振兴战略下，依托“互联网+”，促进农业生产管理更加精准高效。互联网技术与农村经济社会各领域

正在加速融合，激发新动能，培育新农民，催生新业态，“互联网+”已经成为抢占农业农村现代化制高点的重要抓手。

（1）“互联网+农业”支撑条件明显改善。网络基础设施建设不断优化，2017年年底，全国行政村通宽带的比例达96%，每百户农民手机拥有量超过300部。智能手机已经成为农民的“新农具”。随着城镇人口不断增加，城乡网民结构受此影响也发生了细微变化。自2014年以来，电子商务逐渐由城及乡，农村电商已进入了一个全面的引爆期，显现出较高的业态价值和广阔的发展前景。2017年，全国农村实现网络零售额12448.8亿元，同比增长39.1%，是2014年零售额的近7倍。2018年，农村网络零售额达到1.25万亿元，同比增长34.4%，全国网上零售额占比15.5%，增速高于全国4.3%。截至2017年底，农村网店达985.6万家，同比增长20.7%，农产品电商正迈向3000亿元大关，带动就业人数2800万人。农村信息综合服务能力不断提升。已有20.4万个村已经建立了益农信息社，为农民提供公益服务8250万人次、便民服务2.9亿人次。

（2）“互联网+”现代农业的绩效。预计2025年实现农业2.0，互联网将推动农业全产业链改造升级、农业经营模式变革和网络品牌价值打造。在轮作休耕监管、动植物疫病远程诊断、农机精准作业、无人机飞防、精准饲喂等方面取得明显成效。通过北斗定位系统定位收割机，为小麦跨区机收提供信息化保障。农机深松整地作业物联网监测面积累计超过1.5亿亩，作业质量、效率和服务水平大幅提升。从服务方式看，互联网和大数据影响龙头企业的生产计划、产品选择、品牌形成、附加值提升、需求信息搜集等；以数据链带动和提升产业链、供应链和价值链，支撑农业转型升级和高质量发展，促进小农户与现代农业发展有机衔接。信息技术带来稳定化生产，互联网信息技术正在引领农业第三次变革。

（3）“互联网+农业”对农业发展的影响。“互联网+农业”能够充分发挥互联网在农业生产要素配置和集成过程中的优化作用，将互联网的创新成果深度融合于农业生产、流通各个领域中，从而提升创新力和生产力。农村电商交易主要有两大体系：消费品下行体系和农产品上行体系。互联网的开放、快速、传播特性，将倒逼着农企更注重质量、品牌、特色。

一是“互联网+农业”，带动农业转型升级发展。因数字技术而发展起来的“数字融合”可能改变经济参与者获得信息的时间、空间以及成本，使产业边界越来越模糊甚至消失。互联网技术嵌入农业产业链，实现从线下到线上的全供应链融合。以农村电商培养为重点，全面开展农民触网行动，以网销打造高品质农产品。电商龙头引导新型经营主体和企业上线营销，发展农村物流业，创办绿色生产基地，兴办实体店，农村代购代销，实现农村销售网络全覆盖。互联网价值单元与农业产业链包括的价值单元之间的协同过程。

互联网技术嵌入到农业产业链中，带来了农业产业链的革命性变化。农业产业的链条和农业数据的链条很好融合，把数据的价值或者权力赋予农业农村的全角度、全方位、全领域、全过程，全面地改造提升农业农村的数字化水平。“互联网+农业”拓展电商的发展空间，推动互联网技术与农业的生产、经营、管理、服务深度融合，引导生产、加工、流通，增强三次产业的互联互通性，推进农业与其他产业深度融合，打造农业农村经济的升级版。

二是“互联网+农业”，提高农业生产的净收入，推进“互联网+”使得价值链过渡为价值网。通过“互联网+农业”来实现省工降本、提质增效、供需均衡。通过多种联系方式的网状结构，形成了线上线下相融合的组织系统，以及以互联网为交易平台的具有开放性、协作共赢性和创新性的价值网。有的通过市场化的农业生产性服务组织，推动企业向农业服务企业甚至农业综合服务商转型；有的发展平台型经济，提供实体交易场所或虚拟交易空间；有的实现线上带动线下、电商带动实体经济。通过农村淘宝触达全国 3 万多个村点，上亿农民成为农村电商的新力量；有些通过电商平台或互联网带动优势特色农产品基地发展。例如，浏阳市电商牵引“花木之乡”，田头种花木，网上卖花木。种啥卖出去都是靠网络，走出一条充分体现互联网与“三农”全面融合、同步融合、深度融合的县域电商发展路子。由传统的绿化苗木、工程苗木向新品苗木、家庭园艺转变，从绿色向彩色转变，从线下到线上转变。

三是“互联网+农业”，给农村产业融合提供新动力。以信息为媒介，运用互联网、新媒体、物流运输等平台扩大了农产品的营销市场，节约了人力、物力和资金成本，成为农业新动能。农产品电商领先，提升农业核心竞争力。打造农业在线化、数据化平台，实现农业生产经营的网络在线监控管理，农产品线上预订、结算、线下交易、销售，并整合有关政务、农技、电信、邮政、金融等。分享农业、定制农业、创意农业、康养农业、共享农庄、加工体验等新业态、新模式快速兴起。鼓励发展农产品电子商务，探索新业态形式，完善“互联网+现代农业”的长效机制，为农村产业融合发展服务。

三、农业信息化技术带来的新模式：农村电商

（一）农村电商正逐步走向转型发展的新阶段

农村电商的迅猛发展，是中国农民的伟大创造，是第二次乡镇企业运动，是一种时代性、全局性的、中国特色的农业农村创新创业现象。互联网赋能“三农”已成为推动农业农村现代化转型的重要途径。1995~2007 年是电商化阶段，2008~2020 年数字乡村建设取得初步进展。未来农业互联网化创新将呈现技术驱动、垂直创新、渠道融合和生态整合四大趋势特征和四大核心方向（见表 11-5）。互联网的无边界化，将促进农业产业边界的进一步拓展，形成生态化业态的布局。《中国农村电子商务发展报告（2017—2018）》指出，农村电商正在经历四大转变过程：从工业品下行向农产品上行转变、从电商交易向农村综合服务转变、从注重农村经济发展向助力美丽乡村建设转变、从电商公益扶贫向可持续的系统性扶贫转变。国家农村农业信息化示范省综合服务平台建设取得阶段性成果，不断完善物联网、互联网等应用服务，加快发展农村电商，创新流通方式，打造新业态、新经济，重构农村经济产业链、供应链、价值链，促进农村三产融合发展。

表 11-5　未来农业互联网化创新的四大核心方向

方向	内容举例
流通电商化	农资电商/平台电商/垂直电商/O2O 电商/线下品牌/产地直供/食材配送
服务多元化	金融服务/系统服务/信息和数据服务/营销服务/培训和人才服务
生产智能化	物联网、大数据/人工智能/农技服务/智能溯源/无人机
产业生态化	农业+休闲旅游、房地产、养老、健康、环保、文化创意

(二)快速发展进程中的农村电商面临多重困境

农村电商发展面临品牌、质量、物流、人才等困境。散、小、乱的农村电商难以形成品牌，品牌缺乏市场竞争力。淘宝村存在同质化竞争、假冒伪劣、农贸类淘宝村数量偏少等问题，亟待以提升现代性为指向的转型升级。如何把农产品转变为网销农商品的制约因素很多，支撑农村电商(特别是农产品上行)的基础条件(如冷链物流、电商服务商等)亟待发展、提升。例如，农村基础设施不完善、物流不健全；目前村镇物流布点成本高，物流配送堵塞或者空白；着眼于消费品下行的县域新零售至今经营机制和业态不够清晰；农村电商人才缺乏，很多农民缺乏对电商的认识，特色农产品上线经营的比例小、获益少，电商贡献率有待提升，电子商务在贫困农村地区相对进展缓慢。

(三)提升农业信息技术研发创新能力，加快培育壮大农业农村数字经济

构建天空地全域地理信息系统，实现农业农村业务数字化和可视化。重点建好“一朵云”、画好“一张图”、治好“一张网”——初步构建“天空地”一体化数据采集系统，打造智慧农业云平台，形成上下联动、业务协同、信息共享的“三农”大数据体系；充分运用地理信息技术，开展农业农村管理数据和空间数据上图入库，实现农业农村信息资源网络化、空间化和可视化；同时运用现代遥感、北斗导航、远程监控、大数据等现代信息技术，实现农业作业方式数字化、农村公共服务数字化和乡村治理数字化。产业数字化是看

不见的“操控工”。发挥信息技术创新的扩散效应、信息和知识的溢出效应、数字技术释放的普惠效应，加快推进农业农村现代化。生活数字化是看不见的“大管家”。弥合城乡“数字鸿沟”，培育信息时代新农民，让农业产业有奔头，让农民职业有吸引力，让农村家园安居乐业。治理数字化是看不见的“精算师”。着力发挥信息化在推进乡村治理体系和治理能力现代化中的基础支撑作用，构建乡村数字治理新体系。运用数字化技术不断提升农村自身发展能力。提供“互联网+”教育、医疗、交通、娱乐等公共服务，丰富农民数字化生活服务内容，提升农民数字化应用能力，让广大农民群众分享信息化发展成果。

以产业数字化、数字产业化为发展主线，持续推进农业农村数字化转型，加快构建农村基础数据资源体系，发展数字农业产业园，推进牧渔业智能化，推进农业标准化、品牌化，促进数字技术与现代农业三个体系深度融合。集结视频接入、智能管控、产品追溯、监测分析等功能，建设农业智慧应急监管体系。利用互联网新技术对农业进行全方位、全角度、全链条的数字化改造，信息技术创新驱动，催生“四新”，释放数字经济的放大、叠加和倍增作用。推动产业互联网升级，利用信息技术在产业部门的深度融合，形成新的技术范式与经济活动。

(四)扶持电商发展，实施“互联网+”农产品出村工程

(1)深入推进电子商务进农村综合示范。大量专业性“淘宝村”依托互联网平台和当地资源优势，发展出具有一定集聚效应的新产业新业态，创造出中国特色的经济地理现象。加强农村流通设施建设，提升公共服务水平，促进产销对接，探索数据驱动，打造综合示范“升级版”。构建普惠共享、线上线下融合、工业品下乡和农产品进城畅通的农村现代流通体系。

(2)优质安全农产品促进产业融合发展。数字经济重组产业组织系统，升级产业链条，提高农业的能级和效率。湖南立足特色资源优势，加大品牌农业建设力度。加快建设线上特产馆、品牌店、专销区，发挥电商服务平台优势，推行电商实体的实名认证，加强电商的信用管理。订单农业(电商集

采）给高品质生态和有机农业增添“数据”生产力，提升产品的高附加值。

（3）打造农产品电商上行通道。强化电商与小农户等经营主体对接，加强农村网络宽带、冷链物流等设施建设，实现优质优价。设立农特产品电商专区。打造电商农家小店平台，办好生态农业智慧乡村互联网大会，打造农产品展销平台和“应用互联网+交流平台”，拓宽农产品销售渠道，推介优质农特产品。

（4）加强电商人员的培训。受训人员可包括基层干部、合作社员、创业青年、职业农民、基层服务站人员等。强化培训机制，增强培训的针对性，培训应结合农业科技、政策法规、农村金融等富有针对性的内容，掌握物流、采购、支付等关键环节的应用技术，提高美工、产品设计、宣传、营销等实操技能。探索政府购买服务等机制，建设涉农公益服务平台。注重培训服务，建立农村电商培训转化机制，加强创业孵化和就业扶持。

（五）完善物联网、互联网，提高物流效率，降低运输成本

（1）加快对公益性、基础性、战略性农村信息化基础设施部署，加强信息进村入户工程。构建覆盖全球的农村电商经营网络，提供一流的配套服务支持，打造面向全球的农村电子商务市场。重点建设本地化连锁化的服务和营销体系，支持建设三级物流配送体系和仓储物流中心，发展智慧物流。

（2）推动农商互联，促进农产品流通企业与经营主体全面、深入、精准对接，提高农产品流通效率。实现联产品、联设施、联标准、联数据、联市场，联生产、联消费，打造利益紧联结、产销密切衔接的新型农商关系，构建符合农产品流通需求的现代供应链体系。重点支持产后商品化处理设施建设，优化供应链产销对接功能，提升标准化和品牌化水平，提升供应链末端惠民服务能力。

（3）加速研制农业综合信息数据库群和农业综合管理及服务信息系统。加强基础设施共建共享，加快农村宽带通信网、移动互联网、数字电视网和下一代互联网发展。鼓励开发适应“三农”特点的信息终端、技术产品、移动互联网应用软件，推动民族语言音视频技术研发应用。加快推动农村地区水

利、公路、电力、冷链物流、农业生产加工等基础设施的数字化、智能化转型，推进智慧水利、智慧交通、智能电网、智慧农业、智慧物流建设。

现阶段，随着城市人群对于乡村原生态自然环境的追求和向往，乡村地区在旅游资源上具有一定的优势，乡村旅游产业有望成为旅游经济的新增长点。随着各地对于乡村旅游经济的大力开发，乡村旅游成为热点，也成为比较普遍的经济发展模式。在这种竞争加剧的情况下，只有开发特色的乡村旅游产品，才更有可能在众多的乡村旅游地区中脱颖而出。本章主要分为乡村旅游产品的文化内涵与开发、乡村旅游产品营销创新策略两部分。主要内容包括：乡村旅游文化中民俗文化内涵、乡村旅游产品的开发、乡村旅游产品营销策略等方面。

第五节　深挖乡土文化，加强农旅产品开发

乡村旅游发展的核心内涵是文化，这就要求乡村旅游产品开发应发掘和丰富旅游地的文化内涵，提高其文化附加值，营造独特的消费气氛，丰富乡村旅游的文化内涵，提高其文化品位。乡村旅游的本质属性就是具有民族性、历史性和地域性的乡村文化。乡村旅游开发必须认真分析旅游地乡村发展的脉络、人们生活习惯的演变、民俗风情的沿革，发掘其独特的魅力及表现形式，为游客提供展示、认知和体验乡村传统文化的平台。

一、乡村旅游文化中文化内涵

20 世纪末，国家为了推动经济发展实行了调整产业结构的措施，我国的乡村旅游文化发展刚刚起步。乡村的旅游文化可以刺激消费，为乡村的 GDP 提供可观的贡献。但是在目前乡村旅游文化中，由于起步时间过晚，相对于其他国家来说，乡村文化只有表象，没有深层次的文化。所以，在乡村的旅游文化中深挖民俗文化内涵亟待实现。我国的乡村旅游文化由于起步较晚，现在仍拘泥于形式。为了继续发展乡村旅游文化，我们就要立足于乡村自身

特色，以“地利”“人和”的优势为乡村旅游文化补充内涵。

（一）以地利挖掘文化内涵

在乡村的旅游文化中，乡村占据了地利条件。与大城市相比，没有大城市的喧嚣和车水马龙。乡村旅游带给人们的感觉是在尘世中找到了一片世外桃源。不同于城市旅游，乡村的旅游可以感受到前所未有的放松和身心愉悦。因此，要将民俗文化内涵融入乡村旅游文化特性中，第一点就是从乡村的地理条件上进行。

1. 以农耕及景色创造内涵

在乡村旅游文化特色中，乡村的景色与乡村自给自足的生活方式是一大特点。在发展乡村旅游内涵中，我们要以这一独特的条件为发展基础。我国地理环境优越，维度跨越大，气候条件多变。在沿海的乡村、中原的乡村、大山的乡村中分别有渔业、农业、畜牧业的发展景象。而且在南方乡村中，乡村自身有大山、河流，茶山、花山，水果园、植物园等。这些不同于城市喧嚣的景色，展示出了乡村独特的民俗文化气息。

在我国几千年的历史长河中，农村一直都在以自给自足的方式满足日常生活的需要。从儒家角度的“重农抑商”到现在农村产业结构调整，国家一直都在鼓励农村进行耕种。在农村中，农耕文化一直作为民俗文化延伸到现在。所以在乡村旅游文化中，我们要把农耕文化作为民俗文化的内涵继续发扬，创造出一幅“采菊东篱下，悠然见南山”的美丽景色。

2. 以生活创造内涵

乡村生活不同于城市生活，在乡村中没有高楼大厦、山珍海味、精工细作，有的只是乡村特有的建筑、粗茶淡饭、手工艺文化。在这些民俗文化中，我们应该将以下几点融入乡村旅游文化中。

第一，乡村的建筑不同于城市的高楼大厦。在乡村中都是按照当地的地理环境以及气候条件建造房屋。例如，在东北的火炕、客家土楼、黄土高原窑洞。在南方一些乡村中，受宗教信仰文化的影响，在村落中还有祠堂，也有散落在乡村中的古代建筑，它们属于不同历史时期。在这些建筑物中，人们可以体会到乡村民俗文化的内涵所在。

第二，乡村的饮食不同于城市的山珍海味。在乡村旅游时，人们无法吃到精工细作的食物。乡村中的食物大多就地取材，保留食物本身的味道，没有任何添加剂，让人们在乡村旅游时能品尝到原汁原味的食物。

第三，在乡村民俗文化中，没有第二产业的发展，有的只是第一产业。那么在乡村中，村民都通过自身的手工艺制造一些生活用品，用以补贴家用。我国的乡村手工艺文化有着许多特点，其中还有许多手工艺文化被列为非物质文化遗产，其中有皮影、风筝、剪纸、竹编、民族服饰等。

(二)以人和挖掘文化内涵

在乡村文化内涵中，乡村的精神内涵占据了重要的位置。乡村的精神文化代表了整个乡村中人们的价值导向以及心理状态，并通过一些特定的节日以及活动表现出来，吸引游客的眼光。

1. 乡村节日

在一些特定的节日，乡村与城市相比有着独特的节日庆祝方式。例如，在春节期间，乡村的庆祝方式不同于城市。在乡村中，人们会全家聚在一起，共同包饺子，熬夜，为庆祝新年的到来而点燃鞭炮。又如傣族在泼水节时，无论在那天有什么重要的事，大家都会放到一边，而共同庆祝泼水节。

2. 日常生活

乡村的人群分布，还在延续着“大杂居，小聚居”的生活方式。在这种生活方式中，家庭是最小单位。所以在家庭日常生活中，乡村也形成了独特的家庭生活文化。乡村与城市的生活文化最大的区别就是节奏，乡村的生活节奏是很慢的，人们可以根据日常生活制定自己的生活计划，可以在毫无顾虑的环境中生存。

3. 乡村艺术

乡村没有城市多样化的娱乐方式，但是人们在乡村中的生活也需要娱乐，这就推动了乡村艺术的发展。在乡村中，人们自我创造了一些艺术方式，例如，二人转、皮影戏、竹竿舞等。而且在乡村中，艺术家们可以尽情取景，达到“山重水复疑无路，柳暗花明又一村”的艺术境界。

（三）深挖乡村文化内涵的途径

1. 以自身独特条件为特色

在深挖民俗内涵中，我们要以乡村文化独特条件为特色，并继续发扬。作为乡村，与城市最大的区别就是生活方式。那么在乡村中，我们要以乡村中美丽的景色，乡村独特的生活方式为起点。让游客在乡村中不再以观看景色为旅游目标，而是真正能在乡村旅游中了解到乡村文化。在民俗中，非物质文化以及饮食方面都要发扬乡村自身的特色。

2. 完善乡村文化品牌体系

在目前信息化社会中，对于乡村文化我们不能固步自封，而是要在保持乡村文化的基础上将乡村文化通过互联网宣传出去。所以在进行深挖农民文化内涵时，要借助互联网这一强大的技术力量，打造乡村当地的独特品牌，以原生态的农产品、手工艺品等作为旅游纪念品，开设专门的店铺进行售卖。在信息化的社会，要充分利用互联网的优势，在网络中宣传乡村当地的风土人情、民俗文化，吸引更多的游客旅游。

在目前乡村文化中，我们要促进文化之间的沟通交流。文化之间的沟通交流是指具有不同生活文化、宗教信仰的人来到同一个乡村中，能够对乡村的民俗文化进行认可。并且，在不同文化背景下进行碰撞，擦出新的文化火花。在目前的快节奏社会中，难免会造成文化的碰撞与摩擦。但是在发展乡村旅游文化中，我们要积极地吸取具有正确价值导向的文化因素，同时对一些落后以及迂腐的乡村文化及时进行摒弃。

二、乡村旅游产品的开发

（一）乡村旅游产品开发思路

乡村旅游产品是乡村旅游的核心资源，乡村旅游产品开发的思路，经过学者们研究，以华西村为例，对江阴市乡村旅游产品开发进行了 SWOT 分析，剖析了华西村所在的华士镇发展乡村旅游的优势和劣势、机会与挑战。开发市场认可的乡村旅游产品，需要从发展规划、创新、明确定位、科学管理四个方面着手。开发乡村旅游产品一定要结合当地实际，要本着实事求是的精神，既要结合所在乡村特有的旅游资源，也要结合周边潜在旅游者的旅游需求，在此基础上强化服务，实行规范化的管理模式，才能取得成功。

(二)乡村旅游产品开发模式

在乡村旅游产品开发模式上，国内很多专家学者都进行了全面的研究。乡村旅游产品开发在大方向上主要分为两点。第一个是依托乡村周边旅游风景区，以住宿为主要服务手段的乡村旅游开发模式。第二个是依托大型城市，以提供独特的农村生活体验为主要手段的开发模式。我国乡村旅游应按照各地区的发展水平，依据各地区的特色围绕乡村田园风光模式、旅游农业开发模式、地域风情文化模式和居民住宿旅游型这些主要模式开展。

1. 乡村旅游产品

乡村旅游产品不同于风景名胜区等传统旅游产品，依托于乡村资源的特殊环境是乡村旅游产品的最大特点，要有自己独有的文化内涵，同时也要包括乡村的特色建筑、特色乡村民俗、虽然不精致但营养健康的乡村饮食、具有极强传播效应的乡村服饰、唤起人们旧时回忆的农业景观和农事活动等各色社会文化要素，包括乡村所独有的自然景观和文化环境。

因此，我们需要认识到乡村旅游产品开发，应该更多的是对游客体验的关注，也就是以农事劳作和风俗文化为代表的亲身体验，而不是以观赏为主的景观资源，因为游客对在城市中体验不到的经历有更多的期望。与其他方式的休闲旅游产品相比，旅游者参与乡村旅游，能够通过身处户外，感受乡村的自然风情，获得亲切友好、放松自如的生活体验。因此，根据旅游者对乡村旅游的需求，我们可以将乡村旅游产品定义为：发生在乡村社区，以乡村景观、建筑、文化以及设施、设备等生产和服务要素所投入开发而成，为满足旅游者游览、参与、体验需求的一种复合型旅游产品。

(1)具有“乡村性”是乡村旅游产品最核心的本质。只有具备了“乡村性”

才能吸引城市游客参与到乡村旅游中。这种“乡村性”不但体现在旅游产品的客观上要在乡村，更要有乡村的特性。

(2)乡村旅游产品要以乡村旅游资源为基础。

(3)从满足游客的需求角度，即旅游的游、购、食、住、行、娱“六要素”，能够满足游客总的旅游需求。

(4)从需求的角度出发，开发的旅游产品，首要功能是要能满足旅游者的需求，激发旅游者的体验热情。

(5)乡村旅游产品经过可行性研究、开发等一系列环节，最终能够被旅游者消费，是因为乡村旅游产品是依托乡村周边优美的田园风光、原生的乡土建筑、淳朴的乡土文化等开发出来的。

2. 乡村旅游产品的特征

旅游吸引物(即旅游资源)及载体的乡村性。旅游产品的乡村性主要是指转化为产品之前的旅游资源，是否具有明显的乡村性特征。从旅游市场营销学的角度分析，乡村旅游资源的首要特点，就是要充分展现乡村区域独有的自然风光和人文特色。同时，在充分考虑与旅游者互动的基础上，提高旅游者的参与感，设计各种能让旅游者参与其中的农事活动和具有地域性文化特征与乡村特征的产品。空间及位置的便利性，乡村旅游产品适合城市旅游者利用零散的闲暇时间进行休闲式的旅游活动。

因此，乡村旅游产品必须在城市的城乡接合部或距离城市比较近的村镇，且具备良好的交通道路，以便自驾前往。相关的基础设施建设，例如沿途指示牌、水电网络线路、供暖设施等的建设，如果距离人口聚集区太远，投资成本将会大大增加，不利于收回投资。

受我国当前农村经济发展和农民收入水平影响，和乡村旅游资源开发与产品设计所局限，我国的乡村旅游目前还处于“农家乐”式的低参与度、低附加值、低娱乐体验的阶段，消费层次较低，旅游者受消费水平影响较大，对价格敏感。因此开发的乡村旅游景区需要找准定位，以吸引更多旅游者。

(三)乡村旅游产品开发存在的问题

1. 乡村旅游产品同质化严重

乡村旅游项目在地方政策的扶持和市场的推动下，取得了良好的经济效益，为了进一步提高收入，乡村旅游产品间激烈的市场竞争导致了产品不敢创新、不能创新，同质化现象严重，影响产业向前发展的同时，也阻碍了当地乡村旅游产品形成功能、类型互补的旅游聚集地的进程，并且大大降低了县域内乡村旅游的档次和集群效应。同质化竞争的另一个后果是价格战的发生，相同类型、服务的乡村旅游项目为了吸引更多的旅游者，便会降低服务价格，而不是采取创新手段，提供更高附加值的服务。不断降低的服务价格，将会直接影响服务质量，乡村旅游恰恰是以游客参与性为主要卖点的旅游类型，服务质量的下降将对乡村旅游的游客体验造成不良影响，因此，当地旅游行政主管部门要及时调整和协调当地乡村旅游项目的经营理念和规划，避免造成这种同质化现象的进一步蔓延。

2. 游客需求多样化导致品牌开发创新难度大

改革开放以来，我国旅游产业发展迅速，旅游者的素质也随之提高，具有相当程度旅游经验的游客数量越来越多。乡村旅游方面，参加过国内甚至国外乡村旅游的游客已经不再仅仅满足于已经体验过的乡村旅游模式，这在客观上对乡村旅游的创新提出了新的挑战。不断推陈出新，了解国内外先进的乡村旅游理念，结合当地的自然资源和文化特点，开发全新的旅游体验模式，才能吸引更多的游客，提高整体乡村旅游的档次。

目前，乡村旅游资源众多，游客需求结构十分复杂，除了传统的农业休闲观光线路，还需要开发更多的体验式的乡村旅游产品。与此同时，需要打破经营者心中“酒香不怕巷子深”的旧有观念，积极开展多种形式的宣传、推广活动。建立具有特色的乡村旅游形象，针对特定客户进行精准宣传，为当地乡村旅游良好口碑地树立打下良好基础。

3. 乡村旅游产品的游客体验度缺乏

目前，乡村旅游产品的基础设施建设与现代旅游服务的标准还存在着一定的差距。原有的一些道路、电力、饮水、厕所、停车场、垃圾污水处理设施是为当地居民的生产生活服务的。而现在作为旅游景区，承担着巨大的旅客流量负担，暴露出基础设施简陋、卫生条件差等问题。一些受访游客表示自己来参加乡村旅游，与游览过程中享受到的愉悦心情所不匹配的，是卫生条件较差的洗手间和不达标的饮用水。这些问题得不到良好的保障，旅游者的人身、财产和饮食安全无法保障，将直接影响旅游体验，进一步限制当地乡村旅游发展。另一方面，作为乡村旅游体验的重要组成部分，农户的房屋风格缺乏统一规划，仿古风格、欧式风格的房屋混杂排列，与周围景观极不协调。在缺乏规划性、标准型的管理下，乡村旅游项目的形象难以树立，也影响了当地深层次挖掘的当地乡村的文化内涵，阻碍乡村旅游的可持续发展。

4. 旅游文化特色不够鲜明

目前绝大多数乡村旅游项目，缺乏对特色文化的深度挖掘。比如辉南县旅游产品中对长白山旅游文化的展示较少，而近年来辉南县重点打造的“辉发古城文化”，本应该是全县旅游产品中重点推广的文化概念，在乡村旅游景区中也缺乏介绍和形象展现。不少项目经营者认为，乡村旅游文化指的就是农耕文化，在房间内摆放锄头等农耕用具，供游客拍照留念即可。

农耕文化仅仅是乡村旅游文化的一部分，我国是农业人口占绝大多数的农业大国，近 20 年，城镇居民中由农村人口转变为城市人口的占 45%，这些居民所转化成的旅游者，对农耕文化或者对农耕文化所包装和填充起来的乡村旅游缺乏旅游热情。普通的乡村旅游文化在我国各省市随处可见，而真正取得成功的，具有知名度的乡村旅游项目，需要与民俗文化、当地特色物产文化、养生文化、中医药文化等多种文化相结合。因此，乡村旅游还需要继续深度挖掘当地特色文化，与农业文化高度结合，开发新的旅游产品。

目前国内乡村旅游开发模式较为单一，主要以农业观光类观光型活动为主。欣赏田园风光、民俗风情文化、购买传统手工艺品等活动是目前乡村旅游中最常见的项目。从总体来看，国内乡村旅游经营项目较多。但从个体来看，大多数乡村旅游点的旅游项目单一，只提供简单的观光、吃、住和棋牌，乡村旅游中的其他要素未得到充分发挥。模仿、照搬他人发展模式的现象普遍存在，乡村旅游中提供的餐饮、住宿、垂钓等乡村旅游产品高度相似。以乡村生活、传统文化、生态科考、探险等体验性的乡村旅游尚处于发展初期。

5. 旅游者精神文化享受缺乏重视

旅游者参与乡村旅游，本质目的是回归自然，寻求区别于城市生活的自然景观和生活方式，往往追求的是“古朴”“真实”甚至是“土”，享受乡村醇厚的乡土文化。然而由于缺乏旅游产品文化内涵的开发，导致旅游者在没有被旅游产品完全吸引的情况下，就要面对集中推销，使原本淳朴的乡村旅游享受打上了金钱的印记，反而遭到的旅游者的反感。这样的一种重经济效益、轻旅游者精神文化享受的情况，侧面反映了当前辉南县乡村旅游产品经营者对乡村旅游理解的片面性，也成为当地乡村旅游市场难以走向高端的重要原因之一。

6. 旅游产业化程度低

在旅游产品的开发中，乡村旅游缺乏品牌意识，没有形成专业的、特色的、符合当地民风民情特点的品牌产品，在员工培训、人力资源供给方面，与目前发达地区的旅游行业服务和培训标准存在着相当程度的差距。加之当地旅游行政主管部门对乡村旅游缺乏品牌形象规划，地方政府和经营者没有加大对旅游产品的开发投入力度，导致目前旅游产品在形象塑造和游客体验上存在欠缺，没有形成具有区域影响力的品牌，面对其他地区乡村旅游产品，也缺乏竞争力。

(1)旅游产品缺少特色。乡村旅游的发展通常是以点带面的顺序，首先，少数具有先进和开放思想及敏锐的市场洞察力的村民开始这样做，然后周围的村民跟随着一起做。跟着做的村民往往不加思考地照着已有的模式，简单移植项目和产品。以至于出现乡村旅游开发千篇一律的同质化现象，失去了乡村本来的特色和差异性。另一方面，国内的乡村旅游发展刚刚起步，大多数属于浅度开发状态，即以开发自然资源为基础的观光旅游为主，对除了自然田园景观以外的乡村元素不加重视、缺乏挖掘和打造。

(2)旅游产品缺乏创意。乡村旅游的发展多以开发自然资源为依托，以自然景观和农业观光类项目为中心。这也就造成了乡村旅游开发中对自然资源和农业资源的过度依赖，旅游产品层次较低、文化创意空间较小。由于对乡村历史文化、风土人情等文化资源的开发的重视程度不够，导致现有乡村旅游产品较为单一。文化元素和创意的缺乏，使得乡村旅游产品不能够凸显乡村地域特色和文化特色。由于乡村旅游产品非常相似，所以不能刺激和满足游客的新需求，无法形成核心竞争力。文化创意需要专业的创意人才，但是当前国内的乡村人才非常短缺，这严重地影响了乡村旅游产品开发、乡村旅游与文化创意的融合发展。

7. 整体性与区域性规划缺乏

现阶段，许多地区的乡村旅游仍主要由个体农民开发，而在少数地区，统一的发展规划主要由村集体进行。这种开发方式通常是出于家庭或乡村的利益，更多地注重个性和自身利益，并且在开发理念、资金、竞争等因素有其局限性和影响力，经常出现难以确定和把控旅游发展的目标和定位，缺乏整体性和统一性布局，主题不突出，低水平重复建设更加严重的问题。

8. 乡村旅游产品开发总体水平不高

目前，多数地区的乡村旅游发展还处在中低层次，通常为垂钓、观赏、采摘等活动，很单一，吃农家饭、尝民族菜较为普遍，相关乡村文化、乡村特色、民俗文化等较少。对于旅游商品的开发，基本停留在初级水平，大部分以自产自销的原生态农产品原料为主，无专营的乡村旅游产品。

9. 盲目过度开发

国内乡村旅游的发展多属于自我开发式，尚未形成标准模式。乡村地区经济落后、知识水平有限，导致在开发的过程中不科学的盲目开发和过度开发问题突出。有的地方在不具备开发乡村旅游的基础条件的情况下，进行强硬开发、盲目开发。有的地方虽然具备开发乡村旅游的基础条件，但在不了解城市消费者需求的情况下，修建豪华洋气的城市建筑。有的地方在乡村旅游产品开发中，大量修建房屋建筑、旅游设施，甚至以牺牲乡村自然环境为代价，对乡村旅游产生了负面的影响，严重破坏了乡村地区。

（四）乡村旅游产品深度开发的对策

1. 提升文化品位

乡村旅游作为我国新时期乡村及旅游业发展的重要主题，对整个乡村的发展将在很大程度上起促进作用，在未来，乡村旅游将会发展为又一大旅游项目，在风景名胜区与都市旅游之外，这必将是乡村极为难得的发展机遇。在乡村旅游的发展中，应着重文化资源的开发，寻求创意旅游文化的挖掘与发展。根据自身优势，制定符合实际发展需要的文化创意规划，挖掘多种文化素材，以此实现提高古村落的旅游文化品位，树立文化名片和品牌。

2. 加大政策扶持力度

根据乡村旅游快速发展的需要，建议政府联合旅游、农业等部门成立联合工作小组，对有关问题进行全面深入的调查，加快出台乡村旅游业管理标准、协调机制、政策和措施。建议省级相关项目资金偏向乡村旅游项目，鼓励条件成熟的地方采用民营企业、社会团体和个人方式融资方式，参与乡村旅游发展地方政府应当对乡村旅游项目审批、土地流转、税费减免、财政补贴等方面给予优惠待遇。

3. 树立品牌意识

为了增强乡村旅游的吸引力，我们不仅要充分发掘文化资源，而且要尽力打造文化品牌，增强文化影响力。同时，要完善风景名胜区的交通、餐饮、住宿以及供水等配套设施，从整体上提高综合服务能力。

4. 提高产品服务附加值

品牌的定位，是产品开发中首先要解决的问题，在现代营销理念中，消费者需求，才是真正决定产品形态的关键所在。这一理念应用到乡村旅游方面，则集中在旅游产品的市场定位。塑造品牌形象的基础是要有科学合理的品牌市场定位，合理利用乡村旅游品牌形象，推动乡村旅游区域整体品牌的提升。乡村旅游最初诞生的阶段，因为其消费水平低、时间短的特点，确实是面向低端旅游者的一种旅游形式。

但是，随着社会经济的进一步发展，高端旅游者的旅游时间从5~7天的长假旅游，逐渐走向了碎片化、休闲化的旅游形式，这就给了乡村旅游一个很好的发展空间。在当前品牌营销引领消费行为的市场中，打造高端乡村旅游产品，推出附加值的产品服务，无疑会进一步提升乡村旅游项目的档次，提高项目开发的经济效益。这一方面，需要当地政府部门，特别是旅游行政主管部门、文化部门通力合作，统一规划乡村旅游产品，对项目经营者进行针对性的培训和引导，还要给予相当程度的政策支持，协调贷款和补贴，扩大投入规模，提供更好的旅游发展平台，实现乡村旅游产品迈向高端化、立体化。

5. 保护县域生态环境，多层次开发旅游产品

良好的生态环境是乡村区别于城市的主要特点，也是乡村旅游的特色之一。近年来，各地乡村旅游产品开发中，均不再只是开发初级阶段的乡村旅游产品，而是在生态资源上做文章，将生态概念融入产品开发之中，“绿水青山就是金山银山”生态文明发展理念，大力开发以生态环境为基础的高端乡村旅游休闲模式。

旅游行政主管部门在引导乡村旅游开发过程中，应根据当地的生态环境资源，丰富以垂钓、采摘、民俗、古村落、田园生活、观光为代表的多种类型的乡村旅游产品，使旅游者有更多的选择。增大当地乡村旅游产品吸引力，提高旅游者参与乡村旅游的频率，进而提高旅游产品服务体验。

6. 深挖旅游产品文化内涵，树立独特产品形象

(1)开发乡村旅游文化特色产品。

随着乡村旅游的发展成熟，乡村旅游产品的开发模式进入全新阶段，传统的、仅仅依靠自然风光来吸引游客的模式已经进入衰退期。更多的旅游者希望在乡村旅游活动中，了解和掌握当地农耕文明的特色、历史发展脉络和民俗风土习惯等。城镇化所带来的经济社会快速发展，使得乡村文化与城市文化渐行渐远，乡村旅游就是要发挥两种文化的“融合剂”作用，使乡村旅游产品具备当地特色，旅游产品也就拥有了核心竞争力。吉林省辉南县依托现有生态旅游资源，在省内打造了富有特色的“辉南旅游”品牌。只有形成独一无二的乡村旅游产品，才能增强乡村旅游产品的吸引力，提高乡村旅游产品的经济效益。

(2)重视旅游者精神文化享受。

旅游者的精神文化特质决定了其参与旅游活动的类型和行为特点，想要旅游者全情地投入乡村旅游活动中，达到“食、住、行、游、购、娱”等消费行为的实现，就要彻底从精神上对旅游者形成足够的吸引力，增加旅游产品的文化附加值。

在开发过程中，要注意在细节上将旅游产品与文化内涵深入融合。辉南县结合当地的历史、人文特色，打造有“故事”、有“传说”的旅游产品。对乡村旅游项目工作人员进行专项培训，以导游员、讲解员、服务员为主体，以多景区媒体技术为辅助，在潜移默化中对旅游者形成文化影响，增强旅游者的精神文化享受，使旅游者带着特色旅游产品离开的同时，也带着“故事”返回城市，带动更多的旅游者前来探寻乡村旅游文化的痕迹。

(五)文化创意融入乡村旅游开发的重要意义

乡村旅游为广大乡村与城市建立沟通的桥梁，成为促进城乡经济社会互动的纽带。随着乡村旅游同质化现象的加重，游客对乡村旅游目的地的新鲜感逐渐降低，更加放松、休闲的方式取代了走马观花的观光旅游。将文化创意融入乡村旅游发展中，对保护和继承传统乡村文化，促进乡村旅游的转型升级，实现乡村旅游健康持续发展具有重大的现实意义。

1. 乡村传统文化的保护和传承

国内广大的乡村地区拥有丰富的历史文化资源、传统的农耕文化、乡村习俗和民族风情。乡村旅游的土壤是根植于乡村的传统文化，乡村旅游开发应以自然景观为基础，以文化为核心。文化创意融入乡村旅游开发，将有利于保护和传承乡村的传统文化。

发展乡村旅游和文化创意产业的基础是优秀的传统文化。同时，文化创意产业的发展也是保护和开发古村落文化的有效途径。具有独特的乡村地域文化且新颖、美观的文化创意乡村旅游产品更具有吸引力。文化创意基于乡村资源和传统文化，但又脱离资源和文化。这与传统的乡村旅游开发相比，极大地保护了资源和文化，同时又可以进行有效的开发。

传承和传播乡村传统文化创意产业通过挖掘乡村元素，开发以大众消费市场为基础的乡村旅游产品，利用新的方式和多种渠道弘扬中华文化、输出中国的价值观。让更多的人接触、消费并喜爱具有乡村特色的文化产品，就会有更多的人愿意学习乡村文化和传统技艺，最后保存和创新发展优秀的乡村传统文化。当更多受市场欢迎的乡村文化创意旅游产品出现之后，再进一步加强传播乡村传统文化。将文化创意融入乡村旅游产品开发中，深入挖掘当地传统文化内涵、进行创新创意，以提高乡村地区人们的欣赏水平和文化消费水平，这是文化创意产业持续健康发展的内生动力，也是传承和传播国内优秀传统文化的有效方法和途径。

2. 实现乡村旅游健康、可持续发展

随着政府对“三农”问题的关注和对乡村旅游的大力支持，国内乡村旅游进入了高速发展阶段，这对国内乡村地区的经济发展有充分带动作用。文化创意的融入为实现乡村旅游健康、可持续发展提供了条件。

(1)实现乡村旅游健康发展。

文化创意的核心是人的智慧和创造力。深入挖掘乡村地区旅游资源，并对已开发的旅游资源进行再整合、再利用，运用创意对各种要素进行分解、重构，开发出具有乡村文化特色、价值和内涵的文化创意乡村旅游产品。一方面，文化创意对现有的物质资源和非物质资源充分利用，实现高附加值；另一方面，解决目前乡村旅游产品单一、粗糙、层次低、价位低等问题。这进一步拓宽了乡村旅游的资源开发空间和市场空间，帮助乡村旅游突破束缚，使得乡村旅游健康发展。

(2)实现乡村旅游可持续发展。

乡村旅游的可持续发展是乡村地区可持续发展的基础。乡村旅游开发的可持续发展，前提是保护和合理利用乡村旅游资源，在满足当前人们需求的同时也为后代人做考虑，不损害未来乡村旅游发展的资源。在乡村旅游产品的开发中吸收当地文化，通过文化创意作为媒介与现代时尚元素结合，既凸显特色文化又易于被市场接受。

文化创意融入乡村旅游，通过创新的渠道和方式利用乡村传统历史文化资源，在乡村旅游产品的开发、设计、生产、销售等环节进行创新创意。这样克服了乡村旅游资源的脆弱性和不可再生性，为乡村旅游的可持续发展提供必要条件。同时，解决乡村旅游发展中资源有限、环境压力大、旅游产品无特色、附加值低等一系列问题。乡村旅游和文化创意产业的融合发展是确保乡村旅游实现可持续开发和可持续发展的重要途径。

(六)文化创意视角下乡村旅游产品开发工作的要点

1. 注重对地区特色优质文化进行汇总

针对乡村旅游品开发实施文化创意推动，首先要有相应的文化基础。对此，需要对于地区的优质特色文化进行归纳汇总，把握文化创意的基本内涵，汇集地区的优质特色文化内容和形式等，要深入挖掘地区传统文化中的优秀成分，进一步完善传统文化中缺失的部分，构建比较完善系统的地区文化内容和体系，为乡村旅游产品的开发提供充足的文化支持。

2. 注重文化创意的价值发挥

在乡村旅游品的开发中，进行文化创意就是要将地区的乡村旅游业发展和地区的特色文化内容相结合，以促进旅游业发展为目标，结合旅游消费者心态和喜好，实现文化创意，体现乡村旅游品的价值和特色，这对于促进地区的乡村旅游品开发，推动区域旅游经济发展都具有重要意义。

3. 文化创意视角下乡村旅游品开发工作的有效途径

乡村地区要开发乡村旅游品，必须重视自身文化创意的基础打造，注重文化资源整合，用自己的聪明才智、丰富的想象力，不断挖掘非遗创意素材，设计创作更多更好具有吸引力和影响力文创产品，将地区范围内的历史文化遗存与当代人的生活、审美、需求进行连接，用各种现代艺术手段方式去解读地区丰厚的历史文化。要注重文创产品的设计总体理念和对接情况，通过创新驱动、文旅融合、资源整合，高标准规划、高水平设计、高质量建设，推动文化资源、文化要素转化为旅游产品，促进文化和旅游公共服务共建共享，打造地区文旅融合发展的示范。

同时，全面提升文化旅游产业发展大会水平，鼓励各县(市、区)根据实际情况，在主题特色、产品业态和办会模式上积极创新，成体系推进区域公共服务体系规划建设，打造良好环境，提升形象和群众满意度，促进乡村旅游品品牌开发和建立。通过有效的资源整合，奠定良好的文化创意基础，为促进区域的乡村旅游业发展提供有效参考。

文化创意视角下，要开发乡村旅游品，必须要做到科学规划，提升布局品位。要对地区历史风情、文化遗产、镇村布局等进行科学规划，借鉴其他地区先进做法，科学做好地区旅游总规划，制订详细严实的旅游景点提升计划，不断引领强化地区工业农业旅游发展格局。要注重投入，加强设施建设。按照乡村旅游景点建设标准，逐步查找漏洞和不足，不断推进景区建设。通过深入挖掘，强化氛围营造，积极开展文明户评选活动，组织各村居挖掘“助人为乐、见义勇为、诚实守信、孝老爱亲、敬业奉献”等类型身边好人，通过报纸杂志、微信公众号等渠道进行社会宣传，推动正能量传播，不断扩大社会影响力，形成积极向上的活动氛围，作为对于地区创意旅游品文化的宣传资料，促进地区乡村旅游品牌建设。

此外，为切实提升乡村旅游品开发的竞争力，推动地区旅游经济的快速发展，相关乡村地区还需要进一步强化乡村旅游品资源的创新设计，体现旅游品特色建设。要结合目前旅游消费者的真实需要和愿望，积极构建符合市场发展需要的乡村旅游品，在不失文化创意特色的基础上，实现乡村旅游品价值的不断提升。

此外，还可以通过将乡村旅游与农业产业结合，积极引入新业态，与康养、体育、教育产业等融合发展，打造宜居、宜游、宜业、宜养的乡村田园综合体。不断提升农村地区森林、植被覆盖率，建设“天然氧吧”，打造适合发展养老、保健、康养产业，让退休的中老年人喜欢来到康养中心长期居住，推出系列养生产品、新鲜采摘服务业态等，真正促进整体乡村旅游品开发价值。

4. 文化创意融入乡村旅游开发模式

国内乡村旅游的开发多以自然资源为依托，当地居民自行投资或引进企业合作开发。单一的开发力量往往形成雷同的发展模式，很难形成区域性的竞争力，导致乡村旅游效益较低。如何把乡村地区的资源优势转化为可经营的、具有特色和差异的乡村旅游形态，是当前值得研究的问题。特色乡镇建设、美丽乡村建设、乡村社区营造等融合文化创意，为乡村旅游开发创建了新的路径和模式。

(1)特色乡镇建设模式。

2016年8月，中央认定第一批特色小镇共127个。接着各省制定并推出特色小镇建设的相关政策和规定。特色小镇典型代表是浙江和贵州两省，随后特色小镇在全国得到迅速推广和发展。特色小镇的建设通过挖掘当地的特色元素，融入文化创意，建设具有鲜明特色、文化内涵和吸引力的乡村旅游目的地。特色小镇不是传统意义上的镇，在不同的地方有不同的内涵和特点，但都具有鲜明的特色和突出的产业，是一个集旅游、文创为一体的综合性平台。

浙江在建设特色小镇的过程中，进行了多种资源的整合和多个产业的融合，解决了资源有限的瓶颈问题，改善提升了当地的人居环境，促进了新型城镇化和产业的转型升级，总结了大量的经验，探索出了一条建设特色小镇的路子。浙江省第一批建设的特色小镇是“磐安江南药镇”，产业主要是中药材。江南药镇位于磐安县新渥镇，盛产白术、白芍、玄参等中药材，是浙江的药材之乡。中药材成了江南药镇建设特色小镇和发展乡村旅游的核心要素，依托长三角地区的广大市场，打造集休闲、度假、旅游、养生为一体的特色小镇和乡村旅游目的地，积极发展中医药产业、康养产业和旅游产业。特色小镇的建设，打破了乡村旅游千篇一律的单一模式，为乡村旅游注入了活力，开辟了新的市场。

(2)美丽乡村建设模式。

2013年2月，“美丽乡村”创建工作在全国正式启动。美丽乡村的建设以农业生产为基础，多产业的融合发展为支撑，以实现乡村的繁荣、和谐为目的，是新农村建设的进一步提升。农业是国内的基础产业，农村是国内经济发展的大后方，农民是国内经济和社会发展的强大推手。美丽乡村建设是“三农”发展的新平台，将建设一个环境优美、经济活跃、人民安居乐业的新农村，把乡村的传统文化融入现代文明，守护城市人的乡愁。

国家各部门对美丽乡村建设十分重视并给予政策、资金和技术等方面的支持，促进农村地区的基础设施建设和人文生态建设。浙江省安吉县是美丽乡村建设生态保护的典范。安吉县高家堂村率先创新，引进美国的先进技术，对生活污水进行处理，成为污水处理示范和环境教育的生态公园。对自然资源的再生产和再利用，极大地提高了资源利用率。对生态环境创造性的保护，为乡村旅游的发展提供了良好的基础和条件。高家堂村成立了保洁队伍，对垃圾进行分类回收和处理，减少了人类活动对环境的破坏。同时，发展“牲畜—沼—气”“牲畜—沼—果”等循环生态，充分利用资源，减少污染和浪费。美丽乡村的建设使人与自然和谐共生，人与土地的关系回归到最简单原始的状态，解决了粮食的安全问题，是对农业资源和农耕文化的保护和传承。同时，在美丽乡村的建设过程中，农民成了乡村的主人翁，代表着乡村新的形象和面貌，是乡村文化的传承者。

(3)乡村社区营造模式。

国内外乡村旅游发展历程表明，乡村社区营造在乡村旅游开发中具有显著的效果。乡村社区营造可以满足社区居民需求、延续共同历史文化、促进终身学习、集体参与经营、营造社区公共空间、永续经营生活环境、创造独特景观等，对乡村资源和乡村文化进行合理的开发利用。让当地居民积极参与乡村旅游的开发建设和经营发展当中，将极大地促进乡村地区的繁荣。目前乡村地区的居民在乡村旅游开发中往往缺乏声音和意见，这也说明他们对乡村旅游发展的贡献仅仅停留在基础条件的改善和接待服务。人力和人才是乡村旅游发展的关键，社区营造将为乡村旅游发展持续提供当地的人力资源。国内的乡村社区营造作为乡村旅游开发的一种模式，已经取得了初步的成果，幸福公社就是其中的典范。幸福公社位于成都市大邑县青霞镇，以乡村社区营造为核心，融合传统工艺、农耕生活、文化旅游等综合性的价值产业链，吸引了大量的新老居民。幸福公社注重邻里关系的重构，鼓励社区居民相互敬爱、相互帮助、相互分享，定期举办"坝坝宴"等社区活动，增进邻里之间的感情。传统艺术生活也是幸福公社的重点，从各地引进传统手工匠人，打造"成都匠人村"，让社区居民和游客都可以参与织布、陶艺、制茶等传统工艺的体验。社区还拥有自己的菜地、国学幼儿园、老年大学、健康管理中心，为社区居民的生活、生产、健康和学习提供了良好的条件。幸福公社在发展的过程中，重建了社区居民之间的关系，吸引了大量的游客，为乡村旅游的发展创造了新的模式。

(4)引进和培养创意型人才。

从创意乡村旅游的策划、开发、管理、服务等各个环节，都需要大量的专业人才的支撑。创意乡村旅游的从业者除了要具备乡村旅游的专业知识，还要具有极强的新能力和创意能力。人才是乡村旅游和文化产业融合发展的活力源泉，是文化创意乡村旅游继续发展的重要保障。人才在一定程度也直接或间接决定了二者的融合程度。一方面要不断从其他地区引进优秀的创意旅游人才，同时也要重点培育本土的创意型人才，通过这两种方式为乡村旅游产业提供文化创意型人才。乡村旅游目的地要与高校、文化企业和旅游部门等相关部门进行合作，从相应部门引进专业人才。

对于外部人才的引进，首先应该制定良好的创意人才引进政策，解决外来人才生活上和工作上的忧虑。在不断引进人才的基础上，要更应注重对乡村本土的文化创意人才的培养。在条件允许的情况下，把当地乡村旅游的从业者组织起来，到外面参加调研、学习，或是邀请文化创意旅游专家到当地，培训和指导本地乡村旅游的从业者。通过外部引进和本土培养相结合的方式集聚大量的创意型人才，符合乡村旅游与文化创意产业融合发展的趋势，将为乡村旅游目的地注入活力。

除了以上的对策，乡村旅游开发还需要积极发挥政府和市场的作用。政府除了需要平衡内部各部门的利益关系，还需要对乡村旅游开发项目进行政策和资金上的支持。作为市场主体，企业投资开发乡村地区的旅游资源，要不断地利用新的科学技术和先进的材料，通过文化创意设计开发乡村旅游产品。除了注重旅游产品的休闲体验性、文化创意性、融合性，还要注重完善乡村旅游产业链，创新创意商业运作模式，与政府形成合力，加快乡村旅游开发建设的速度。

此外，NGO 参与乡村旅游开发，具有政府和企业无法取代的力量和作用，将会促进环境保护意识的宣传、普及，推动公众参与环境保护并对其进行资助。NGO 还可以对政府进行监督，提出合理的建议，这对乡村旅游资源的保护和可持续开发具有重大的意义。

第六节　以市场为导向，实施营销策略创新

一、乡村旅游产品营销策略

（一）产品策略

我国的旅游产品的结构相对来说比较单一。现阶段，乡村旅游产品开发存在层次比较低、文化含量不高等问题。乡村旅游作为一种新的旅游形式，与其他的旅游相比具有鲜明的特点，乡村的环境与生活以及各种乡村的工艺美术、民间建造、民间文艺、民俗节庆、婚俗禁忌、神话传说等都是吸引人的要素。乡村的旅游资源丰富多彩，我们可以根据乡村的资源特色打造几种具有特色的乡村旅游产品。

1. 接待服务型旅游产品

比如以沿鄱阳湖、沿长江、沿昌九工业走廊建设为重点的住宿、餐饮、农业、观光接待服务型乡村旅游产品。主要目的是满足游客的基本需求，同时又能够体现乡村的特色。比如可以设计一些如农家屋住宿、田野小路骑行之类的旅游活动来吸引旅游者。

2. 农事参与型旅游产品

我国拥有许多的乡村旅游资源，在农家产品方面有着自己的独特优势。比如修水县的黄溪村，它拥有茶叶、蔬菜、蚕桑和葡萄等多种农业产品，可以设计茶叶采摘活动、炒茶活动、喂养蚕宝宝活动和葡萄酿酒活动。

3. 休闲度假型旅游产品

在设计乡村旅游产品时以具有优美的田园风光和良好生态环境的旅游地为基础，建设所需的各种休闲娱乐设施，提供各种游乐、探险、休闲等服务，满足旅游者亲近自然的消费需求。

4. 品尝购物型旅游产品

乡村旅游产品特色性较强，一些乡村的美食与各种手工艺产品也能够给旅游者带来不同的体验。总之，乡村要形成自身的特色旅游产品，才能给在激烈的市场竞争中脱颖而出，从而吸引旅游者的目光，促使旅游者前来旅游。

(二) 价格策略

我国乡村旅游产品的营销仍然存在价格体系不完善的问题，很多景区存在着宰客的现象。据调查显示，影响人们选择出游的重要因素已经不是旅游费用，伴随着经济的发展，大多数游客都有一定的消费能力。

但另一方面，有 37.26% 的游客对旅游经历感到不满的原因是价格，并且旅游者的收入越高，游客对旅游不满意的比例也越高。因此我们在设定旅游产品的价格时应该要形成一套完整的价格体系，在进行价格的设定时要充分考虑到旅游产品的实际的价值。

(三) 多样化的宣传促销策略

在当今这个信息化时代，信息的传播至关重要。旅游者是通过各种广告和宣传来了解乡村旅游产品的。伴随着市场营销的逐渐发展，人们对营销越来越重视，广告营销就是其中的重要组成部分。在进行乡村旅游产品的宣传促销时，可以在聚集人数比较多的市场或者大型的卖场投放广告，还可以在居民区进行传单的派发或者利用人员进行推销，引起人们的旅游兴趣。

多样化的宣传促销策略可以帮助提高乡村旅游产品的知名度，增强潜在的消费者对乡村旅游的认识，促使消费者对乡村旅游产品产生兴趣从而进行乡村旅游活动。

（四）体验性营销策略

通过对旅游目的地的特点的了解，创造出具有乡村独特氛围的体验性的场景，激发消费者的购买欲望，吸引旅游者来前来旅游，就是体验性营销策略。乡村旅游重在旅游者的体验性，因此乡村旅游产品的主题就是体验。乡村的农家生活和各种乡村活动都具有体验性，对于旅游者来说，参与其中，感受其中的点点滴滴可以帮助他们留下难忘的体验印象。

（五）品牌营销策略

乡村拥有丰富的农产品，在食品安全越来越受到重视的今天，安全的农产品对于旅游者来说有很大的吸引力。因此我们可以针对乡村的农产品进行品牌营销，通过健康的乡村农产品吸引旅游者的兴趣。在进行旅游产品营销之前，我们首先要经过严格的检验，保证产品的质量，并且经过一定的加工和包装。

（六）渠道营销策略

产品的销售渠道对于产品销售也有着一定的影响。一般来说，对于刚刚进入市场的一些乡村旅游产品，可以采用“间接销售渠道”，就是通过和旅行社以及网站的合作来尽快打开市场。

对于已经发展起来的或者进入成熟期的乡村旅游产品，比较适合采用“直接销售渠道”，通过成立公司自己的销售网络，自己来把握乡村旅游产品的销售，更有利于乡村旅游产品的销售。乡村旅游产品具有季节性和不可以存储性等特点，一般来说选择较短的渠道更有利于乡村旅游产品的销售，因为比较多的中间商会很容易提高产品的成本，也可能因为一些中间商的波折导致本来有特色的乡村旅游产品因为时间的浪费而流于普通。

（七）广告营销策略

旅游目的地的宣传和推广是游客了解中国乡村旅游产品的主要途径。没有大力度的宣传和推广，游客就无法了解中国乡村旅游的独特自然景观。同时，广告的传播速度快、传播范围广、可以采用的手段多，具有很强的吸引力，不需要人员与游客之间直接沟通。通过某些媒体投放广告，将我国的乡村旅游产品带给潜在的游客，使他们有旅行的欲望，从而促进我国乡村旅游产品的销售，取得更好的经济效益。

二、文化创意视角下乡村旅游产品营销创新策略

乡村是农耕活动的载体，是中国传统农耕社会的延续，是人与自然融合的地区，是人与地球之间关系的展示，是与人类文明和自然环境相处的最和谐的方式。如何让乡村旅游目的地满足现代人们的需求，如何促进绿色可持续的乡村建设？在乡村旅游开发中，首先要在思想观念上有文化创新意识，应将文化创意贯穿于乡村旅游发展的各个环节和各个层次，突出乡村旅游产品的特色和文化内涵。乡村旅游市场竞争日趋激烈，营销战略和手段的重要性日益突出。文化创意通过各种方式融入乡村旅游的营销中，通过注重创意旅游营销战略的制定，有效利用各种媒体进行创意交流，注重乡村旅游品牌形象的建立，不断开拓乡村旅游市场。

（一）重点制定创意旅游营销战略

乡村旅游品牌形象的创意营销，首先要制定好营销传播的战略。宏观方面，要充分利用多元化、多层次和多种媒体，且需有序、得当地配合。微观方面，要处理好各种媒体传播过程中的衔接配合等细节问题。利用新媒体传播平台对乡村旅游进行整合传播，实现最佳传播效果。

一是多种新媒体之间的交互式传播，即同时利用多种新媒体的互动，组

合式传播乡村旅游。

二是传统媒体与新媒体的交互式传播，即同时利用传统媒体和新媒体的互动，全覆盖传播乡村旅游。新媒体时代，媒介把关严重弱化，乡村旅游形象随时都可能面临着危机。

因此，在制定乡村旅游营销传播战略中，危机传播管理策略是其中的重中之重，必不可少。一旦收到游客的投诉或是发生意外事件，都可能经过网络的传播和发酵，对旅游地的形象造成不可弥补的损失。因此要尽量避免危机的发生，一旦发生危机，立马采取积极的措施和应对行动，通过官方媒体及时发声。在安抚公众情绪的同时，把危机事件处理的进展和信息及时呈现给公众，并根据事件进展和公众态度及时调整处理措施。

（二）聚焦乡村旅游品牌形象塑造

乡村旅游和城市旅游相比，由于资源同质化和开发模式雷同，很难树立独特的品牌形象。但乡村旅游一旦塑造了独特的品牌形象，将会形成市场竞争中明显的优势。乡村旅游品牌形象的构建与乡村地区的整体形象具有密不可分的联系，首先要对乡村旅游地区进行综合的分析，明确旅游目的地精准的品牌形象定位。然后制定与定位相符合的新媒体传播战略，在形象的传播过程中逐渐明确自身特色，分步骤达到旅游品牌形象的构建。在清晰的乡村旅游品牌形象定位后，明确传播主体和传播内容并持续地投入。

在乡村旅游发展过程中，在不同的阶段不断地更新定位，及时推出符合现状和未来发展的品牌形象。在利用新媒体进行传播时，乡村旅游的品牌形象高度依附于网络新媒体平台。因此，必须利用好网络互动体验的特性，通过创意活动，如形象代言人的征集等引导新媒体公众参与，打造更新颖、更具亲和力的乡村旅游新形象，更好地促进乡村旅游品牌形象传播力的提升。

（三）注重行业人才培养建设，加强区域间的合作

1. 大力培养当地乡村旅游经营者

在初期的乡村旅游发展中，乡村旅游产品的经营者和从业人员，大多数是当地村民，从业人员的低素质是全国乡村旅游发展面临的共同难题。

为此，要采取多种手段，“招培共举”，一方面由政府给予相关补贴，在各地高校招聘旅游管理相关专业毕业生来到当地工作，提高当地旅游从业人员学历水平。另一方面，聘请高校旅游管理专业教师，对当地现有从业人员进行专业培训，组织行业交流，拓宽视野，实现素质的提升。

此外，还可组建当地乡村旅游行业协会，建立从业人员人才库，制定行业工资集体协商制度，为从业人员谋取相关福利，提升薪资待遇水平，增加从业稳定性，减少人力资源流失，为乡村旅游的快速发展奠定基础。

2. 实施跨领域合作，增强创新意识

以辉南县为例，其在2016年提出了“全域旅游”战略，将龙湾国家级自然保护区与辉南县乡村旅游发展紧密结合在一起，形成1+1>2的整体合力。辉南县在深度挖掘龙湾风景区的火山地质资源、森林资源的同时，也向众多游客推广辉南县特色的采摘园、垂钓园、民俗风情园等乡村旅游产品，打造“生态旅游+乡村旅游”的精品线路。在此基础上，可以进一步提出与周边县域采取跨领域合作，以通化市现有旅游产品为突破口，采取结合方式，整合乡村旅游资源实现合作。

例如：通化葡萄酒厂参观+辉南山葡萄采摘活动、高句丽遗址+民俗篝火活动、上马道温泉+环大龙湾徒步+农家绿色蔬菜宴等活动，都值是值得借鉴的宝贵经验。

第七节　依托民俗文化，培育农旅精品项目

民俗文化旅游项目是在特定时间内到达一定的目的地旅游的预期任务，它是民俗文化旅游产业发展的支撑，也是完成跨越式发展的突破口。中国是一个多民族的国家，不同的民族有着不同的民俗文化，如蒙古族的那达慕、傣族的泼水节等，数不尽数。此外，中国历史名城、历史遗迹和文物众多，具有深厚的文化内涵，对旅游者有着强烈的吸引力。对这些丰富多彩的民俗文化旅游项目进行合理的规划和开发，能够促进民俗文化旅游的繁荣发展。

一、民俗文化旅游项目规划

（一）基本规划原则

民俗文化旅游的开展，主要表现在民俗文化旅游项目的活动组织。民俗文化旅游项目规划的主要目的是提升民俗文化旅游资源的价值。在民俗文化旅游项目规划过程中，需要遵循以下几个原则。

1. 市场原则

市场原则，即旅游者的需求原则。民俗文化旅游项目规划必须满足消费者的需要，在对民俗文化旅游资源和市场需求进行客观分析的基础上，对拟开发项目进行目标市场定位、产品定位，在具体项目设置时，需要综合考虑市场吸引力、接待能力、回报指数等多种因素。

2. 差异原则

一个地域或一个民族的民俗文化旅游项目，最重要的竞争力即它所具有的差异性，因此民俗文化旅游项目要充分体现出本地区、本民族独特的民俗文化特征。体现了本地区和本民族民俗文化特征的民俗旅游项目，就自然具有了特色。即是说，民俗文化旅游项目的特色就在于区域的本土性，在于民族的唯一性。在民俗文化旅游项目开发中遵循差异性原则，就可以在整个旅游市场的竞争中占有一席之地。

3. 文化原则

文化性是民俗文化旅游项目最基本的优势。民俗融地域文化、民族文化、民间生活文化于一体。文化是旅游的灵魂，旅游者进行民俗文化旅游，就是为了在民俗文化中获得一种特殊的精神享受。民俗文化旅游项目独特的吸引力主要在于其所具有的深厚的文化内涵，只有具有浓郁民俗特色文化的民俗文化旅游项目，才能满足旅游者求知、求新、求美的需求，才能获得旅游者的青睐，也才会具有强大的生命力和竞争力。

4. 创新原则

随着民俗文化旅游业的迅猛发展，创新原则在民俗文化旅游项目规划中的作用也越来越重要，特别是在一个大民俗文化旅游区内对民俗文化旅游项目进行规划时，要体现出不同民俗文化的差异性。我国民俗文化旅游业中的雷同现象非常严重，这在很大程度上抑制了民俗文化旅游的发展，而只有创新才能在大民俗文化旅游区的协同发展中体现出特色，形成区域民俗文化旅游的核心竞争力。因此，要不断创造出竞争对手没有的民俗文化旅游项目，并要对雷同的项目进行更新和深层优化。

在民俗文化旅游项目的规划中，任何一项民俗文化旅游项目规划原则都是相互联系的，同时又表现出时代的阶段性。在具体的民俗文化旅游项目规划实践中，应根据相应的民俗文化旅游市场和民俗文化旅游产业发展的要求，具体考虑应遵循的规划原则。

（二）基本规划模式

民俗文化旅游项目的规划模式随着民俗文化旅游业的发展不断得到丰富，涌现了诸多在旅游市场营销中取得良好业绩的新模式，根据内容、规模与表现形式，主要可以归纳为以下八种类型。

1. 民俗主题文化公园

民俗主题文化公园是“通过模拟的手法将某种民俗生产生活环境、民俗歌舞或建筑等典型民俗文化集中建造于一个园区内，形成相对突出的文化主题的民俗旅游公园”❶。民俗主题文化公园中所展示的民俗文化是经过移植复制的“仿真民俗”，具有民俗文化集中、感染性强的特点，这种模式广泛运用于世界各地。例如，南非开普敦的“原始丛林”就是以当地民俗文化为主题的民俗主题文化公园，我国典型的民俗主题文化公园有河南开封的“清明上河园”、山西晋商文化公园等。其中，山西晋商文化公园要以反映晋商辉煌时期的明清建筑风格为主，展现晋商民俗、晋商的发展历程、晋商的代表人物等，加深旅游者对晋商文化的了解。

2. 民俗文化城

民俗文化城是将一个典型的历史城市作为依托，在城中再现已经消失的

❶周作明：《中国民俗旅游学新论》，北京：旅游教育出版社，2011 年，第 169 页。

城市街坊民俗生活环境的民俗旅游景区。民俗文化城通常具有很大的规模，生活情境比较全面，旅游者在民俗文化城中可以对过去的民俗文化生活有一个全面的了解和体验。民俗文化城吸引了很多旅游者前去观赏，如杭州的宋城、无锡的唐城等。

3. 民俗文化村

民俗文化村是一种集中展示和体现乡村民俗文化的民俗文化旅游形式。民俗文化村主要分为模拟村落和实地村落两种类型。

模拟村落是以模拟的手法再现当地或某地民俗文化典型的村落。我国最早的模拟村落始建于 1988 年的台海屏东九族文化村。模拟村落一般出现在民俗文化旅游业发展的初期，往往会建在城市周边接近客源中心市场和交通便利的地方，能够弥补城市旅游资源的缺乏，并为开辟客源市场提供新的思路，此外，也为保护民俗文化提供了一条重要的途径。但模拟村落也存在一些缺点，主要表现在以下几点：一是模拟村落中很多地方都体现出人工雕琢的痕迹，缺乏自然的民俗文化氛围，无法将一个民族的特征和文化真实地呈现出来；二是模拟村落需要大量的资金支持，而且对技术的要求很高；三是模拟村落在建设过程中，出现了模仿、抄袭、雷同的现象，这在很大程度上影响了整体的经济效益，甚至损害了民俗文化旅游形象。

实地村落，又称天然民俗村寨，它是在一个民俗文化相对集中的地域中选择一个最典型、交通较便利的村落向旅游者开放。实地村落是民俗文化村建设的主要发展方向，在民俗文化旅游发展过程中能够充分展示出民俗文化风貌。在民俗文化保护以及帮助民族地区进行扶贫开发，使旅游者产生真实的民俗审美感受。实地村落通常不需要进行大规模的建设，只需对景观稍加整理、修葺，做好环境卫生工作，因此投资比较小。此外，实地村落还可以向旅游者提供具有民俗文化特色的事物，如民族建筑、歌舞、风味食品等，能够使旅游者切身体会到最真实、质朴的民俗文化氛围，这也正是民俗文化旅游的意义所在。

需要注意的是，民俗文化村的建设受区位条件、交通状况、客源市场等因素的制约。它是利用民族居住的现实村寨兴建起来的民俗文化旅游景区，民族生产生活气息浓郁，民俗文化真实，可以给予旅游者地道的民俗文化体验和感受，代表着未来民俗文化旅游开发的模式和方向。

4. 民俗文化街

民俗文化街是在特定的节会期间将一个区域或一个民族的各类民俗文化在一定的街区进行集中展示，进而形成民俗文化街。例如，2006 年举办的山东(国际)文化产业博览会，开设了一条近 2000 平方米的民俗文化街，设 146 个民俗展位，展示了美术类、工艺、玩具类等百余种民间工艺。同时，来自山东地区的民间艺人来到现场献艺，充分展现了山东各地独特、丰富的民俗文化。

5. 乡村民俗游

乡村民俗游就是选择有乡村民俗文化韵味的农家、渔家、牧户，进行乡村生活体验的民俗旅游项目。例如，“农家乐”“渔家乐”“牧家乐”等。“农家乐”将具有农村特色的乡村民居供旅游者休息、住宿，并且提供具有乡土特色的餐饮，旅游者还可以进入成熟的果园、花圃、菜园、茶园，进行摘果、拔菜、赏花等活动，体验农家生活，享受田园乐趣。“渔家乐”可以让旅游者溪边垂钓、岸钓、船钓或者直接参与捕捞作业，体验渔村生活。“牧家乐”可以让旅游者体验放牧、挤牛奶、剪羊毛、骑马等生活。

6. 民俗文化博物馆

民俗文化博物馆主要是按照博物馆的形式，展示出与人们饮食、起居、交通、服饰等相关的民俗事象，是具有文化、教育、文物收藏等功能的文化活动场所。按民俗文物收藏的内容与展示方式，民俗文化博物馆可分为综合性民俗文化博物馆、专题性民俗文化博物馆和露天民俗文化博物馆。一般而言，处在省会城市的民俗文化博物馆多是综合性民俗文化博物馆，处在市县一级的民俗文化博物馆大多是具有县市地方民俗文化特色的专题性民俗文化博物馆。露天民俗文化博物馆是露天陈列的敞开式博物馆，通常具有很大的规模。

民俗文化博物馆是民俗文化的收藏地，可以很好地保存随现代文明发展而渐退的民俗文化。在现代民俗文化旅游业发展中，民俗文化博物馆具有很大的发展潜力。

7. 民俗文化节

民俗文化节是利用节庆的形式，对各民族多彩的民俗文化进行集中展示的一种民俗文化旅游项目。按照民俗文化的内容，民俗文化节可分为综合性民俗文化节和专题性民俗文化节两大类。任何一个民族的节日庆典都是综合性民俗文化节，综合展示了民族民俗文化。例如，春节属于综合性民俗文化节，人们常举行的活动有放爆竹、喝春酒、吃年糕、包饺子、赶庙会等，以表示辞旧迎新，祈祷在新的一年里五谷丰登和吉祥如意。而专题性民俗文化节主要是以某一地区或民族的某种民俗文化为内容的民俗文化节。例如，潍坊的“国际风筝节”、海南的椰子节、新疆的葡萄节等，都是独具特色的专题性民俗文化节旅游活动。

开发民俗文化旅游资源，可以充分利用节庆活动的民俗文化，结合当地的自然风光，开发节庆民俗文化旅游，使旅游者能够全面了解各民族的节日活动。通过领略不同民族的民俗文化，旅游者在浓厚的节日气氛中，得到强烈的民俗文化感染和切身的体验。举办民俗文化节庆活动，通常是为了通过民俗歌舞、饮食、工艺、风俗，传播民俗文化，扩大影响力，树立民俗文化旅游形象，促进民俗文化旅游的发展。

8. 民俗文化旅游商品

民俗文化旅游商品是具有民间民俗文化的商品，是融合当地有文化底蕴、工艺传统、风俗习惯等特色的商品。对于旅游者来说，民俗文化旅游商品通常具有纪念意义和纪念价值。随着民俗文化旅游业的兴起，民俗文化旅游购物在很大程度上推动了民俗文化旅游商品的发展。我国的民俗文化旅游商品，一般是各地各民族具有本地区、本民族特色的物产，特别是民族工艺品，如民族的服装、佩饰、首饰等，各种民间绘画剪纸，各种民间陶瓷，各种民间织绣等。民俗文化旅游商品占了我国旅游商品的绝大部分，开发民俗文化旅游商品，成了构建我国旅游商品业的重要组成部分。

以上民俗文化旅游项目的八种基本模式是目前已经在文化旅游市场上获得了很好效益的民俗文化旅游产品与民俗文化旅游项目。在实践过程中，任何一种民俗文化旅游模式，都必须是在对所拥有的民俗文化旅游资源、民俗文化旅游市场、民俗文化旅游发展规律与形势进行调查研究之后进行的规划设计，不要模仿照搬。对一个区域的民俗文化旅游项目进行规划时，应从当地实际情况出发，选择体现当地民俗文化特色的适当形式。对当地成功的民俗文化旅游模式进行积极借鉴，但不可全盘照抄。因为，成功的民俗文化旅游模式是建立在当地对自身民俗文化旅游资源特点和民俗文化旅游规律的认识和研究基础上的，具有一定的针对性，未必适合所有地区。因此，一个地区的民俗文化开发应选择符合当地实际、体现民俗文化特色的适当形式。

二、民俗文化旅游项目开发中存在的问题

（一）民俗文化旅游资源受到破坏

从整体上来看，我国民俗文化旅游取得了很大的发展，但也有一些地区为了获取更多的经济利益，对民俗文化旅游资源进行过度的开发，致使许多民族文化资源受到了严重性的破坏，主要体现在以下几点。

（1）一些还没有被大家所认知的具有重要价值的少数民族传统文化在开发中受到了损害，甚至消失。

（2）许多民族文化遗址和民族建筑物受到了永久性的破坏，无法复原。

（3）许多传统节日、庙会等文化形式被加入了浓厚的商业气息。

（4）有些旅游地区的民间艺术品和手工艺品，为了迎合消费者的需求而失去了自身应有的特色，大批量的机器生产使其丧失了所应具有的文化价值。

因此，在开发民俗文化旅游项目时，应保持民族文化独有的特色，坚持适度原则，只有这样，民俗文化旅游才能真正实现可持续发展。

（二）缺乏具有深刻内涵的民俗文化活动

从广泛意义上讲，民俗文化旅游是一种特殊的文化旅游，它所具有的深

厚的、独特的文化内涵是其具有长久生命力的关键，能够满足旅游者不断变化的文化需求。例如，北京“民俗村”活动的举办就取得了很好的经济效益和社会效益。但是目前，大部分地区的民俗文化旅游活动并不具有深刻的文化内涵，甚至出现了雷同、模仿的现象。

(三)民俗习惯发生改变

旅游者在民俗文化旅游过程中，在体验当地民俗文化的同时，也把自己的文化习惯带到了旅游地，对当地居民的思想观念、生活习惯等方面产生了重要的影响。更值得一提的是，随着时代的不断进步、科技的不断发展，不同国家、地区、民族的人们在密切交流的同时出现了相互认同的趋势，使得当地的民俗习惯发生了改变。

(四)民俗文化环境出现异化

民俗文化旅游实际上是一种多元文化的大融合。在对民俗文化旅游项目进行开发过程中，不管采取什么形式，都不可避免地存在一些问题。目前，一些地区采取的“生态博物馆”模式、“农家院落”模式等都自觉不自觉地将原住地居民纳入了当地经济发展中，在很大程度上影响了旅游地的发展，一方面使得原住地居民承受着外来文化带来的巨大震撼与冲击，原有的生活秩序、民俗文化生存环境受到了破坏，另一方面原住地居民在学习外来文化的过程中淡化了自身独有的特点和韵味。

三、民俗文化旅游项目品位的提升

(一)对民俗文化旅游项目进行合理规划

合理规划是开发民俗文化旅游项目的基础。目前，我国不同地区的民俗文化资源都受到了不同程度上的破坏。这主要是由于各地区在对民俗文化旅游项目进行开发的时候，缺乏统一性的指导，只追求经济利益，而不注重环境资源的保护，以致出现了不合理开发的现象。因此，提升民俗文化旅游项目品味的关键在于做好环境资源调查工作，进而确定民俗文化资源保护的具体方案，使民俗文化旅游项目的开发能够促进社会的发展。

（二）对民俗文化旅游项目进行准确定位

要想提升民俗文化旅游项目的品位，必须对项目进行准确的定位。首先要明确民俗文化旅游的内涵。所谓民俗，就是指“一个国家或民族中广大民众所创造、享用和传承的生活文化。民俗是一种民间传承，活着的生活文化，必须是在广大民众中历代传承、相沿成习的”。目前，在民俗文化旅游项目开发过程中出现了大量“泛民俗”的事物，使得民俗景观或表演节目变得不伦不类。这其实是对传统文化的背离，与民俗的内在精神是相反的，是对当地民众生活文化、地方历史以及旅游者情感和知识需求的不尊重的表现。目前，在民俗文化旅游项目开发中，出现了一系列诸如“民俗村”“少数民俗风情游”等项目，虽然在旅游市场上收到了一定的好评，也在一定程度上对少数民族文化给予了尊重，但一些民俗文化旅游村落除了歌舞表演外，其原有的生活习惯遭到了严重的破坏，不断被外界同化，旅游吸引力不断下降。因此，要对民俗文化旅游项目进行准确定位，对其有一个清楚的认识。

（三）民俗文化旅游项目要具有标志性的内容

群体性、地域性、整体性等是民俗文化的主要特征，每一种民俗事象都能够体现出特定地区人民的生活方式和习惯，因此，在对民俗事象进行开发的过程中，首先要发现其所具有的独特性。其次在民俗文化旅游项目中，明确各种民俗文化之间的联系，并选择具有标志性内容的民俗文化。这些标志性的内容并不是人为设计的，而是本地区、本民族历代传承下来的，具有自身的特色，其不仅可以很好地满足旅游者的需求，增强旅游地的吸引力，而且能够表达当地人对于生活环境以及外部世界的认识。

（四）注重民俗文化旅游项目的传承性与延续性

民俗文化具有悠久的历史，在发展过程中呈现出稳定性的特征。每个地域、民族的民俗都具有自身的独特性，但在现代文化，尤其是旅游业开发的影响下，许多地区民俗出现了趋同性，不断失去了自己的特色。虽然民俗文化在传承过程中发生变异是不可避免的，但它的变异性与历史性、地方性特征有着密切的联系，绝不应是照抄照搬。因此在民俗文化旅游项目开发实践中，既要注意到民俗事象的传承性，将本地区、本民族的民俗文化传承下去，又要注意民俗事象的发展，积极借鉴其他地区的先进的民俗文化。

(五)注重民俗文化旅游项目宣传的真实性

宣传在旅游业的发展中占据着重要的地位。民俗文化具有地方性、民间性的特征，相对比较封闭，不易被外界认知，因此，需要通过宣传的方式，使人们对它有一个具体的认识。但是在对民俗文化旅游项目进行宣传的过程中，要注意宣传内容一定要真实，民俗文化要具有深刻的内涵，这同时也是衡量一个民俗文化旅游项目品位高低的重要标准。

因此，在对民俗文化旅游项目进行宣传的过程中，要求经营者清楚地了解到项目中所包含的民俗资源，然后再选择适当的形式将这些民俗资源加工成产品展现给旅游者。需要注意的是，在宣传过程中虽然可以适当加入一些夸张的宣传元素，但一定要适度。既要真实地反映项目中民俗事象自身具有的特点，又要注重宣传方式的真实，不能依靠虚假广告欺骗旅游者。只有这样，才能真正提高民俗文化旅游项目的品味性。

参 考 文 献

[1]戴学锋. 全域旅游：实现旅游引领全面深化改革的重要手段[J]. 旅游学刊，2016(9)：20-22.

[2]银元，冉玲瑛，姚刚. 丘陵地区全域旅游发展对策研究——以四川省南充高坪区为例[J]. 农村经济与科技，2016(11)：62-64.

[3]杨振之. 全域旅游的内涵及其发展阶段[J]. 旅游学刊，2016，31(12)：1-3.

[4]郭建华. 万达长白山国际旅游度假区全域旅游建设问题研究[D]. 长春：吉林财经大学，2017.

[5]华琳. 全域旅游视角下龟峰旅游发展研究[D]. 抚州：东华理工大学，2017.

[6]王源浩. 基于全域旅游的重庆市房车旅游开发模式研究[D]. 重庆：重庆师范大学，2017.

[7]陈宗宁. 基于全域旅游视角下松溪县休闲农业与乡村旅游发展研究[D]. 福州：福建农林大学，2017.

[8]彭灵芝. 湖南乡村旅游供给侧改革对策研究[D]. 株洲：中南林业科技大学，2017.

[9]蒋作明. 淮北市全域旅游发展对策研究[J]. 宿州学院学报，2017，32(11)：29-34.

[10]李建峰，王文轩，李倩. 全域旅游助推县域经济发展路径研究——以河北省承德县为例[J]. 农业科技与信息，2018(1)：73-74.

[11]郭静. 恩施州全域旅游示范区建设路径研究[D]. 恩施：湖北民族学院，2017.

[12]张辉，岳燕祥. 全域旅游的理性思考[J]. 旅游学刊，2016，31(9)：15-17.

[13]孙钰. 全域旅游背景下滁州旅游发展关键问题研究[D]. 合肥：安徽大学，2017.

[14]耿红莉. 休闲农业与乡村旅游发展理论和实务[M]. 北京：中国建筑工业出版社，2015.

[15]赵爱民. 供给侧改革下中国休闲农业与乡村旅游发展研究[J]. 世界农业，2018(11)：241-245.

[16]肖杰夫. 长沙市休闲农业与乡村旅游发展的思考[J]. 湖南农业，2018(9)：45.

[17]刘雯，史佳林. 京津冀休闲农业和乡村旅游协同发展问题及对策[J]. 北京农业职业学院学报，2018(5)：10-15.

[18]冯娟. 休闲农业与乡村旅游融合发展策略研究[J]. 农业经济，2018(9)：55-57.

[19]李亚男. 以休闲农业和乡村旅游高质量发展促乡村振兴的思考——基于浙江经验[J]. 经济研究导刊，2020(30)：12-13，26.

[20]王卫涛，杨莹. 乡村休闲农业和特色旅游融合发展的路径探究[J]. 现代园艺，2020(20)：208-209.

[21]张辉，方家，杨礼宪. 我国休闲农业和乡村旅游发展现状与趋势展望[J]. 中国农业资源与区划，2017(9)：205-208.

[22]唐年青. 我国休闲农业和乡村旅游与国际规范接轨的研究[J]. 湖南农业科学，2012(10)：36-38.

[23]乌兰. 休闲农业与乡村旅游协同发展及其实现路径[J]. 山东社会科学，2018(10)：147-150.

[24]谢延洵. 乡村优秀传统文化振兴的实践反思与路径选择[J]. 福建农民大学学报(哲学社会科学版)，2020(3)：21-27.

[25]宋小霞，王婷婷. 文化振兴是乡村振兴的"根"与"魂"——乡村文化振兴的重要性分析及现状和对策研究[J]. 山东社会科学，2019(4)：178-183.

[26]苏亦飞. 乡村振兴语境下培育乡村文化自信：价值、环境与进路[J]. 理

论导刊，2020(5)：118-123.

[27]谢毅男. 论乡土文化在乡村振兴中的动力与传承创新[J]. 乡村科技，2019(30)：18-20.

[28]马潇湘，周子玉. 参与式传播：发展传播学理论对中国乡村传播的启示——以新冠肺炎疫情防控信息为参考[J]. 视听，2020(6)：128-129.

[29]薛超飞. 乡村振兴背景下新媒体促进文化振兴的对策[J]. 乡村科技，2019(9)：52-53.

[30]庞慧敏，王馨誉. 网络时代乡村文化传播的重建与策略[J]. 传媒，2018(24)：72-74.

[31]傅高义. 邓小平时代[M]. 香港中文大学出版社编辑部译. 北京：生活·读书·新知三联书店，2013.

[32]郑新立，徐伟，綦鲁明. 从计划到市场中国计划投资体制改革40年[M]. 广州：广东经济出版社，2017.

[33]魏礼群. 中国经济体制改革30年回顾与展望[M]. 北京：人民出版社，2008.

[34]江小涓. 中国开放30年：增长、结构与体制变迁[M]. 北京：人民出版社，2008.

[35]陈军. 改革开放大潮中的北京建国饭店[M]. 上海：经济管理出版社，1992.

[36]魏小安，冯宗苏. 中国旅游业：产业政策与协调发展[M]. 北京：旅游教育出版社，1993.

[37]孙尚清. 面对二十一世纪的选择：中国旅游发展战略[M]. 北京：人民出版社，1992.

[38]何光暐，新世纪新产业新增长[M]. 北京：中国旅游出版社，1999.

[39]国家旅游局企业管理司饭店管理处. 学习北京建国饭店经营管理经验汇编[M]. 北京：中国旅游出版社，1986.

[40]戴学锋. 改革开放40年：旅游业的市场化探索[J]. 旅游学刊，2019(2)：8-10.

[41]戴学锋. 助力全面深化改革——新时代旅游业的核心战略[J]. 旅游学刊, 2018(10): 1-3.
[42]戴学锋. 全域旅游: 实现旅游引领全面深化改革的重要手段[J]. 旅游学刊, 2016(9): 20-22.
[43]戴学锋. 旅游业应定位为引领社会经济全面深化改革的破冰行业[J]. 旅游学刊, 2015(3): 7-8.
[44]黄莉, 何志贵. 农旅融合视角下的全域旅游发展困境与出路[J]. 农业经济, 2020(8): 2.
[45]戴学锋. 全域旅游: 实现旅游引领全面深化改革的重要手段[J]. 旅游学刊, 2016, 31(9): 20-22.
[46]杨振之. 全域旅游的内涵及其发展阶段[J]. 旅游学刊, 2016, 31(12): 1-3.
[47]袁中许. 乡村旅游业与大农业耦合的动力效应及发展趋向[J]. 旅游学刊, 2013, 28(5): 80-88.
[48]纳慧. 特色产业、文化与旅游的耦合———以西部地区葡萄酒产业为例[J]. 商业经济研究, 2016(19): 203-205.

后　记

全域旅游，推进农业破界成新。

农业是国家生存与发展的根本，农业发展水平也关系着数亿农民的生活幸福。目前，中国特色社会主义进入新时代，城乡发展不平衡，农村发展不充分，是新时代“三农”问题的集中反映。城镇与农村居民在收入、生产、生活、卫生、环境、教育等方面仍然存在较大的差距，归根结底也是农业不够发达的结果。如何解决“大国小农”问题，促进农业农村现代化，实现城乡融合发展和乡村全面振兴，一直是党和国家重点关注的问题。

党的二十大报告提出要加快建设农业强国，扎实推动乡村产业、人才、文化、生态和组织振兴。2024 年中央一号文件提出要把农业建成现代化大产业，着力推动农耕文明和现代文明要素有机结合，书写中华民族现代文明的乡村篇，使中国农业根基强壮、行稳致远，真正成为现代化大产业。

在相关政策支持下，我国逐渐实现了以农产品加工业为核心的一二产业衔接，以及以休闲农业为代表的一三产业融合。

事实上，农业本身就是一种文化形态，农业产业的发展要和乡村文化相融合。我国在长期的农业生产、农村生活实践中创造了历史悠久、灿烂耀眼的乡土文化，如节日文化、节气文化、饮食文化等，无一不是农业社会的产物，无一不与农业密切相关，而这些恰恰又是旅游业发展所赖以生存的特色旅游资源。全域旅游的大力开展，为乡土文化的传承与活化提供了机遇，也为农旅产业深度融合提供了场景，为农业特色化发展明确了方向。

因此，推进农旅产业融合，要以乡村传统文化为灵魂，遵循“以地方品质驱动区域经济发展”的理念，培育休闲农业、现代农业、田园综合体、乡村民俗旅游等农旅融合新产品、新业态，改变农业仅仅提供初级产品、原料产品的地位，切实丰富农业功能，延长产业链，提高附加值，进而打造出具有地方特色的农业品牌，提升区域综合效益。真正实现让农业成为有奔头的产业，让农民成为有吸引力的职业，让农村成为安居乐业的美丽家园，推动农村物质文明与精神文明的融合发展。

随着旅游业的发展以及农业信息化和区域旅游数字化建设水平的提升，本研究将重点针对特定区域的农旅融合情况展开深入研究，尤其是对太行山区农旅融合模式及效果评估，继续开展专题研究。

本书是河北省社科基金项目“全域旅游推进太行山一路三带协调发展建设路径研究”(项目编号：HB19GL017)的研究成果，同时也是团队成员集体合作的结晶。写作过程中，引用了大量相关研究人员的观点和论述，也获得一些领域专家及业界同仁的指点和帮助，在此一并表示感谢!